高等职业教育现代物流管理专业系列教材

生产物流管理实务

(第 2 版)

唐永洪　胡子瑜　刘天宇　编著

南京大学出版社

内容简介

本书是高职现代物流管理(生产物流管理方向)专业核心课程配套教材,主要服务于制造企业"供应物流、生产物流、销售物流、回收及废弃物物流"物流领域中"生产物流"管理领域。

根据生产计划与组织、物料需求计划、库存管理、现场管理等生产物流岗位群的典型工作任务与职责要求,本书总共设计了"生产物流管理认知""生产物流系统设计与优化""生产计划与组织""物料需求计划编制""生产物流现场管理"等五个主要模块;引入大量先进制造企业具体管理实践案例,以及编著者的科研课题、学术论文等研究成果;适应当今"智慧物流+智能制造"融合发展的需要,以及培养复合型、发展型、创新型高素质技术技能人才的具体要求。

通过该课程学习,学生可以了解与掌握生产物流管理的基本知识与主要技术,具备从事生产物流系统优化设计、物料需求计划编制、生产计划制订、生产组织、库存管理等岗位所需的专业核心能力以及精益求精、团队协作等职业素养,能够胜任制造生产物流系统平面布置、需求计划及出产进度编制、生产排程与组织、原材料、在制品及成品库存管理等具体工作。

全书重视理论与实践相结合,全书内容紧紧围绕生产物流管埋能力需求,突出实践与应用,强调"够用"与"必需",重点培养学生生产物流管理所需的技术技能。本书既可以作为高职院校物流类相关专业教材,也可作为企业生产物流管理与工业工程培训参考书。

图书在版编目(CIP)数据

生产物流管理实务 / 唐永洪,胡子瑜,刘天宇编著
. —2 版. —南京:南京大学出版社,2022.6
 ISBN 978-7-305-25822-0

Ⅰ.①生… Ⅱ.①唐… ②胡… ③刘… Ⅲ.①企业管理-物流管理-生产管理-高等职业教育-教材 Ⅳ.
①F273.4

中国版本图书馆 CIP 数据核字(2022)第 089577 号

出版发行	南京大学出版社
社　　址	南京市汉口路 22 号　　邮　编　210093
出 版 人	金鑫荣
书　　名	生产物流管理实务
编　　著	唐永洪　胡子瑜　刘天宇
责任编辑	尤　佳　　　　　　编辑热线　025-83592315
照　　排	南京开卷文化传媒有限公司
印　　刷	南京京新印刷有限公司
开　　本	787×1092　1/16　印张 17.75　字数 433 千
版　　次	2022 年 6 月第 2 版　2022 年 6 月第 1 次印刷
	ISBN 978-7-305-25822-0
定　　价	49.80 元
网　　址	http://www.njupco.com
官方微博	http://weibo.com/njupco
微信服务号	njuyuexue
销售咨询热线	(025)83594756

* 版权所有,侵权必究

* 凡购买南大版图书,如有印装质量问题,请与所购
　图书销售部门联系调换

前言

生产过程也是物流的过程。生产过程物流主要指企业制造过程中原材料、半成品、产成品等存储，以及它们在不同仓库与生产车间之间、生产车间内部流水线之间、不同工位之间的实体流动过程等，属于企业内部物流范畴。它与供应物流、生产物流、销售物流及废弃物物流等相互联系，共同组成制造企业全部的物流过程。

目前，生产物流管理课程专业教材非常少，现有某些以生产物流管理等命名的教材在内容上仍然以传统生产运作与管理为主，不能满足与适应生产物流管理教学的需要。

本教材为校企合作开发教材，依托海尔物流管理现代产业学院，结合制造企业实际案例与具体实践，旨在满足我校现代物流管理省级高水平专业群重点打造生产物流管理专业特色的需要。教材主要编著者具有丰富的制造企业工作经验，且长期从事物流专业建设、教学及科研等一线工作。

本教材具有三个主要的特色。

1. 项目化教学设计的特色

编著者针对制造企业的生产物流管理岗位群，创新性地系统化构建教材的五个主要模块，并遵循由易到难、由简单到复杂、由确定性到随机性等递进逻辑，设计了不同的真实性典型工作任务。譬如，"物料需求计划编制"模块中共设计了"单品种、无批量标准情形下 MRP 编制""单品种、有批量标准情形下 MRP 编制""多品种、有批量标准情形下 MRP 编制"等三种约束条件及完成难度不断递增的实训项目。再譬如，"生产物流现场管理"模块中则构建了"订货间隔期、订货提前期已知且需求稳定""订货间隔期、订货提前期已知且需求随机波动""订货间隔期、订货提前期未知且需求随机波动"等不同实训项目，解决问题的影响因素由已知到未知、由确定性到随机性，完成任务的难度则由简单到复杂。

针对同类工作内容，学生需要完成不同实训项目的难度在不断地增加，前导任务是完成后续任务的基础。这既体现了"重复的是步骤，不同的是过程"的项目化教学的内在要求，也因循学生认知的基本规律，从而真正实现学生的专业能力由较低级技能到较高级技术技能的提升。

2. "教、学、做"一体化的特色

本教材引入现代生产物流管理前沿理论，以及工业 4.0 背景下海尔等制造企业运作最新案例与管理实践,大量列举了典型的制造企业真实的工作流程、作业单证等,可以帮助学生更好地了解、领会最新理论及其应用,树立学生理论联系实际意识,培养具体分析与解决实际问题的能力。同时,特别突出物流运作技术技能培养,具体包括:通过赛教结合引入国家高职组物流竞赛核心模块内容,培养学生物流作业优化技术技能;结合编著者科研成果及管理实践,创新设计基于生产物流计划及作业优化实际管理问题,培养学生解决行业企业真实问题的专业能力;运用 Excel 软件工具进行生产物流数据分析、生成图表及辅助决策;运用 Visio 软件绘制组托图、库位分配图等;创新性运用百度地理查询系统辅助重心法选址决策等。

3. 课程思政教学的特色

将核心价值观教育元素渗透到全流程专业教学始终,构建校外与校内、课内与课外、理论与实践教学等全方位、全过程育人格局,潜移默化达到"立德树人"的效果,譬如:"5S"管理、定置管理等现场管理等教学目标设计,主要培养学生树立整洁、清洁、安全、文明生产等基本职业素养;物料需求计划编制实训项目的单证填制环节,主要培养学生严谨、细致、团结协作等工作态度与作风;制造企业参观、见习与课外调研实践环节,使学生树立实体经济立国的思想自觉,加深中国作为世界工厂的认知,增强学生的民族自信心与自豪感;结合海尔等先进制造企业案例,植入海尔等先进企业文化,培养学生精益求精、追求卓越的工匠精神与使命担当。

本教材由唐永洪、胡子瑜、刘天宇编著。具体分工如下:项目二、项目四、项目五模块内容由佛山职业技术学院唐永洪编著;项目一模块内容由广州番禺职业技术学院胡子瑜编著;项目三模块内容由海尔集团佛山基地刘天宇编著,并提供了大量企业素材。本教材由唐永洪负责整体策划、统稿、核稿等工作。

本教材在编写过程中参阅了国内外专家、学者的著作和部分优秀教材,这里恕不一一列出,在此谨向他们致以衷心感谢和敬意。

由于编者水平有限,书中难免存在错误和疏漏之处,敬请专家和读者批评指正。

编　著

2022 年 5 月

目　录

项目一　生产物流管理认知 / 1

认知领域 / 1
　　一、生产物流作业主要岗位职责 / 1
　　二、制造企业生产管理部门组织结构类型 / 3

学习领域 / 5
　任务一　认识生产运作管理 / 5
　　一、生产运作管理概述 / 5
　　二、生产运作管理的职能与内容 / 6
　　三、生产运作管理的目标 / 7
　　四、生产运作管理的发展阶段 / 12
　　五、生产运作管理的发展趋势 / 15
　任务二　生产运作系统 / 17
　　一、生产运作系统的基本模型 / 17
　　二、生产运作系统的类型 / 19
　任务三　生产物流管理 / 25
　　一、物流概述 / 25
　　二、生产物流概述 / 27
　　三、生产物流管理的主要内容 / 29
　　四、生产物流管理现状及发展趋势 / 32
　任务四　学习生产物流管理的意义 / 35

项目小结 / 36

素质测评领域 / 37
练习与思考 / 37

项目二　生产物流系统设计与优化 / 40

认知领域 / 40
　　一、设施设备布置的工作目标 / 40
　　二、设施设备布置示意图 / 41

学习领域 / 41
　任务一　制造企业选址 / 41
　　一、企业选址决策的重要性和基本程序 / 42
　　二、影响选址的因素 / 43
　　三、定性分析方法和定量分析方法概述 / 47
　　四、选址决策的定性分析方法 / 48
　　五、选址决策的定量分析方法 / 50
　任务二　生产物流系统的选址决策 / 50
　　一、盈亏平衡分析法 / 50
　　二、因素评分法 / 55
　　三、重心法 / 57
　任务三　工业设施布置决策 / 60
　　一、工业设施布置概述 / 60
　　二、影响企业生产单位构成的因素 / 63
　　三、工业设施布置的原则 / 64
　　四、影响工业设施布置决策的因素 / 67

五、几种典型工业设施布置形式 / 67

　任务四　工业设施布置优化的决策方法 / 69

　　一、作业相关图法 / 69

　思考与拓展 / 74

　　二、从至表法 / 75

　　三、物料运量图法 / 81

　任务五　库位分配问题 / 82

　思考与拓展 / 84

　任务六　装配线平衡优化设计 / 86

　　一、为什么要进行装配线时间平衡 / 87

　　二、装配线平衡的方法 / 88

　　三、装配线平衡举例 / 88

　项目小结 / 92

　任务七　非制造业部门的设施布置 / 92

　项目小结 / 94

　素质测评领域 / 94

　练习与思考 / 98

项目三　制造企业生产计划编制 / 103

　认知领域 / 103

　　一、生产计划与控制的工作目标 / 103

　　二、生产计划管理工具表单 / 104

　　三、生产计划管理工作流程 / 106

　　四、生产系统计划管理流程 / 107

　　五、生产控制管理工具表单 / 108

　学习领域 / 110

　任务一　企业生产能力核算 / 110

　　一、制造企业生产能力 / 110

　　二、服务性企业的服务能力 / 119

　　三、处理非均匀需求的策略 / 119

　任务二　主生产计划 / 129

　　一、主生产计划概述 / 129

　　二、主生产计划方式 / 132

　　三、主生产计划的对象 / 132

　　四、主生产计划基本原理和基本流程 / 133

　　五、影响因素 / 134

　　六、时间基准 / 137

　　七、粗能力需求计划 / 139

　　八、基本数量概念和计算过程 / 140

　任务三　生产作业计划与作业排序 / 145

　　一、生产作业计划 / 145

　　二、作业排序 / 157

　项目小结 / 162

　素质测评领域 / 162

　练习与思考 / 163

项目四　物料需求计划编制 / 171

　任务一　物料需求计划 / 171

　　一、物料需求计划概述 / 171

　　二、产品结构文件 / 176

　　三、编制物料需求计划 / 181

　　四、绘制 BOM 和编制 MRP / 185

　任务二　企业资源计划 / 187

　　一、概述 / 187

　　二、ERP 的产生 / 188

　　三、业务流程重组 / 188

　　四、特点 / 188

　　五、理念 / 189

　　六、功能概述 / 189

　　七、实施 / 189

　项目小结 / 191

　素质测评领域 / 192

　练习与思考 / 196

项目五　生产物流现场管理／200

认知领域／200
  一、生产调度表格／200
  二、库存管理表格／201
  三、项目管理工作表单／202

学习领域／204

任务一　生产调度／204
  一、生产调度工作的内容／205
  二、生产调度常用工具／207
  三、生产调度常用方法／208

任务二　生产物料的库存管理／209
  一、库存管理概述／209
  二、库存控制决策／216
  三、库存管理策略／224

任务三　生产现场管理／226
  一、5S 管理／227
  二、目视管理／229
  三、安全生产管理／230

任务四　设备管理／231
  一、设备管理概述／231
  二、设备的选择和评价／233
  三、设备的使用、维护与更新／234
  四、全员设备管理及其内容／237

任务五　项目管理概述／239
  一、项目及项目管理／239
  二、网络计划方法／245
  三、网络计划的优化／258

项目小结／265

素质测评领域／266

练习与思考／268

参考文献／274

项目一
生产物流管理认知

知识要求
- 了解生产运作管理的主要理论；
- 掌握生产运作系统的基本模型和类型；
- 掌握企业生产系统的构成和特点；
- 领会生产物流管理的主要内容和基本特征。

技能要求
- 建立对实施实体经济立国战略的政治自觉和树立制造业强国的民族自豪感；
- 具备对制造企业的工艺过程、物料管理、生产计划与组织等实践认知。

 **认知领域**

一、生产物流作业主要岗位职责

生产物流作业主要岗位职责如表1.1至表1.4所示。

表1.1 生产计划员岗位职责

岗位名称	生产计划员	所属部门	物流部或生产部
直接上级	物流部或生产部经理	直接下级	无
任职资格	1. 学历、专业知识 大专及以上学历，具有物流管理、生产运作管理专业知识 2. 能力素质要求 熟悉企业生产作业流程，具备生产运作管理、计划管理和物料管理、数据统计等相关专业知识，掌握物料需求计划编制方法，具有一定的计算机水平与较强的组织协调能力；忠于职守，诚信待人		
工作职责	职责细分		
日工作内容	① 检查所属各生产线早训开展情况，了解前一天各生产线生产情况；② 出席生产部生产主管早会，安排当日工作；③ 收集、审核分析各生产线生产日报表，编制总生产日报表，报总经理办公室；④ 检查各生产线生产状况，解决报表反映的问题，调配生产任务；⑤ 协调所属部门与其他部门之间的工作；⑥ 检查各生产线运行情况；⑦ 召开日生产例会，安排明天生产任务；⑧ 总结生产会议；⑨ 出席生产部主管晚作业碰头会；⑩ 工作日志填写；⑪ 完成领导交办的其他工作任务		

（续表）

周工作内容	① 收集、分析下属单位周记，及时协商解决周记中所反映的问题；② 总结上周工作，安排下周工作计划
月度工作内容	① 评估各生产线生产能力，做出相应调整；② 协助财务部做好月底车间盘存工作；③ 总结本月工作，安排下月生产计划
年度工作内容	① 撰写年终生产计划工作总结；② 制订明年生产计划

表 1.2　生产调度员岗位职责

岗位名称	生产调度员	所属部门	物流部或生产部
直接上级	物流部或生产部经理	直接下级	无
任职资格	1. 学历、专业知识 大专及以上学历，具备生产运作管理、计划管理和物流管理等相关专业知识 2. 能力素质要求 熟悉企业生产作业流程，掌握一定的生产协调与生产调度方法，具有较强的沟通与协调能力		
工作职责	职责细分		
生产要素调度	① 根据生产作业计划，进行人员、设备的调度配合，确保生产任务按时、按质完成 ② 根据生产作业计划核对物料的需求，负责所需物料的跟催工作 ③ 协调、督促生产车间零部件、各工序产成品的流转事宜		
生产过程监控	① 根据生产作业计划及生产任务单，监督各车间的生产进度及任务完成情况，并对存在问题的车间提出预警 ② 对于生产过程中出现的突发事件，及时组织生产领导及车间人员召开临时性或专题性现场调度会议，听取有关方面的汇报 ③ 根据现场调度会讨论的结果，及时下达调度令，并监督、检查调度令的执行情况		
召开生产调度会议	① 定期或不定期组织相关部门及车间参加生产调度会，检查上期调度会布置的调度任务完成情况，并对本期生产活动情况进行分析 ② 拟写调度会纪要，及时下发至与会部门及相关车间，并跟踪会议结果的执行情况		
生产分析	① 分析、研究日、周、旬、月计划完成情况的统计资料和其他生产信息 ② 拟定月度生产分析报告，为下一阶段的生产调度工作提供参考依据		

表 1.3　生产统计员岗位职责

岗位名称	生产统计员	所属部门	物流部或生产部
直接上级	物流部或生产部经理	直接下级	无
任职资格	1. 学历、专业知识 高中或中专及以上学历，具备生产管理、物料管理、数量统计等相关专业知识 2. 能力素质要求 熟悉企业生产作业流程，了解企业各项规章制度及安全生产的相关规定，熟知生产计划、数据统计等相关操作		
工作职责	职责细分		
生产数量收集与统计	① 每天按时收集、填报各车间的生产日报表 ② 收集各类产品的物料消耗情况、产品所用工时等相关数据 ③ 整理、统计上述相关数据，为生产管理决策提供依据		

（续表）

生产统计监督与分析	① 督促各生产车间按时提交统计报表,并进行检查或复核 ② 按时完成成本核算报表及相关经济分析资料
生产档案管理	① 负责收集、整理各种文件、统计资料、文档及相关报表 ② 负责生产部相关文件资料的分类、建档、归档工作 ③ 负责生产部相关文件资料的调用手续办理及日常保管工作

表 1.4　PMC 仓管员岗位职责

岗位名称	PMC 仓管员	所属部门	物流部或 PMC
直接上级	物流部或 PMC 主管	直接下级	无
任职资格	1. 学历、专业知识 高中或中专及以上学历,具备物流管理等相关专业知识 2. 能力素质要求 熟练掌握出入库作业及库房管理的方法、规范及操作程序;熟悉仓库管理制度及相关管理流程;具备一定的质量管理知识和财务知识;工作严谨、细致		
工作职责	职责细分		
原料、辅料、半成品管理	① 进厂材料点收及不合格品退回;② 材料发放批号管制,余料提报;③ 原料仓库库位规划、整理与安全维护;④ 滞料及有价值废品的库存提报;⑤ 提供有关库存动态资料		
成品管理	① 成品缴库的点收核对;② 成品出库交运处理;③ 成品保管及账务处理;④ 成品库位规划、整理与安全维护;⑤ 提供有关成品库存资料;⑥ 滞存品库存提报		
在库管理	① 每月库存重点盘点与账务核对;② 定期检查通风设施、照明设施、防雨防潮设施情况,保持库内通风、干燥、温湿度适宜;③ 执行保管区的安全检查,包括消防器材配备及其有效性,区内电器路线是否存在老化、破损等安全隐患;④ 定期检查货物品种、数量、质量状况,及时掌握保管物资的动态;⑤ 严格执行工作纪律,禁止无关人员擅自进入保管区		

二、制造企业生产管理部门组织结构类型

1. 生产部组织结构(见图 1.1)

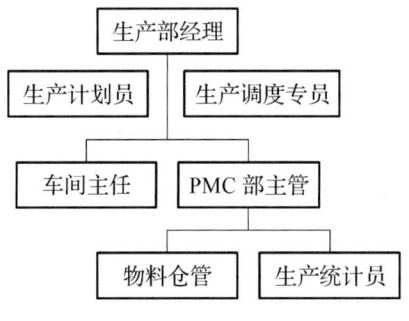

图 1.1　生产部组织结构

2. 小型企业生产部组织结构

如图1.2所示是小型企业的生产部组织结构。

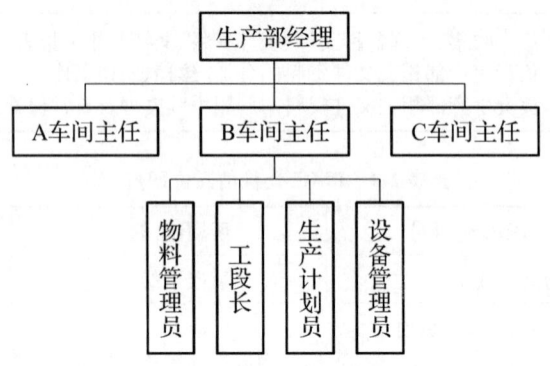

图1.2 小型企业生产部组织结构

3. 中型企业生产部组织结构

如图1.3所示是中型企业的生产部组织结构。

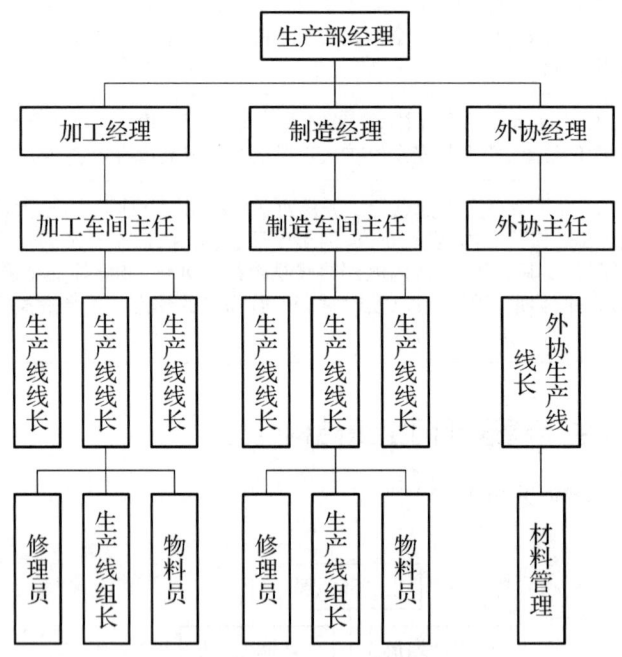

图1.3 中型企业生产部组织结构

4. 大型企业生产部组织结构

如图1.4所示是大型企业的生产部组织结构。

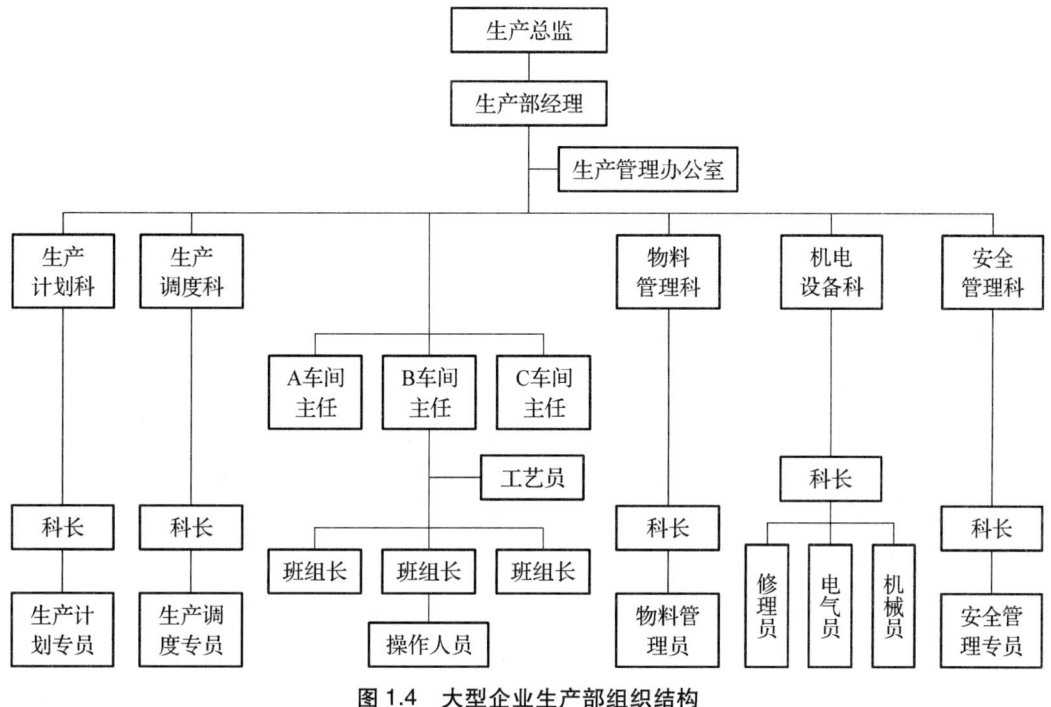

图1.4 大型企业生产部组织结构

任务一 认识生产运作管理

任何组织,大到一个国家,小到一个家庭,都需要管理。不论是工业企业,还是商业企业,其运行都离不开运作管理。生产运作管理从其产生至今已有几百年的历史,其理论、方法如今被广泛运用于制造业、服务业及其他非经济性组织。

本任务将阐述生产运作管理的主要职能、历史演变及发展趋势,探析生产物流管理与生产运作管理之间的关联与区别。

一、生产运作管理概述

生产是人类最基本、最重要的一项活动,经济学家将经济的发展分成前工业社会、工业化社会和后工业社会3个阶段。在前工业社会,人们主要从事农业和采掘业,以家庭为基本单位进行生产。在工业社会,人们主要从事制造业。人们利用机器和动力,以工厂为单位进行生产,使劳动生产率大幅提高。这时候对产品形成过程的管理,称为生产管理(production management)。在后工业社会,服务业成为比重最大的产业,对服务过程的管理称为运作管理(operation management)。现在我们一般将制造和服务等各类企业相应方面的管理合称为生产运作管理(Production and Operation Management,POM)。根据生产运作概念的演变与扩展,我们可以给生产运作下一个更一般意义上的定义:生产是一切社会组织将它的输入转化、增值为用户所需要的输出的过程。这个定义有4层含义:一是生产是一切社会组织都要从事的基本活动,不仅是企业才有的活动;二是生产是一种转化过程,将有形的或无形的输入转化为有形的或无形的输出;三是输出对用户是有价值的,是用户所需要的;四是整个过程是一个增值过程。

生产运作管理是指对生产运作系统的设计、运行与维护过程的管理。良好的生产运作管理是一个企业成功运营的基本条件。

二、生产运作管理的职能与内容

(一)生产运作管理的职能

生产运作管理的基本任务,就是通过计划、组织和控制生产运作系统,把投入生产过程的人、财、物和信息等生产要素,根据生产运作过程的要求,有效地结合起来,形成有机的体系,以尽可能少的投入生产出尽可能多的产品或服务,满足社会和用户需要,取得最佳的企业经济效益。

一般来讲,生产运作管理的基本职能包括4个方面:计划、组织、领导和控制。

1. 计划

计划,即根据企业的运营能力及最终的产品或服务对生产运作系统进行进度安排和总体把握。简单地说,即 5W1H:What——做什么,即目标与内容;Why——为什么做,即原因;Who——谁去做,即人员;Where——在什么地方做,即地点;When——何时做,即时间;How——怎样做,即方式和手段。

2. 组织

组织,即合理地组织生产要素,使有限的资源得到充分而合理的利用。组织职能包括生产过程组织、人员组织和机构组织等。

3. 领导

领导,即对生产运作系统中的人员进行工作指导、绩效考评、激励,以调动大家工作的积极性,提高工作效率和质量。领导职能包括对生产运作系统中的人员进行指挥、指导、激励和沟通。

4. 控制

控制,即如何保证按计划完成企业制定的目标和任务。控制工作的主要内容是确立标准、衡量绩效和纠正偏差。

(二)生产运作管理的内容

按照生产运作管理的内涵、基本任务及职能,生产运作管理的内容主要包括下述几方面。

1. 生产运作战略

生产运作战略是从生产运作系统的产出如何更好地满足社会和用户的需求出发,根据企业营销系统对市场需求情况的分析以及企业发展的资源状况和限制性因素,从总的方向解决企业"生产什么""生产多少"和"如何生产"的问题。其重点是确定企业生产运作系统的可持续发展战略、发展目标、方针与步骤,对产品与工艺技术、竞争、组织方式等做出战略部署,分析影响战略的基本要素,最后制订战略方案。

2. 生产运作系统的设计

生产运作系统的设计主要是根据生产运作战略的要求对企业的生产与运作系统进行设计与分析。主要内容包括产品决策、产品设计、工艺选择与设计、新产品试制与鉴定管理、厂址选择、生产运作规模与技术层次决策、厂房设施建设、设备选择与购置、工厂总平面布置、车间及工作地布置、生产流程设计及仓库的位置与规模的设计等。

3. 生产运作系统的运行与控制

生产运作系统的运行与控制主要是根据生产运作战略和系统设计方案,对生产运作系统的日常运行进行计划、组织和控制。它包括预测本企业产品和服务的需求,确定产品品种和数量,设置产品交货期,编制产品生产计划、生产运作的作业计划,统计生产运作进展,以及对生产进度、产品质量、资源消耗、资金占用、物料采购、成本、质量、流程等的控制。生产运作系统的运行与控制属于生产运行管理的日常工作,最终都要落实到生产运作现场,因此,搞好现场管理是生产运作管理的一项重要基础性工作。

4. 生产运作系统的维护与改进

生产运作系统的维护与改进主要是根据生产运作系统的运行情况和内外环境的动态变化,对系统进行维护与改进。它包括设备维护与改进、质量的保证、管理信息系统的维护与改进,同时改进与完善生产运作管理的理论与方法体系。

三、生产运作管理的目标

作为对生产运作过程的框架性安排,企业必须在自己的生产运作战略中明确生产运作过程所期望达到的目标,也就是企业生产运作过程所产出的产品服务具有哪些特性。常见的目标包括低成本、高质量、快速交付、柔性、完善的服务、环境友好等。这些特性将使企业的产品服务能够有效地吸引部分顾客。由于顾客对产品服务有多方面的要求,企业的运作战略就必须包括多方面的目标。但这些目标之间往往相冲突,比如高质量的产品成本往往也很高,与低成本的目标冲突。企业必须在多个目标之间进行权衡。在确定了生产运作过程的目标后,企业还必须考虑采取哪些运作过程的管理策略来实现这些目标。有效的运作策略不仅能够实现某一个目标,还能够缓和不同目标之间的冲突,使得企业在多个目标上取得优异的表现。

(一)成本

顾客在选购产品或服务时价格是重要的考虑因素。事实表明,低成本(cost)及低价格是赢得市场竞争的有效武器。企业想要保证自己的产品服务的价格能吸引对价格敏感的顾客,同时还要保证企业目标利润的实现,就必须降低产品及服务成本。因此,对这些企业来说,低成本是生产运作战略中的首要目标。由于价格始终是顾客选购时的考虑因素之一,即使那些非常注重产品质量,将高质量作为自身生产运作战略首要目标的企业,也要将成本控制作为自己运作战略的目标之一。

运作战略的低成本目标要求企业能够获得低成本的生产要素,如原材料、劳动力、机器设备、土地厂房、政府税收等。低成本企业会为了追逐这些生产要素而搬迁厂址。有效的运作策略能够充分利用生产要素,避免生产运作过程的浪费,保证低成本目标的实现。

常见的低成本运作策略包括大批量生产、库存控制和成本倒推等。

1. 大批量生产

大批量生产采用流水线来重复且大量地生产相同的产品以降低产品成本。低成本保证了低价格，而低价格不仅有助于争夺市场份额，还可以吸引潜在顾客消费，从而保证所生产产品的销路。

大批量生产的好处有：大批量生产需要大量的原材料，企业在采购时可以获得购买折扣，从而降低产品成本；大批量生产一般使用专门设计的机器设备，可以达到很高的生产效率；大批量生产分工细致，工人进行简单重复性劳动，对工人各项素质要求较低，同时还可降低培训成本；企业的固定开支（如厂房设备的折旧费用、管理人员的工资）也会降低。

大批量生产的问题在于，由于产品品种非常少，很可能不符合顾客的需要。特别是大批量生产的机器设备需要专门设计，价值高昂且用途单一，一旦产品不被市场认可，企业将面临很大风险。现代消费者由于越来越期望符合自己独特要求的个性化产品，大批量生产的应用范围在逐渐减少。

 **案例材料**

福特汽车装配流水线

早期的汽车生产采用包干方式，即整个汽车的生产方式是以两三个工人为一组，从零件制造到销售订单都是由一组工人负责到底。这种生产组织形式与当时社会上常见的手工作坊是一致的。但由于汽车的生产过程非常复杂，工人工作熟练程度低，生产效率低下，一个工厂每天只能生产几部车。生产过程中的工人工作时间及设备工作时间的浪费使汽车生产成本和价格都很高。1908 年，福特汽车公司推出的 T 型车大受市场欢迎，福特公司必须提高生产效率以满足市场需求。亨利·福特开始对工作进行分工，工人只负责生产一定的零部件。1913 年，经过不断的摸索，福特汽车公司开始采用装配流水线。等待装配的汽车逐个在输送带上不断前进，每个工人只需要装配固定的几个零件。工人熟练之后生产效率大大提高。福特认真地研究了各个工作岗位的劳动分工及对工人的素质要求。他在自传《我的生活和工作》中详细地叙述了 T 型轿车 8 000 多道工序对工人的要求："949 道工序需要强壮、灵活、身体各方面都非常好的成年男子；3 338 道工序需要普通身体的男工；剩下的工序可由女工或年龄稍大的儿童承担，其中，50 道工序由没有腿的人来完成，2 637 道工序由一条腿的人来完成，2 道工序由没有手的人完成，715 道工序由一只手的人完成，10 道工序由失明的人完成。"福特公司甚至有意地雇用残疾人以降低工资。

福特汽车公司的汽车装配流水线不仅提高了生产效率，而且大幅度降低了生产成本。福特汽车公司很快就将 T 型车的价格从 850 美元降到 260 美元，使得此前一直买不起汽车的人都能负担得起了。而福特汽车公司年产量可以达到几十万辆，能有效地满足顾客的需求。尽管汽车不是亨利·福特发明的，但他让汽车从手工作坊时代走进大工业时代，因而被称为"汽车之父"。流水线生产方式很快传播到其他汽车公司和其他工业行业,成为大批量生产的主要组织形式,也是现代工业的象征。

资料来源: 亨利·福特.福特自传:不忘初心 进无止境[M].陈永年,译.北京:华文出版社,2018.

2. 库存控制

库存指生产运作过程中处于停滞状态的资源。生产运作过程的各个环节通常不是完美匹配的,如采购时经常会采购一卡车的原材料,而制造过程短时间内又用不完。库存可以保证生产运作各环节之间的衔接,降低运输成本。此外,产成品库存还使企业能够迅速地满足顾客的需求。

但过多库存带来的弊端也十分明显。仓库设施、仓库管理人员、仓库管理工作都会产生成本。由于现代企业一般都有贷款,过多的库存实际上相当于企业用贷款购置了不用的资源放在仓库里。在库存的过程中也容易产生各种损耗。

总的来说,由于现代市场变化快,库存带来的问题显得更加突出,越来越多的企业倾向于降低自己的库存。库存控制就要根据企业生产经营活动的需要,确定一个经济合理的库存水平,在保证企业正常生产经营活动的前提下降低企业的库存。库存控制的核心就是确定经济合理的库存水平,以及如何经济有效地维护这个库存水平。

3. 成本倒推

成本的计算通常采用正算法。从原材料的采购价格开始算起,加上各个生产环节的成本作为中间产品及最终产品的成本,最后加上一定的毛利来给产品定价。但在一些行业中,由于竞争激烈,企业必须接受市场公认的价格,不可能按照自己的成本来定价。成本倒推法从市场价格开始,倒推各个生产环节应该发生的成本。经过成本倒推,各个生产环节都明确了自己的成本控制目标,能有效地实现成本控制。

(二) 质量

GB/T 19000—2015 与 ISO 9000:2015 系列标准中质量的定义是:一组固有特性满足要求的程度。它也是顾客在选购产品和服务时重要的考虑因素。特别对于类似家电这样的结构功能上不是那么简单的产品,或者不同厂家产品之间质量存在差异时,质量往往是顾客重点考虑的因素。从整个产品使用过程来看,顾客更愿意选择高质量且价格合理的产品,而不是低价格低质量的产品。几乎对所有产品来说,市场竞争或政府部门都设有质量准入门槛。达不到准入门槛的产品被政府禁止在市场上销售,或者不被顾客所接受。

质量可以分为产品质量和过程质量。产品质量并非越高越好,豪华汽车的质量要远远超过普通汽车,但大多数顾客不会购买它。当产品质量符合目标顾客的期望时,企业就更容易取得成功。过程质量指生产运作过程能否产出符合质量标准的产品,即产品合格率的问题。高的过程质量不仅能为顾客提供无缺陷的产品,还避免了生产运作过程的浪费。

保证产品质量与过程质量的主要措施包括质量检验、统计过程控制和全面质量管理。

(三) 时间、柔性、服务与环保

1. 时间(交货期)

在有些市场上,准时或快速的交付是顾客选购时的重要因素。尤其在服务行业,很少有顾客能够长时间等待。顾客期望救护车能在10分钟内到达,对高级定制服装他们也最多愿意等 个月。企业必须尽量缩短交货期(due date),也就是缩短从收到顾客订单到完成订单的时间。

企业按承诺时间交付的能力,在涉及合作的场合非常重要。航空服务需要航空公司和顾客的合作才能完成,准时抵达率就是航空公司的重要指标。汽车有众多零部件,汽车生产的完成需要总装厂和许多零部件厂的大规模合作,即使一个零部件没能送到也会导致整个生产线停产。所以,能否按时交付是汽车厂考核供应商的重要条件。消费电子产品及成衣行业的产品只能销售很短的时间就必须换新产品,也即产品生命周期短。对这些行业来说,企业必须用尽可能短的时间完成从产品创意到摆上货架的全过程。由于这些行业的顾客更喜欢新产品,开发新产品速度的快慢对企业能否赢得竞争优势有重要影响。

为了实现准时快速交付,企业可以在研发阶段应用并行工程(CE),通过敏捷制造(AM)和供应链管理(SCM)来实现和供应商的合作,通过精益生产(LP)来保证运作过程的准时性。通过多留富余产能、增加库存等方法能够非常简单地实现准时快速交付,但也会带来额外的成本。

2. 柔性

越来越多的现代消费者期望得到符合自己个性需求的产品,而不是单一化、大众化的产品。企业的生产运作过程必须能够同时产出多种产品,包括按照顾客的独特要求来定制产品。许多企业为了满足顾客的个性化、多样化需求,从大批量生产转换到多品种的生产、小批量生产。

高柔性(flexibility)企业不仅能够提供多种产品和服务,还应当能够快速地从一种产品转换到另一种产品的生产,同时还能有效控制成本。实现高柔性的主要策略包括采用柔性制造系统(FMS)等通用性的装备、精益生产、企业资源规划(ERP)的应用等。

(1) 柔性制造系统

柔性制造系统的一整套自动化装备,通常由多台数控加工设备、物料搬运系统及计算机控制系统组成。柔性制造系统可以自动完成对多种零件进行不同形式的加工、装配、质量检验,其间加工设备可以自行调整以符合下一个零件的需要,物料搬运系统能自动将预定的零件放到恰当的位置,计算机控制系统能自动检测设备与零件的状态并选择恰当的动作。柔性制造系统具有产品质量高、适应多种产品加工、生产能力稳定、在制品少等优点。但柔性制造系统价格较高,并且其柔性也是有限的,仅能加工某一类零件。

(2) 精益生产

精益生产是丰田汽车公司开创的先进生产管理方式。其精髓是"只在需要的时候,按需要的量,生产需要的产品",实现准时制(just in time,JIT)生产。精益生产有两大特征:准时生产与全员积极参与改善。精益生产常运用看板控制生产节奏,实行全面质量管理保证产品质量。精益生产通过培养多能工、U形设备布置等手段将员工和工作岗位分离,通过快速作业切换缩短转换产品品种所需要的时间,通过生产均衡化来实现不同产品的混流生产。这些措施都极大地提高了生产运作过程的柔性。精益生产已经成为现代汽车企业标准的生产管理方式。

3. 服务

在很多时候,顾客的目的不是去购买某一产品,而是为了解决自己面临的问题。但仅靠出售产品不一定能解决顾客的问题,如果企业能够在出售产品时附加恰当的服务(service)来为顾客解决问题,就能够获得顾客的满意和忠诚。有些产品在出售时会附有三包等售后服务。售后服务的质量很大程度上影响了顾客的满意程度。

案例材料

海尔集团转型服务

海尔集团是我国著名的家电企业,其产品包括冰箱、空调、洗衣机、电视机、热水器、电脑、手机等。从传统的观点来看,海尔是一家典型的制造企业。海尔集团的首席执行官(CEO)张瑞敏在早年曾经以重视生产环节、狠抓产品质量而闻名。

2009年,海尔首席执行官张瑞敏提出企业应该从制造向服务转型,海尔要从一个家电制造企业变成全球领先、服务引领下的美好家居生活解决方案供应商。张瑞敏认为,用户的需求从本质上讲不是要产品,而是要提高生活品质,并且这种要求日益增长。与之相对应,营销就不应该是卖产品,而是提供满足客户需求的方案,实现与客户的双赢。以热水器为例,海尔认为顾客需要的不是热水器产品,而是随时能用到安全、健康和舒适的热水,海尔就应该帮助顾客选择、设计、安装、维护、保养热水器。其"产品"就包括在线设计、上门设计、互动咨询服务以及"量身定做"服务。海尔在中心城市建立体验中心,将以前的促销员提升为热水解决方案咨询员,通过体验、互动,实现与用户的零距离交流,更好地把握顾客的需求,为顾客提供符合他们要求的产品与服务。随着生活节奏的加快,工作压力的加大,越来越多的白领阶层产生了新的消费需求:希望买一个家电品牌能够满足所有需求,希望送货上门一次解决所有家电的配送安装,希望一个电话随时能够得到所有家电问题的解答。这是一群明确购买需求满足而不是产品功能的新消费群体。于是海尔成套家电服务方案应运而生,不仅抓住了新的顾客需求,而且销售的多是高端产品,销售利润比纯卖家电高2%。海尔在转型服务后专注于与用户需求更为贴近的研发及营销环节,而制造环节将逐步外包给专业的代工厂商。

资料来源:王岚,莫凡.制造业服务转型模式研究——以海尔集团为例[J].现代管理科学,2017(4):51-53.

4. 环保

城市工业化给我们带来经济繁荣的同时,环境污染问题也随之而来,大气污染、水污染、噪声污染等,这些无不危害着我们的生活。越来越多的现代消费者已积极践行低碳、绿色、环保的生活方式,倾向于购买、使用对环境无害或环境污染较小、低能耗的产品。政府对环境污染采取日益严厉的态度。企业在制订生产运作战略时必须考虑减少生产运作过程的污染,降低各种资源的消耗,严格遵守国家环保法律法规,坚持走可持续发展道路,实现经济与环保双赢的局面。

案例材料

星巴克的环保经营

星巴克是全球最大的咖啡连锁店,在 2011 年有 17 000 多家咖啡连锁店。星巴克的主要顾客是城市白领。星巴克认识到自己的顾客群体非常支持环境保护,就尽力支持环保事业以获得顾客的认同。星巴克尽力提升各门店内回收再利用水平,所有的杯子都是可重复利用或可回收的,并对自带杯子的顾客给予折扣优惠。星巴克尽量减少水和能源的使用量,其多数门店通过认证,成为绿色门店。2002 年起,星巴克还和非营利组织合作,在墨西哥推出保育咖啡计划来保护中美洲仅有的雨林带。非营利组织指导墨西哥恰帕斯山区的农民在树荫下栽种咖啡,而过去他们通常将雨林砍伐后栽种咖啡。通过改进咖啡种植方法,能够保护树冠不被破坏,预防水土流失以及避免水土污染等问题。星巴克通过销售"树荫栽种有机墨西哥咖啡"不仅获得了利润,还得到顾客、公众及新闻媒体的赞誉。

资料来源:星巴克公司官网

四、生产运作管理的发展阶段

生产运作管理的发展是一个漫长的过程,杰伊·海泽(Jay Heizer)总结了生产运作管理的历史,以及各历史时期的主要贡献者。他将生产的发展划分为 3 个主要阶段:一是面向成本阶段,包括劳动分工(1776—1880 年)、科学管理(1880—1910 年)和大规模生产(1910—1980 年)等主要阶段;二是面向质量阶段,主要是精细生产(1980—1995 年)阶段;三是面向顾客阶段,包括按顾客需求生产(1995 至今)等。各阶段的特点及其主要贡献者见表 1.5 所示。

表 1.5 生产运作管理不同发展阶段情况

发展阶段	成本管理阶段		质量管理阶段	顾客至上阶段
	劳动分工和科学管理阶段	大规模生产阶段	精细生产阶段	按顾客要求生产
贡献者	巴贝奇(Babbage) 泰勒(Taylor) 爱尔朗(Erlang)	福特(Ford) 施瓦特(Shewhart) 杜邦(Dupont)	丰田公司等	数不清的学者
主要特征	劳动分工 工序分析 排队论	流水线生产 统计检验 线性规划/网络方法	准时生产方式 计算机辅助设计 全面质量管理	全球化/网络化 企业资源计划 供应链管理

其中,代表性人物及其贡献简述如下,具体如表 1.6 所示。

项目一　生产物流管理认知

表1.6　生产运作管理发展大事

时　间	内　容	代表人物	国　别
1776年	国富论	斯密	英国
1832年	机器和制造业经济学	巴贝奇	英国
1911年	科学管理原理	泰勒	美国
1911年	动作研究、工业心理学的应用	吉尔布雷斯夫妇	美国
1912年	活动进度图(甘特图)	甘特	美国
1913年	移动流水装配线	福特	美国
1915年	库存管理的数学模型	哈里斯	美国
1924—1932年	霍桑实验	梅奥	美国
1931—1934年	抽样检测和统计技术在质量控制中的应用	道奇、罗米格、休哈特	美国、英国
1947年	线性规划	乔治·丹齐克	美国
1950—1960年	模拟技术、排队论、决策论、计划评审技术(PERT)、关键路线方法(CPM)、计算机软硬件技术等	许多人	美国和西欧
1975年	制造战略	W.斯金纳	美国
20世纪80年代	准时制生产(JIT)、全面质量控制(TQM)、计算机集成制造系统(CIMS)、柔性制造系统(FMS)、计算机辅助设计(CAD)等		美国、日本、西欧
20世纪90年代	ISO 9000质量管理体系、业务流程重组(BPR)、企业资源规划(ERP)、供应链管理(SCM)、精益生产(LP)、敏捷制造(AM)、价值工程(VE)等		美国、日本、西欧
21世纪	工业4.0、工业互联网、中国制造2025		德国、美国、中国

① 亚当·斯密(Adam Smith),英国古典经济学家。1776年,他在其经典著作《国富论》中系统地论述了劳动分工理论,通过对大量的调查资料进行分析比较,指出劳动分工可以极大地提高生产效率。斯密的劳动分工理论为生产运作管理的形成奠定了主要的理论基础。

② 伊莱·惠特尼(Eli Whitney),美国发明家、机械工程师和企业家,1765年12月8日生于美国马萨诸塞州韦斯特博罗。惠特尼首先倡导零部件标准化和有效的质量管理,为部件互换的早期普及做出了贡献,是实行标准化生产的创始者。最初在制锁中采用标准化零件,保证零件可互换,后推广到枪械生产中。由于实现产品标准化,大大提高了生产效率,方便了产品在使用过程中的维修,是工业走向成批生产的重要一步。惠特尼曾设计制造出第一台卧式铣床,在自己管理的工厂中实行工人之间劳动分工,对生产发展起了重要作用。1900年,惠特尼的名字和事迹被选入美国名人纪念馆。

③ 弗雷德里克·泰勒(Frederick W.Taylor),美国古典管理学家。科学管理原理使生产运作管理摆脱了经验管理的束缚,成为该学科发展史上的里程碑,而泰勒在管理领域做出了不可磨灭的贡献,是科学管理的创始人,被管理学界誉为"科学管理之父",其主要著作是《科学管理原理》(1911)和《科学管理》(1912)。泰勒的科学管理的根本目的是谋求

最高效率,而要达到最高的工作效率的重要手段是用科学化、标准化的管理方法代替旧的经验管理。为此,泰勒提出了一些基本的管理制度,如对工人进行科学的选择、培训和晋升,制订科学的工艺规程,实行具有激励性的计件工资报酬制度,使管理和劳动分离等。这些措施使美国企业的生产率有了大幅度的提高,出现了高效率、低成本、高工资、高利润的新局面。

④ 吉尔布雷斯夫妇(Frank B.Gilbreth & Lillian M.Gilbreth)。美国工程师弗兰克·吉尔布雷斯与夫人(心理学博士莉莲·吉尔布雷斯)在动作研究和工作简化方面做出了特殊贡献。他们用拍摄电影的方法对工人们工作时的每一动作进行拍摄,然后逐一分析,提出改善建议以提高效率。吉尔布雷斯毕生致力于提高效率,通过减少劳动中的动作浪费来提高效率,被人们称为"动作专家"。

⑤ 亨利·甘特(Henry L.Gantt),美国管理学家、机械工程师。甘特是泰勒在创建和推广科学管理时的亲密合作者,他与泰勒密切配合,使科学管理理论得到了进一步的发展,特别是他的甘特图,是当时计划和控制生产的有效工具,并为现代计划评审技术(PERT)奠定了基础。

⑥ 亨利·福特(1863—1947),美国汽车工程师与企业家,福特汽车公司的建立者,于1903年创立福特汽车公司。1908年福特汽车公司生产出世界上第一辆属于普通百姓的汽车——T型车,世界汽车工业革命就此开始。他也是世界上第一位使用流水线大批量生产汽车的人。1913年,福特汽车公司又开发出了世界上第一条流水线,这一创举使T型车一共达到了1 500万辆,缔造了一个至今仍未被打破的世界纪录。它不但革命了工业生产方式,而且对现代社会和文化起了巨大的影响,因此有一些社会理论学家将这一段经济和社会历史称为"福特主义"。福特先生为此被尊为"为世界装上轮子"的人。在1999年,《财富》杂志将他评为"21世纪商业巨人"以表彰他和福特汽车公司对人类工业发展所做出的杰出贡献。

他在其工厂采用了斯密的劳动分工理论和惠特尼的零件互换性理论,并且在泰勒的单工序动作研究基础之上,对如何提高整个生产过程的效率进行了进一步的研究,同时,福特进行了多方面的标准化工作,包括在产品系列化、零件规格化、工厂专业化、机器和工具专业化、作业专门化等,极大地提高了工厂的生产效率,缩短了汽车的生产周期。

⑦ F.W.哈里斯(F.W. Harris),美国人。他于1915年首次提出库存管理的经济订货批量数学模型。通过订货管理,EOQ开创了现代库存理论的研究。

⑧ 乔治·埃尔顿·梅奥(George Elton Mayo),原籍澳大利亚的美国行为科学家。1924—1932年,美国国家研究委员会和西方电气公司合作,由梅奥负责进行了著名的霍桑实验(Hawthorne Experiment)。通过霍桑实验,梅奥等人认识到,人们的生产效率不仅要受到生理方面、物理方面等因素的影响,更重要的是受到来自社会环境、社会心理等方面的影响。此实验的成功大大推动了行为科学的发展,使管理的重点由物转到了人。

⑨ H.F.道奇(H.F. Dodge)、H.G.罗米格(H.G. Romig)和W.休哈特(W. Shewhart)。他们是在贝尔电话实验室工作的3个同事,于20世纪30年代提出了抽样和质量控制的统计程序。第二次世界大战后,生产管理方法和理论发展迅速,产生了一大批革命性的成果。

五、生产运作管理的发展趋势

科学技术的发展,尤其是计算机与网络技术的广泛应用,市场全球化与市场竞争的加剧,顾客需求的多样化,国际政治经济格局的变化,使得当今生产运作管理出现了一些新的趋势。虽说生产运作管理新趋势会因国别、行业、企业规模等的不同而异,但整体而言,有以下共同趋势。

1. 生产运作管理的全球化

市场、企业及其生产运作日益国际化。全球地区贸易的兴起,世界贸易组织成员不断增加,许多国家纷纷开放市场、降低关税、保护知识产权等,大大促进了国际化的进程。越来越多的企业都在计划到其他国家或地区投资设厂、拓展业务。全球化加剧了竞争,对生产运作管理提出了新的要求与挑战。面向全球进行生产运作管理,是许多企业尤其是许多中国企业面临的重要课题。

2. 生产运作模式以多品种、小批量为主

随着科学技术的飞速发展和人民生活水平的不断提高,当今社会正进入一个多样化的时代,人们的需求在不断变化,采用多品种、小批量生产运作模式能够更好地满足用户需求,这是一种必然的发展趋势。

3. 生产运作系统柔性化

一般来说,生产运作的多样化和高效率是相矛盾的,因此,企业生产运作系统必须拥有足够的柔性快速适应市场的变化以抢占先机,赢得优势。为做到这一点,企业应努力推广采用柔性生产运作系统,例如并行工程(Concurrent Engineering,CE)、虚拟制造技术、成组技术(Group Technology,GT)、敏捷制造(Agile Manufacturing,AM)、数控机床(Numerical Control,NC)、计算机辅助设计/制造(CAD/CAM)技术、智能制造等。

4. 重视科学技术的应用

现代科学技术的飞速发展已渗透到企业生产运作系统的各个环节:从投入要素看,大量有价值的信息的获得需要借助先进的通信设备,企业对掌握现代科学技术知识的高素质人才的需求日益强烈;从生产运作过程看,企业要想提高生产率,必须采用先进的技术和设备;从产出看,只有高科技含量的产品才能为企业带来高附加值。

5. 全员参与企业的生产运作过程

生产一线员工往往最了解生产运作的情况,可以最快的速度、最便捷的方式解决问题,对改进生产系统做出持续不断的贡献。许多企业还专门成立了由生产工人、基层管理者、职能部门人员、专家等组成的项目团队,帮助企业进行决策,可以充分调动各相关人员的主观能动性和积极性,提高决策与措施的执行效率和整个生产运作过程的效率。

6. 追求"绿色生产"

地球是人类生存的唯一家园,然而自工业革命以来,伴随着工业的进步,人类可利用的自然资源日益枯竭,生态环境受到严重破坏,传统的高能耗、高污染的生产运作方式将受到严重挑战。"绿色生产"使企业更加关注生态平衡,更加关注企业的社会责任,向社会和市场提供环保型产品。可以预见,"绿色生产"必将日益受到重视且呈加速发展趋势。

7. "工业互联网""大数据""云计算"等在智能制造领域的运用
- 工业互联网

工业互联网是工业生产与互联网技术相互结合的新型工业架构,是第4次工业革命的重要部分,是实现工业制造的网络化和智能化的关键,是新一轮工业革命的关键支撑和智能制造的重要基石,是新一代通信技术与工业领域深度融合的产物,也是现代工业智能化发展的必然要求。

目前,工业互联网成为制造业和经济发展新趋势已是全球共识。预测到2020年,全球工业互联网使用的专门传感器预计超过300亿件;工业互联网接入机器设备数量将爆炸式增长,2015年接入规模为26亿件,到2021年,这一数字将超过100亿件,实现高达25%的年复合增长率。

工业互联网是实现人、机器、车间、企业等主体以及设计、研发、生产、管理、服务等产业链各环节的全要素泛在互联的基础,是工业智能化的"血液循环系统",是实现全球供应链系统和企业生产系统精准对接、产品全生命周期管理和智能化服务的前提和基础。

2017年11月,国务院印发《深化"互联网+先进制造业"发展工业互联网的指导意见》,明确提出要持续提升我国工业互联网发展水平。2018—2020年是我国工业互联网建设起步阶段,也是关键阶段。从2018年开始,我国将在推动工业企业内网改造升级的基础上,在工业领域逐步部署IPv6、窄带物联网(NB-IoT)、软件定义网络(SDN)、5G等先进技术,并以此形成成熟的工业互联网应用和生产体系。

到2020年,我国工业互联网平台体系将初步形成,有望建成10个左右跨行业、跨领域,能够支撑企业数字化、网络化、智能化生产的企业级平台;到2020年,我国还将利用推进工业互联网发展的契机,培育30万个面向特定行业、特定场景的工业App,推动30万家企业应用工业互联网平台开展研发设计、生产制造、运营管理等业务。

我国将会率先在汽车、航空航天、石油化工、机械制造、电子元器件等企业推广相应的网络升级和技术应用,同时会围绕数控机床、工业机器人、大型动力装备等关键领域,实现智能控制、智能传感、工业级芯片与网络通信模块的集成创新,帮助企业形成一系列具备联网、计算、优化功能的新型智能装备和智能生产流程。一旦工业互联网技术得以快速应用,上述产业将顺利进入智能化生产时代。据工信部和相关权威机构估计,在未来20年里,我国工业互联网发展至少可带来3万亿美元左右的GDP增量,将为制造业升级和经济持续增长注入巨大的发展动力。

- 大数据技术

大数据作为新一代信息技术的代表,已开始在工业设计、研发、制造、销售、服务等环节取得应用,并成为推动互联网与工业融合创新的重要因素。面对大数据的浪潮,传统企业要主动把握大数据的发展方向,深入挖掘大数据的价值,分析需求偏好、改善生产工艺以及提升企业的内部管理水平等。利用大数据工具对供应链进行分析以选择供应商、优化物流配送方案和进行价格谈判等;利用大数据分析工具可以对商品进行销售预测,分析顾客的购买偏好,确定商品的价格。大数据是制造业智能化的基础,其在制造业大规模定制中的应用包括数据采集、数据管理、订单管理、智能化制造、定制平台等。通过对大数据的挖掘,实现流行预测、精准匹配、社交应用、营销推送等更多的应用。同时,大数据能够帮助制造业企业提升营销的针对性,降低物流和库存的成本,减少生产资源投入的风险。

- 云计算

智能制造加速了云计算的普及。云计算不仅解决了传统IT成本高、部署周期长、使用管理效率低下的难题,在数字时代云计算更大的价值在于,快速通过物联网、人工智能、大数据等新技术带动产业融合和升级,培育和推进了新兴服务型制造业,更为提高中国制造业在全球产业链附加值和规模提供了弹性支撑和服务创新空间。

相对于传统的IT和业务系统的分离,以云计算为代表的新一代信息技术与制造业的深度融合,深入渗透到制造企业的所有业务流程,能够根据用户的业务需求,经济、快捷地进行IT资源分配,实现实时、近实时IT交付和管理,快速响应不断变化的个性化服务需求。不仅优化了制造业全流程资源使用效率,提高了企业生产效率和经济效益,同时,可以通过制造业产业协作和重塑,带动中国制造业的整体提质、增效、升级,有助于促进创造优质附加值和制造业生产效率的提升,同时提升了制造企业整体竞争力,灵活应对复杂的国际环境变化,为经济全球化环境下制造企业实现智能制造打下坚实基础。

工业4.0本质上是构建在移动互联、云计算、3D打印等先进技术上的组织管理体系的重塑。

面对"互联"与"融合"的新情境,管理者必须以新的管理思维思考资源组合问题。"建设制造强国战略"要实现的是整个制造产业的智能化升级。中国政府加大在大数据、人工智能、物联网的政策导向和资金投入,让"建设制造强国战略"在技术上具有高起点,为中国成为制造强国奠定基础。基于大数据云的产业协作平台,让数据智能成为制造业企业发展的新动能,人工智能、云计算、大数据、物联网与制造业的融合,成为制造业实现产业智能化升级的关键因素。

任务二 生产运作系统

条形码1-1

美的方洪波:中国制造业目前最大的挑战

一、生产运作系统的基本模型

生产系统(Production System)是指能够将原材料加工成有价值的成品或半成品的增值系统,是由制造过程、硬件、软件和相关人员组成的具有特定功能的有机整体。具体加工制造业中,生产系统表现为由一系列生产车间、工作地等组成的有机整体。譬如,发动机车间、底盘生产车间、车身生产车间、装配车间构成了汽车生产系统。

其中,制造过程包括产品的市场分析、设计开发、工艺规划、加工制造以及控制管理等过程;硬件包括厂房设施、生产设备、工具材料、能源以及各种辅助装置;软件包括各种制造理论与技术、制造工艺方法、控制技术、测量技术以及制造信息等;相关人员是指从事对物料准备、信息流监控以及对制造过程的决策和调度等作业的人员。

生产运作系统(Production and Operation Management System,POMS)从系统观点来考察生产运作,可以将企业中从事生产运作活动的子系统称为生产运作系统。应强调的是,企业生产运作系统有狭义和广义之分。

狭义的生产运作系统，有时也称为制造系统，是指直接进行产品的生产加工或实现劳务的过程，其工作直接决定着产品或劳务产出的类型、数量、质量和生产运作费用。

广义的生产运作系统除上述内容外，一般认为还应包括企业中的研究开发、生产运作的供应与保证、生产运作计划与控制等子系统。

研究开发系统是进行生产运作前的各项技术性准备工作以及产品的研究与开发过程，在很大程度上预先决定了产品或劳务产出的效果。

生产运作的供应与保证系统的作用在于提供足以保证生产运作不间断进行所需的物料、能源、机器等各种要素，并使它们处于良好的状态，因此，将直接影响着基本生产运作的正常运行。

生产运作计划与控制系统，又称为生产运作管理系统，是对整个生产运作系统各方面的工作进行计划、组织、控制和协调，其作用类似于企业的大脑和神经系统。

本课程所指生产运作系统是广义的生产运作系统。生产运作系统则是使生产系统正常运作得以实现的所有措施及手段。

可以构建一个生产运作系统模型，主要包括输入、转换、输出三个部分，如图1.5所示。

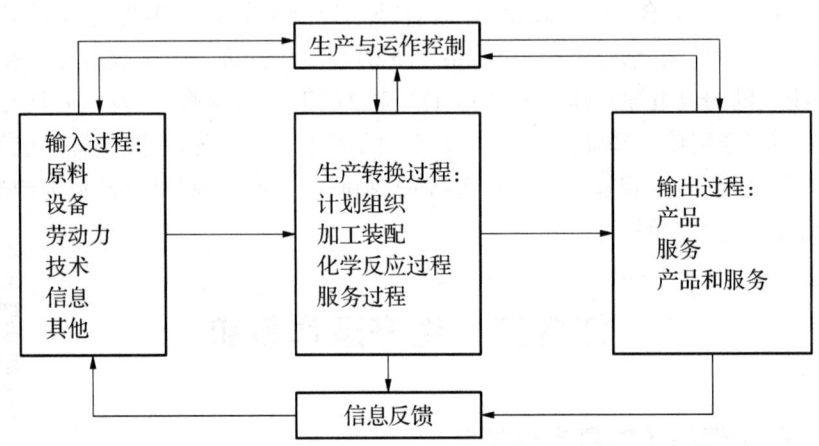

图1.5　生产运作系统模型示意图

1. 输入——资源要素

输入的资源要素一般包括人、财、物、技术和信息等几个方面。其中，人指人力，即具有一定智力和体力的劳动者。这是生产运作的第一要素，是生产运作的主体。他们以其数量多少、素质高低以及比例是否协调等，影响着生产运作管理的效率。财指资金，它主要从数量、构成、周转速度等方面影响着生产运作活动。物指劳动手段和劳动对象。劳动手段是劳动者在转换过程中用于直接或间接地改变或影响劳动对象的物质技术基础。劳动对象既制约着输出的规模，又制约着产品的品种、质量和成本。技术指技术文件、图纸等，而信息包括市场需求、制度、计划、规程等。技术和信息被认为是生产运作管理系统的"神经中枢"，既是管理的依据，又是管理的手段。

2. 转换——变换过程

转换过程，也称为劳动过程、价值增值过程。它包括两个过程：物质转换过程和管理过程。前者使物质资源转换为产品,而后者则使上述物质转化过程得以实现。变换有多种形式,在一个汽车制造厂,主要是物理变换;在一个化工厂,主要是化学变换;而在一个航空公司或邮局,主要是空间变换。人们通常将有形产品的变换过程称为生产过程,而将无形产品的变换过程称为服务过程,也称为运营过程。由于变换过程既是产品的形成过程,也是人力、物力、财力等资源的消耗过程,因此,企业必须采用最经济合理的方式,对所生产的产品的品种、数量、质量、交货期、成本等各项因素,尽可能做出周密的计划。

转换过程中发生价值增值反映了投入成本与产出价值或价格之间存在的差异。产出的价值由顾客愿意为该企业的产品或服务所支付的价格来衡量,其增值部分越大,说明其生产运作效率越高。

3. 输出——产品或服务

输出包括有形产品的输出和无形产品的输出。前者指各种物质产品,如化工产品、电视机、汽车、食品、药品等;后者指各种形式的服务,如银行的金融服务、邮局的邮递服务、医院的医疗服务、仓储业的存储服务、旅游公司的旅游服务等。应该强调的是,在现代社会中,随着社会的进步和消费者心理及行为的日益成熟,产品这一概念的内涵进一步扩大,它应该包括所有能使消费者感到满意的功能,是产品功能、质量、价格、交货期、售后服务及信誉等的总和。从这个意义上讲,企业必须从上述各方面全面努力使消费者感到满意才能真正实现预期的生产运作价值。

在生产运作系统中,通常包含物流、资金流、工作流及信息流。一是物流,它是由企业的原材料、在制品、产成品、废品等在生产运作系统的各环节流动而形成的,是一个实物的流动过程;二是资金流,是指伴随物资所有权交易、转移等产生的各项资金的流动;三是工作流,是指各项管理活动的工作流程,如企业销售产品时所进行的发货、登记、开票、收款等流程;四是信息流,它伴随上述各种流的流动而流动,既是上述各种流的表现和描述,又是控制、掌握、指挥其他流运行的软资源,如企业的统计数据、财务报告、生产计划等。四个方面紧密结合形成一个有机的生产运作系统。

二、生产运作系统的类型

可以从不同角度对生产运作系统进行分类。从管理对象的角度,可以将生产运作系统分为制造性生产和服务性运作。

(一) 制造性生产

制造性生产(manufacturing production)是通过物理和(或)化学作用将有形输入转化为有形输出的过程。例如,通过锯、切削加工、装配、焊接、弯曲、裂解、合成等物理或化学过程,将有形原材料转化为有形产品的过程,属于制造性生产。通过制造性生产能够产生自然界原来没有的物品。制造性生产按不同的标志可进一步进行分类。

1. 按技术特点划分

制造性生产按生产技术特点划分,可分为以下 4 类。

① 合成型生产。合成型生产指将不同的成分(零件)合成或装配成一种产品,即加工装配性质的生产,如汽车制造厂、服装厂等企业的生产。

② 分解型生产。分解型生产指原材料经加工处理后分解成多种产品,即化工性质的

生产，如炼油厂、焦化厂等企业的生产。

③ 调解型生产。调解型生产指通过改变加工对象的形状或性能而制成产品的生产，如钢铁厂、橡胶制品厂等企业的生产。

④ 提取型生产。提取型生产指从地下、海洋中提取产品的生产，如煤炭、石油、天然气等产品的生产。

2. 按企业组织生产特点划分

制造性生产按企业组织生产的特点划分，可分为订货型生产和备货型生产两类。

① 订货型生产。订货型生产（Make To Order，MTO）是根据用户提出的具体订货要求进行生产，例如，锅炉、船舶等产品的生产。订货型生产方式还可以按为顾客定制的制造阶段进一步分为订货组装、工程生产和订货制造 3 种。订货组装（Assemble To Order，ATO）是根据现有库存、组件按客户的订货要求进行选择组装，主要安排总装计划，控制产品的产出进度。工程生产（Engineer To Order，ETO）是在接到客户订单后，按客户的订货要求进行专门设计和组织生产，整个过程的管理按工程管理的方法进行。家庭装修是工程生产典型的例子。订货制造（Manufacturing To Order，MTO）是按顾客的要求进行制造。由于产品是预先设计好的，故生产准备工作（如原材料采购和外协件的加工），可以根据市场预测按计划提前进行。这样，产品的生产期限基本上等于生产周期，有利于缩短交货期。

② 备货型生产。备货型生产（Make To Stock，MTS）是指在没有接到用户订单时，在对市场需要量进行预测的基础上，按已有的标准产品或产品系列进行的生产，如轴承、家电产品、小型电动机等产品的生产。

订货型生产企业生产出来的成品在品种规格、数量、质量和交货期等方面是各不相同的，并按合同规定按时向用户交货，成品库存甚少，多采用通用设备，工人需具备多种操作技能。生产管理的重点是抓"交货期"，按"期"组织生产过程各环节的衔接平衡，保证如期实现。备货型生产的直接目的是补充成品库存，多采用专用高效设备，对人员的专业化程度要求较高，通过维持一定量成品库存来满足用户的需要。为防止库存积压和脱销，生产管理的重点是抓供、产、销之间的衔接，按"量"组织生产过程各环节之间的平衡，保证全面完成计划任务。订货型生产与备货型生产的比较如表 1.7 所示。

表 1.7 订货型生产与备货型生产的区别

项 目	备货型生产	订货型生产
产品	标准产品	按用户要求生产，无标准产品，大量的变型产品与新产品
对产品的需求	可以预测	难以预测
价格	事先确定	订货时确定
交货期	不重要，由成品库随时供货	很重要，订货时决定
设备	多采用专用高效设备	多采用通用设备
人员	专业化人员	需多种操作技能

3. 按工艺过程特点划分

制造性生产按工艺过程特点划分,可分为以下两类。

① 连续型生产。连续型生产(continuous production)又称流程式生产,是指物料均匀、连续地按一定工艺顺序运动,在运动中不断改变形态和性能,最后形成产品的生产。连续型生产又称作流程式生产,如化工(塑料、药品、肥皂、肥料等)、炼油、冶金、食品、造纸等的生产过程。

② 离散型生产。离散型生产(discrete production)又称加工装配式生产,是指物料离散地按一定工艺顺序运动,在运动中不断改变形态和性能,最后形成产品的生产,如轧钢和汽车等的生产过程。

连续型生产的特点是:工艺过程是连续进行的,不能中断,因此自动化程度较高;工艺过程的加工顺序是固定不变的,生产设施按照工艺流程布置,劳动对象按照固定的工艺流程连续不断地通过一系列设备和装置被加工处理成成品,因此设备布置的柔性较低。

离散型生产的特点是:它的产品是由许多零部件构成的,各零件的加工过程彼此是独立的,所以整个产品的生产工艺是离散的,制成的零件通过部件装配和总装配最后成为成品,因此自动化程度较低,设备布置柔性较高;生产组织管理工作因为涉及多个生产部门、多种设备和工艺的相互协调及配合而变得更加复杂。连续型生产与离散型生产的比较如表1.8所示。

表1.8 连续型生产与离散型生产的区别

项目	连续型生产	离散型生产
用户类型	较少	较多
产品品种数	较少	较多
产品差别	有较多标准产品	有较多用户要求的产品
影响特点	依靠产品的价格与可靠性	依靠产品的特点
自动化程度	较高	较低
设备布置的性质	流水式生产	批量或流水生产
设备布置的柔性	较低	较高
扩充能力的周期	较长	较短
对设备可靠性要求	高	较低
维修的性质	停产检修	多数为局部修理
能源消耗	较高	较低
在制品库存	较低	较高

4. 按生产类型划分

一般按产品或服务的专业化程度划分生产类型。产品或服务的专业化程度可以通过产品或服务的品种数量多少,同一品种的产量大小和生产的重复程度来衡量。显然,产品或服务的品种数越多,每一品种的产量越少,生产的重复性越低,则产品或服务的专业化程度就越低,反之,产品或服务的专业化程度则越高。

按产品或服务的专业化程度的高低,可以将生产划分为大量生产(mass production)、成批生产(batch production)和单件生产(simplex production)3种生产类型。

① 大量生产。大量生产企业品种单一,产量大,生产重复程度高,如家电产品和汽车的制造。

② 单件生产。单件生产企业品种繁多,每一品种生产的数量甚少,生产的重复程度低,如立交桥、越江大桥的建设。

③ 成批生产。成批生产介于上述两者之间,品种繁多,每种都有一定的重复性。现代企业中,单纯的大量生产和单纯的单件生产都比较少,一般都是成批生产。由于成批生产的范围很广,通常将它划分为大批生产、中批生产和小批生产3种。由于大批生产和大量生产的特点相近,所以,习惯上合称为大量大批生产。同样,小批生产的特点与单件生产相近,习惯上合称为单件小批生产。

大量生产的特点是产品的品种少,且每一品种的产量大,较长时间生产一种或少数几种相类似的产品,生产专业化程度较高。一般这种产品在一定时期内具有相对稳定的很大的社会需求。大量生产类型适于采用高效的专用设备和专用工艺装备,采用生产线和流水线的生产组织形式,有条件应用经过仔细安排及优化的标准计划和应用自动化装置对生产过程进行监控。工人也易于掌握操作技术,迅速提高熟练程度。

成批生产的特点是产品品种较多,每个品种的产量较少,各种产品在计划期内成批地轮番生产,大多数工作地要负担较多工序。在生产过程中,生产管理的重点是合理地确定批量,组织好多品种的轮番生产。

单件生产的特点是产品对象基本上是一次性需求的专用产品,产品品种多而每个品种的产量很少。由于生产对象不断变化,生产设备和工艺装备必须采用通用性强的,并按机群式布置,工作地的专业化程度很低,因此生产效率低下,生产计划和生产过程的控制比较复杂。大量生产、成批生产和单件生产的区别如表1.9所示。

表1.9 大量生产、成批生产和单件生产的区别

生产类型 项目	大量大批	成批生产	单件生产
产品品种	单一或很少	较多	很多
产品产量	很大	较大	单个或很少
产品更新	慢	较快	很快
产品成本	低	较高	高
设备布置	按对象原则采用流水线	既有按对象原则,又有按工艺原则	基本按工艺原则
设备类型	通用设备	专用设备	专用与通用设备并存
设备利用率	高	较高	低
劳动生产率	高	较高	低

(续表)

项目 \ 生产类型	大量大批	成批生产	单件生产
劳动定额	详细	有粗有细	粗略
原材料储备量	大量	中等	少量
计划管理	较简单	较复杂	复杂多变
生产控制	容易	难	很难
质量控制	严格	正式控制制度	非正式控制制度
工人技术水平	低	较高	很高
在线管理人员	职能管理人员多	职能管理人员较多	职能管理人员少

(二) 服务性运作

服务性运作是指只提供劳务,而不制造有形产品,是将人力、物料、设备、资金、信息、技术等生产要素(投入)变换为无形服务(产出)的过程。

服务运作管理是指对服务内容、服务提供系统以及服务运作过程的设计、计划、组织与控制活动。与服务运作管理相对应的概念是制造业的生产管理,即对各种物质形态的有形产品进行开发设计,对生产加工过程和生产系统进行计划、组织与控制。服务运作过程和产品生产过程都是把各种资源要素变换为有用产出的过程,服务运作管理与产品生产管理所要控制的对象也都是产出的时间、质量、成本等因素,因此,从某种意义上来说,这两种变换过程有类似之处,可以考虑用相同的管理思路和管理方法。但是,由于服务运作的产出结果是一种无形的、不可触的服务,服务产出的这种特点决定了服务产品本身的设计、服务提供系统的设计、服务提供过程的控制等,都与有形产品不同。因此,在服务运作管理中,需要考虑到这种特殊性,从而针对性地采取特殊的管理方法。

服务性运作按不同的标志可进一步进行分类。

1. 按服务业的性质划分

按服务业的性质不同,服务性运作可分为以下 5 类。

① 业务服务,如咨询、财务金融、银行、房地产等。

② 贸易服务,如零售、维修等。

③ 基础设施服务,如交通运输、通信等。

④ 公共服务,如教育、公共事业、政府等。

⑤ 社会服务,如餐馆、旅店、保健、寺庙等。

2. 按顾客是否参与划分

按顾客是否参与划分,服务性运作可分为以下两类。

① 顾客参与的服务运作,如理发、保健、旅游、客运、学校、娱乐中心等。

② 顾客不参与的服务运作,如修理、洗衣、邮政、货运等。

3. 按劳动密集程度和与顾客接触程度划分

按劳动密集程度和与顾客接触程度可将服务性运作分成 4 种:大量资本密集服务、专业资本密集服务、大量劳动密集服务和专业劳动密集服务,如图1.6所示。

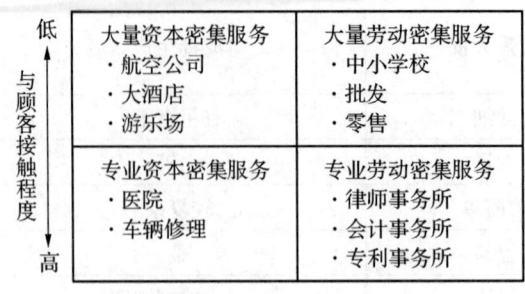

图1.6　按劳动密集程度和与顾客接触程度划分的服务性运作

服务性运作的特点主要包括以下几个方面。

① 服务是无形的产业,而且在生产的同时被消费掉。

② 顾客在要求服务时必须当即得到服务。服务无法保存,即使某些服务性生产提供的产品包括有形产品,如快餐店,但由于顾客需要的是新鲜食品,故不能长期保存。纯服务性生产更不能通过库存来调节。

③ 服务性生产中特别重视对人的管理。服务性生产的生产者与消费者是一种面对面的关系,因此对人的管理成为服务系统管理的关键,服务过程管理必须把注意力集中在提高员工的技能上。

④ 服务性生产过程的生产率难以测定。

⑤ 质量标准难以建立。通常只能凭人们的主观感觉制订,即按顾客满意度而定。有时服务人员相貌的好坏也可能对顾客的感受产生影响。

⑥ 服务的生产通常要求顾客的高度参与。无论是医生、律师,还是快餐店的服务员都必须按顾客的个性化需求向他们提供服务。

⑦ 对服务的需求短期内即可发生,表现为需求的频繁活动。同时,服务不可能远距离运输。

（三）制造性生产和服务性运作有哪些区别

1. 产品物质形态不同

制造生产的产品是有形的,可以被储藏、运输,以用于未来的或其他地区的需求。因此,在有形产品的生产中,企业可以利用库存和改变生产量来调节与适应需求的波动。而服务生产提供的产品是无形的,是不能预先生产出来的,也无法用库存来调节顾客的随机性需求。

2. 顾客参与程度不同

制造生产过程基本上不需要顾客参与,而服务则不同,顾客需要在运作过程中接受服务,有时顾客本身就是运作活动的一个组成部分。

3. 对顾客需求的响应时间不同

制造业企业所提供的产品可以有数天、数周甚至数月的交货周期,而对于许多服务业企业来说,必须在顾客到达的几分钟内做出响应。由于顾客是随机到达的,就使得短时间内的需求有很大的不确定性。因此,服务业企业要想保持需求和能力的一致性,难度是很大的。

4. 运作场所的集中性和规模不同

制造企业的生产设施可远离顾客,从而可服务于地区、全国甚至国际市场,比服务业组织更集中、设施规模更大,自动化程度更高和资本投资更多,对流通、运输设施的依赖性也更强,而对服务企业来说,服务不能被运输到异地,其服务质量的提高有赖于与最终市场的接近与分散程度。设施必须靠近其顾客群,从而使一个设施只能服务于有限的区域范围,这导致了服务业的运作系统在选址、布局等方面有不同的要求。

5. 在质量标准及度量方面不同

由于制造业企业所提供的产品是有形的,所以其产出的质量易于度量。而对于服务业企业来说,大多数产出是不可触的,无法准确地衡量服务质量,顾客的个人偏好也影响对质量的评价。因此,对质量的客观度量有较大难度。

制造性生产与服务性运作的区别如表 1.10 所示。

表 1.10 服务性运作与制造性生产的区别

项　目	制造性生产	服务性运作
产出本身	有形	无形
产出的储存性	高	低
产出的一致性	高	低
顾客参与程度	低	高
产业性质	资本密集	劳动力密集
规模经济的实现	增加批量	多店作业
质量度量	容易	较难
生产率测定	容易	较难

任务三　生产物流管理

一、物流概述

1. 物流基本概念

物流(logistics)原意为"实物分配"或"货物配送",是供应链活动的一部分,是为了满足客户需要而对商品、服务消费以及相关信息从产地到消费地的高效、低成本流动和储存进行的规划、实施与控制的过程。

物流是指物品在时间、空间上的位移。物流由商品的运输、配送、仓储、包装、搬运装卸、流通加工,以及相关的物流信息等环节构成。

物流活动的具体内容包括以下几个方面:用户服务、需求预测、订单处理、配送、存货控制、运输、仓库管理、工厂和仓库的布局与选址、搬运装卸、采购、包装、情报信息。

物流的概念最早是在美国形成的，起源于 20 世纪 30 年代，原意为"实物分配"或"货物配送"。1963 年被引入日本，日文意思是"物的流通"。20 世纪 70 年代后，日本的"物流"一词逐渐取代了"物的流通"。中国的"物流"一词是从日文资料引进来的外来词，源于日文资料中对"Logistics"一词的翻译"物流"。

学术界和企业界对物流给出了多种不同的定义，比较有代表性的几种定义如下。

美国著名物流学家鲍尔索克斯（Donald J.Bowersox）认为："物流是以买主为起点，将原材料、半成品、产成品有策略地在各个企业间流转，最后到达用户手中，其间所需要的一切活动的管理过程。"

欧洲物流协会《物流术语》的物流定义为："在一个系统内对人员、商品的运输、安排及与此相关的支持活动的计划、执行与控制，以达到特定的目的。"

《中华人民共和国国家标准·物流术语》将物流定义为："物品从供应地向接受地的实体流动过程，根据实际需要将运输、储存、装卸、搬运、包装、流通加工、配送、信息处理等实际功能实施有机结合。"

总之，物流是连接生产和消费两大领域之间的纽带。物流存在于生产和服务领域的组织中，企业物流贯穿于企业生产经营的整个过程，是所有实物、信息的流通和相关的服务活动。

2. 现代物流的基本特征

（1）流程属性

从美国物流管理协会关于物流的定义可以看出，物流是一个流程。物流流程从纵向可以分解为环节、作业和动作。通过 EMOC 分析法可以了解环节、作业、动作之间的关系。EMOC 分析是动素（element of movement）、动作（movement）、作业（operation）、作业环节（chain of operations）分析的简称。动素指为完成某项工作，人或人身体的某一部分的微小活动；动作指一系列动素在时间和空间上组成的序列；作业环节，是指由在时间和空间等方面有相对固定的顺序和因果关系的相关作业，围绕核心作业组成的作业序列。物流流程是由一系列作业环节组成的，物流作业环节又是由具体的物流作业组成的，而具体的物流作业又是物流作业动作的集合，比如，物流由运输、储存、包装、装卸、流通加工、信息处理等作业环节组成，其中，运输环节又由组配、装车、驾驶、卸货等作业组成，并且这些作业可以分解为由一系列动作组成。因此，物流是一个由物流作业环节组成的流程，而不仅仅是一个作业或某个动作。

（2）系统属性

根据系统科学理论，系统内各组成要素功能的简单相加不等于系统的功能。物流是一个由运输、仓储、包装等环节组成的系统，物流系统不是运输、仓储等环节的简单相加，而是对这些环节的集成和协调，以使这些环节能够比较好地进行配合，这就需要从客户的实际需要出发，以满足客户需要、降低物流成本为目标，对物流系统进行总体设计。可以满足客户需要的最优的设计方案并不能使储运或运输环节局部达到最优，但却能使物流系统整体达到最优。

总之，物流除了包含运输、仓储、包装这些纵向的具体活动以外，更强调活动之间的横向协调、配合与集成。虽然运输、仓储这些传统活动仍然存在，但是它们是以完成物流系

项目一 生产物流管理认知

统的特定使命而存在的,是经过集成的运输和仓储,比以前更有价值。

二、生产物流概述

生产物流一般是指原材料、燃料、外构件投入生产后,经过下料、发料,运送到各加工点和存储点,以在制品的形态,从一个生产单位(仓库)流入另一个生产单位,按照规定的工艺过程进行加工、储存,借助一定的运输装置,在某个点内流转,又从某个点内流出,始终体现着物料实物形态的流转过程。这样就构成了企业内部物流活动的全过程。所以,生产物流的边界起源于原材料、外构件的投入,止于成品仓库,贯穿生产全过程。

生产物流研究的核心是如何对生产过程的物料流和信息流进行科学的规划、管理与控制。

1. 生产物流概念

生产企业的物流是由企业为社会提供所需要的产品而进行的生产活动所产生的。生产物流是指企业为了制造产品需要有一定数量的加工器械,配置一定数量的原、辅材料,需要一定的生产空间,必须花费一定的生产时间,按照生产工艺要求逐个工序将原材料生产成成品,储存在成品库中,最后及时将成品送到用户手中的过程。物料从供应商流动到企业仓库,又从仓库流动到各个加工点,最后把成品配送到用户手中,因此企业生产物流可以认为是企业生产经营中形成的物流。

生产企业,尤其是大型生产企业,生产过程相当复杂,都有复杂的生产计划和精密的生产指令,因此企业物流与企业信息流同步流动;为了提高产品竞争力,企业不断降低生产成本,相应地,不断降低物流成本也成为企业追求的目标,因此,企业物流与企业的营销、财务紧密相连,企业物流管理从属于企业战略管理范畴。

2. 生产企业的物流活动

一般的生产企业的物流活动包括客户服务、需求预测、库存管理、物流通信、物料搬运、订单处理、包装、零部件和服务支持、工厂和仓库选址、采购、逆向物流、运输、仓储与储存等。

① 客户服务以客户为导向。物流管理的每一个部分都会影响到客户是否在适当的时间、适当的地点,以适当的条件、适当的价格收到适当的产品,因此,客户服务需要整合物流管理的所有因素。

② 需求预测是确定客户会在未来某个时点所需要的产品数量及所需求服务的预测。准确地了解产品需求量对企业运作的所有方面都很重要。在营销方面,需求预测有利于制订营销策略、配置销售队伍、定价及开展市场调研活动;在生产方面,需求预测决定生产计划、采购及工厂的库存决策;在物流方面,需求预测决定公司生产的每种产品有多少要运到企业所服务的各个市场。

③ 库存管理活动非常关键,因为它必须持续地保证产品的充足供应以满足客户和制造两方面的需求。原材料、零部件、半成品、产成品的库存都会消耗物理空间、人员的时间和资产。库存占用的资金也无法应用在其他方面。库存管理需要在持有的库存水平和高水平的客户服务间进行权衡,成功的库存管理是在降低库存成本的同时满足高水平的客户服务。

④ 准确和及时的通信是成功的物流管理的基础。通信会发生在企业和企业的客户之间,企业内部的各个职能之间,各种物流活动之间,每个物流活动的各个方面之间,以及供应链的各个成员之间。

⑤ 物料搬运是原材料、在制品、产成品在工厂和仓库内部的移动或流动。由于物料搬运不创造价值,成本应该控制在最低,有效地组织物料搬运可以为企业节约大量的资金。客户订单触发企业物流的整个过程,并指导企业采取行动满足客户的订单要求。

⑥ 订单处理过程如下:
1) 录入、编辑订单,安排时间,做发运准备,开具发票。
2) 查询订单情况,进行订单的追踪。
3) 进行信用查询和应收账款的处理。
订单处理的速度和准确性非常影响客户对服务的感知和由此产生的满意度。

⑦ 包装在物流的角度有两方面影响:第一,包装防止产品在储存和运输过程中发生损坏;第二,适当的包装能够使产品的储存和移动更加容易,从而减少物料的搬运成本。

⑧ 在产品发送给客户以后,物流的职责并没有结束。比如,在产品发生故障时厂家要提供替换的零部件,物流负责确保无论在何时何地,客户只要需要就可以得到那些零部件。

⑨ 工厂和仓库的选址也是非常重要的物流活动。因为无论设施是企业自己拥有的还是租赁的,工厂和仓库的战略性选址都有利于提高客户服务水平,并且合理的选址有利于降低产品在运输过程中的费用。选址的考虑因素包括企业目标市场的定位、客户的需求和原材料、零部件、组件的供应商所在位置等。

⑩ 采购是获取材料和服务以确保企业的制造和物流过程有效运作的过程。采购的职能包括选择供应源的位置,决定材料的获取形式,安排购买的时机,决定价格,以及质量控制。

⑪ 处理退货以及废品回收和废料处理是逆向物流的一部分。逆向物流是物流的一个重要组成部分。

⑫ 运输过程主要实现产品从原产地到消费地的移动或流动。运输活动包括选择运输方法,选择专门的路径等。运输成本是物流流程中最大的单项成本,因此必须有效管理。

⑬ 生产和消费的时间间隔内产品需要储存。储存可以创造物料或产品的时间效用。具体的储存活动包括:决定储存设施是自己拥有还是租赁,储存设施的布局和设计,产品组合的考虑,储存安全和设备设施维护等。

⑭ 所有的物流活动都是由物流信息联系起来的,在企业物流活动中始终存在对物流信息的采集、传输、储存、处理、分析和显示,并通过物流信息对物流活动进行分析和控制。

物流成本占生产成本的一大部分,随着技术的成熟,产品的生产成本降到了临界点,而物流成本还有很大的降低空间,因此要从整个物流系统的角度出发,记录全面的成本信息,精确计算每一个物流活动的成本,从而合理控制物流成本。

三、生产物流管理的主要内容

生产企业的物流活动主要由3个部分构成：物资管理、生产过程物流和实物配送，分别对应供应物流、生产物流及销售物流3个环节。其中物资管理主要涉及与企业供应有关的内容，包括供应商的选择、订货模式决策、物料需求计划等内容。它是企业内向物流，又称供应物流。生产过程物流主要指制造过程中原材料、半成品等的储存以及仓库与生产车间之间、生产车间内部流水线之间、不同工位之间的实物流动等，也称企业内部物流。实物配送主要是指企业产成品的向外流动，包括运输、仓储、配送计划、货物交付、售后服务等内容，是企业的向外物流。因其与营销活动密切联系，也称作销售物流。各环节之间依次贯通，与废弃物物流等构成企业完整的物流过程。

生产物流管理又叫作制造企业的物料管理，是指对企业生产经营活动所需的各种物料的采购、验收、供应、保管、发放、合理使用、节约代用和综合利用等一系列计划、组织、控制等管理活动的总称。也是指运用现代管理思想、技术、方法与手段对企业生产过程中的物流活动进行计划、组织与控制。

企业生产物流管理的目标主要在于：协调企业内部各职能部门之间的关系，从整个企业的角度控制生产活动中的物流，做到供应好、周转快、消耗低、费用省，取得好的经济效益，以保证企业生产顺利地进行，是保证生产的顺利进行的需要；从节约物资消耗、降低库存，加速资金周转等方面来看，是提高企业经济效益的需要；虽然生产物流管理并不直接与最终顾客打交道，但生产物流管理中的各项决策会直接影响企业的顾客服务水平，最终影响企业的竞争力，因此也是提高产品顾客服务水平、增强企业竞争能力的需要。

具体而言，生产企业的物流管理活动可以归纳为5个方面：运输管理、存货管理、设施构建、物料处理，以及信息与通信。

1. 运输管理

运输管理具体包括以下4个方面。

① 企业自营运输或者委托外部运输公司经营的决策，即企业究竟是采用自有车队还是委托外部运输公司代为运输（简称委外）的决策。采用自有车队可以实现较好的控制，但是，自有车队需要占用企业投资，且管理成本会上升。采用委外经营可以省下筹建车队的投资，但是企业对外部承运人的控制能力会低于对自有车队的控制，且由自有转向外包会带来企业间的交易成本。因此需要从总成本角度进行比较后再决策。

② 运输方式的选择。企业可以选用的运输方式有多种，常用的有空运、水运、铁路运输、公路运输和管道运输。除管道运输较为特殊，主要用于运送液体和气体物质以外，其他4种运输方式之间基本可以通用。运输方式不同，运输的速度和成本也各不相同。企业需要比较不同运输方式对运输成本、存货成本、仓储成本的影响而做出选择。随着竞争的激烈化和存货成本对企业造成的压力日益上升，存货成本的削减对企业来说变得非常重要，因此，在选择运输方式时，越来越多的企业开始关注运输的速度与质量。

③ 向内运输与向外运输的整合。一般企业都会同时存在向内运输和向外运输两个动作。如何将这两个动作结合起来，实现内外运输的整合，是降低空车驾驶率和运输成本

的一个重要方面。而这种整合,需要采购部门与销售部门的协调运作。如果企业设立了综合物流部,将物流作业整合起来,则运输上的协调可以较为便利地得以实现。

④ 国际运输管理。如果货物需要实现跨国界的转移,就要安排国际运输。相比于国内运输,国际运输要复杂得多。首先,需要涉及进出口的手续,包括通关、商检等;其次,运输距离增加,运输的时间和成本也随之增加;最后,由于很少企业可以凭借自身资源完成货物的跨国流动,因此,对于国际运输,一般企业都是采取委外方式,这就涉及承运人的选择与管理问题了。

2. 存货管理

存货管理具体包括以下3个方面。

① 采购。采购是企业存货的根源,采购政策会直接影响企业的存货水平。采购的成本与质量也会直接影响企业的存货成本与质量。因此采购部门应与生产及销售部门保持密切的联系,确保生产和销售需要的存货可以得到充分的供应,同时基于需要的采购也可以避免存货水平的过度上升。

② 原材料存货管理、半成品存货管理和产成品存货管理。企业存货形态多种多样,有原材料、半成品和产成品存货,此外还包括生产、办公耗材等,但前3种是存货管理关注的主要领域。存货管理包括存货结构管理、存货水平管理、存货补给管理、存货流动速率控制等。存货管理是企业物流管理最重要的内容。

③ 服务与零部件支持。存货管理除了包括与企业生产、经营活动相关的物品管理,还包括与产品售后服务相关的零配件与维修保养材料的计划与管理。例如,汽车厂在根据生产需要制造发动机时,还要根据所生产的车辆总量按一定比例生产出车辆维修、更换所需的发动机或发动机零配件。

3. 设施构建

设施构建主要涉及以下2个方面。

① 厂房、仓库与配送中心的选址。厂房、仓库与配送中心等设施,是物流系统中的节点,是运输活动的起点或终点。这些设施的数量和选址会直接影响点与点之间的运输距离,从而对运输成本和到达时间产生决定性影响。因此,物流节点的选址也是物流管理中一个非常重要的内容,且由于它涉及企业的长远投资,一般属于企业的战略性物流决策。

② 厂房、仓库与配送中心的建造。在进行厂房、仓库与配送中心建造时,需要根据生产、储存和物料移动的特点以及所处理货物的特性和土地、建造成本进行综合决策。

4. 物料处理

物料处理具体包括以下3个方面。

① 包装。产品包装分为内包装和外包装。内包装又称销售包装,主要目的是吸引消费者的注意力,刺激购买欲望,以及便于消费者购买和使用。外包装又称运输包装,主要目的是保护货物和便于搬运。物流所关注的是后者。由于包装方式会对产品的搬运与储存产生直接影响,因此,把包装放在物料处理中进行讨论。包装的成组化对产品的搬运效率与存放空间的有效利用有重要影响。

② 物料搬运。这是指物料在设施内部的短距离位移活动。物料搬运的效率取决于

库房的构造及物料搬运系统的效率。

③ 挽救与丢弃处理。这是指对库房中的受损物料或过时、过期物料的处理。恰当的挽救措施可以使受损物料重新具有价值。而对于由于损坏或过时、过期而无法挽救的物料也需要根据有关规定进行妥善的丢弃处置。

5. 信息与通信

涉及与物流相关的信息系统作业具体包括以下 3 个方面。

① 需求预测。需求预测是企业经营活动的先导。准确、及时的预测可以减少企业的缺货情况，并降低企业的安全库存水平。如果需求预测可以百分之一百准确，企业就没必要准备安全库存。但由于市场瞬息万变，完全准确的预测几乎不可能，所以企业不得不持有一定数量的超量库存以应付不时之需。但是预测精度的提高可以帮助企业降低安全库存的需要量，从而降低存货成本。以往企业的需求预测多由营销部门来完成，但往往所获得的预测数据只是营销部门希望达到的销售目标。现在，有些企业开始由物流部门来承担需求预测工作，因为物流部门是直接与市场和客户接触的部门，当货物由物流部门手中流向客户手中的时候，物流部门所捕捉到的销售点信息（point-of-sales information）是市场需求的最真实反映。

② 订单作业。订单作业指的是企业接受客户订单并按照客户订单要求将货物送达客户手中的过程。订单作业效率的高低直接影响到客户能否在指定时间和地点收到所需的完好状态的货物。企业订单作业是由物流部门来完成的。物流部门的作业人员收到客户订单以后会进行客户资信度的检查和库存水平与地点的盘查，随后向属下的仓库发出发货指令，并联络内部车队或外部承运人。仓库收到指令后，会按照订单要求进行货物拣选和包装，最后，车队或外部承运人将订单货物交付到客户手中。在上述整个过程中都离不开信息的流动，如客户订单的传送、客户资信记录的检查、库存点与库存水平状态的查询，以及仓库、车队的作业等信息。此外，还有越来越多的客户要求供应商提供订单状态即时查询等。

③ 制造资源计划。这是指企业完成制造过程所需的各种资源的需求计划。由于企业制造涉及物料、机器设备、人力、资金等多种资源的投入，计算起来相当复杂。目前企业通常采用计算机软件辅助进行计算。常用的软件有 MPR 系统、ERP 系统等。

家电行业主要元器件及产品的储存特性与要求如表 1.11 所示。

表 1.11 家电行业主要元器件及产品的储存特性与要求

序号	产品名称	包装形式	储存特性	保管措施	消防方法
1	电子元器件	包装有几种方式。先套塑料袋，装小盒，然后装纸箱，用泡沫塑料封固，防震、抗震性能较好。部分采用真空吸塑包装	体积小，质量轻，结构紧密，包装严实。怕潮湿、震动	（1）应储存在干燥、通风的库房内。控制其储存环境的温湿度。一般温度不超过30℃，相对湿度在75%以下 （2）堆码要牢固，轻装轻卸，禁止摔碰	初起火时，可用二氧化碳、干粉、1211灭火器扑救，尽量不要用水。发生火灾时，可用水灭火

（续表）

序号	产品名称	包装形式	储存特性	保管措施	消防方法
2	家用电器	家用电器包装严密。每件都由塑料罩套装，装入纸箱，箱内用软塑料泡沫塞固。外部各种标志明显	怕潮湿，怕碰撞，怕震动，怕侧置倒置	（1）应储存在库房内，保持干燥、凉爽、通风。不可露天存放 （2）加强库房温湿度管理，温度宜控制在30℃，相对湿度在75%以下 （3）不可与含水量大或腐蚀性物品混放 （4）堆码应牢固，不宜过高，轻装轻卸，防止碰撞，注意标示，防止包装破裂	初起火时，可用二氧化碳、干粉、1211灭火器扑救，尽量不要用水。发生火灾时，可用水灭火
3	电池	内盒为纸盒，电池直立放在盒内，衬上防潮纸。外箱为标准双层瓦楞纸箱，外涂防潮油	电池怕潮湿，不耐高温日晒，不能压碰，限期储存	（1）储存在干燥、通风、温度变化较小的库房内，不得靠近热源，并避免阳光直接照射，严禁露天存放 （2）适宜储存温度0℃~25℃，最高温度30℃，并防止温度骤热骤冷。适宜相对湿度在70%以下，最高不超过75% （3）电池应按品种、批次分区分类存放 （4）不得与肥皂、食糖、食盐等易潮解、易散发水分的商品及腐蚀性商品混存。不能散装堆放	失火时可用水、沙土、泡沫灭火器扑救
4	电动机	包装通常为每个电动机先用塑料罩套装，内放吸潮剂，再用木笼或木箱包装，内衬油毡纸	怕潮、易生锈	（1）储存在库房内，并保持储存环境的干燥、通风、防水、防潮 （2）适宜相对湿度60%~80%。堆码要牢固	应注意包装木箱的防火。失火时，可用水扑救

四、生产物流管理现状及发展趋势

（一）生产物流管理层次

生产物流管理大概可以分为以下4个层次。

1. 第一层次：被动处理型物流管理

这一层次生产、采购和销售部门各自为政，从提高各部门效率出发，所以物流系统无法有效控制物流成本，从而影响企业的整体效益。这一层次是物流管理的最初层次，其特征是物流活动的成本高，物流管理自身无法从根本上降低成本。这一层次企业以提高保管效率、运送效率和作业效率为主要目标，企业的各部门物流活动是独立的，尽管物流理论和实践发展到今天，但物流管理停留在这一水平的企业仍有很多。

2. 第二层次：系统化物流管理

这一层次主要是针对第一层次的致命弱点——无意义的物品位移的存在和物流部门不能控制成本这两项所进行的改进。物流部门根据企业物流中心的出货情况来补充成品和原材料库存，这样可以减少不必要的物移，降低物流成本。很多企业只考虑销售额，不考虑其他成本。比如只关心销售数量而不考虑由此带来的大量库存,生产部门和采购部门根据销售部门行为来组织生产和采购,由于物流部门缺乏对其他部门的制约,无法从根本上消除库存。这就是物流管理的第二层次。在这种机制下,物流部门在满足采购、生产、销售部门的要求的前提下对其随意的物流活动进行必要管理。

3. 第三层次:现代物流理念下的企业物流管理

所谓现代物流管理理念指根据企业市场需求的变化合理组织采购和生产,在物流系统的支持下实现采购、生产、销售的统一化。将市场需求作为信息流的源头,整个企业的生产、销售围绕这个信息源头的信息来进行。在这一层次,企业内的物流管理处于比较理想的状态。但这种物流理念对传统的生产理念产生了巨大冲击,在具体执行过程中会面临各部门的阻力。企业各部门必须摒弃局部优化思想,必要时牺牲部门利益,以保证企业整体利益的实现。例如,在注重库存成本时要放弃集中采购的做法,在强调交货期并注重产品库存时,生产部门必须摒弃传统的为提高生产效率而采取的集中生产的办法。但是,在现有的绩效评价体系下,各部门从本位主义出发注重自己的绩效,会对这种先进的物流管理方式产生抵触情绪,所以能够达到这个物流管理水平的企业并不多。因而,优化企业绩效评价体系,尤其是适应现代物流管理理念的物流绩效评价体系非常重要。

4. 第四层次:供应链物流管理

当企业内的物流管理理念和实际物流管理水平已经达到第三层次时,企业内的物流系统所要求的原材料供应商JIT(Just In Time,准时制)配送会制约物流系统的正常运作,也就是企业内物流系统的正常运作离不开供应商、销售商的配合和支持。在这种情况下,供应链管理物流模式应运而生。供应链管理突破了传统意义上的企业物流的概念,将供应链的上下游企业作为信息共享、资源共享、利益共享的一个集合体,企业间形成的是长期战略合作伙伴关系,在整个供应链的运行过程中实现合作共赢。供应链管理是物流管理的最高境界。

(二)制约生产物流发展的主要问题

一个高效的生产物流系统需要实现3个目标:提供畅通无阻的物料流转,减少物料搬运的距离与频率,防止物料损坏、丢失及人身、设备事故。制约我国生产制造企业物流发展的几个重要问题是:"连环效应"明显;缓冲区内库存过多;重视物流运作结果而忽视过程;人工操作中物品破损率高。

1. 装配型生产物流"连环效应"明显

装配型生产类型中所生产的产品是由各种零部件组合而成的,各零部件加工过程彼此独立、并行生产。例如,组件1由零件1和零件2组合而成,组件2由零件3、零件4和零件5组合而成,部件1由组件1和组件2装配而成。而所谓的"连环效应"是指其中任意零件如果没有按时完工,必将影响相关组件的完工,继而影响到部件的完工,在此相互连环影响中,产成品的生产计划完全被打乱,大量零部件的流动停滞。假如零件2没有按时完工,那么按时完工的零件1必须等待,等待零件2完工后才能进行配套组装,则组件1的完工必然会延误,而按时完工的组件2也必须等待组件1完工才能进行配套装配。在此过程中,零件2的误工便导致了零件1与组件2的大量停滞。目前在我国的生产制造企业中,普遍存在着这种"连环效应",某种零部件没有如期完工,引发了整个产成品生产过程中大量物料的流动停滞。

2. 缓冲区内库存过多,物料流动"淤而不畅"

在产品的工艺流程中,各道工序应该紧密衔接,保持良好的节奏性。而在目前我国生产制造企业内部存在这样的现象:上下工序节拍不一致,上道工序完工的半成品流到下道工序时,必须在缓冲区内等待较长时间才能进入加工状态。另一种相反现象也大量存在:由于上道工序人机配合、人员配备等各种原因,下道工序在加工过程中物料流动断断续续、时紧时松。截然相反的两种现象导致了缓冲区内库存过多,物料"淤而不畅",以及生产能力没有得到充分利用,最终导致生产效率低下。

3. 重视物流运作结果,而忽视生产物流过程

目前,我国为数甚多的生产制造企业对生产结束后的数据搜集,以及分析都非常重视。为了能够对工艺过程进行整体或局部的了解与控制,很多生产制造企业把整个生产过程分成若干阶段,分别对每阶段运行状况的技术标准信息、经济指标、质量指标等进行监控,但其最终结果却只能对整体或局部的物流操作进行控制,而往往忽视了事中的实时监控。

例如,为了控制生产浪费,很多企业要求每一个班次在结束每次生产后及时上报此次生产的各类生产数据,如生产量、包装材料用量、废弃包材量、废弃物料量等。企业根据充足的历史数据记录,制订出一定的报废率额度。监测人员据此报废率额度分析上报的生产数据,如果发现数据出现异常情况,就会仔细调查报废率过高的原因,并要求生产线进行更正改善,但此时的物料浪费已经发生。由于对具体物流运作的忽视,在装卸、搬运、暂存等过程中产生破损、丢失等,其源头很难被及时发现,即使事后提出修正意见,也很难进行科学合理的改善。

4. 物品破损率较高

生产企业内的各工艺阶段中存在大量的装卸、搬运、包装等物流活动,虽然有机械设备的引入,但仍离不开人工。人工操作过程由于工作重复性高,强度大,易使员工在操作过程中产生心理疲劳与生理疲劳,从而操作不当导致物品破损。例如,休闲食品的封袋工作,工人需从正面生产线上抓取食品,然后90°转身将手中的食品码放在包装线上去封袋。在周而复始的重复性工作中,员工极易产生疲倦感,身体容易疲劳,最终可能导致物品破损或工时延误。

(三) 生产物流管理的发展趋势

现代物流已被我国政府、企业所重视,呈现出迅猛的发展势头。政府从产业发展高度将发展现代物流作为支持经济持续发展、改善投资环境、提高社会经济效益、降低社会成本、充分利用社会资源的重要策略,生产企业把物流作为企业的第三利润源泉和获取竞争优势的战略机会。传统物流(运输、仓储等)企业把发展现代物流作为重新打造企业、寻求新的利润增长点、实现再发展的战略目标。

随着制造业和计算机技术的发展,以及定量分析方法的完善,生产物流管理得以不断发展以适应市场经济的挑战。20世纪90年代以来,生产企业物流管理发展呈现出四大趋势。

① 系统化趋势。生产物流成本约占企业生产总成本的40%~80%。为满足用户需求不断变化的客观要求,现代物流包含了整个商品流动过程,形成了一个整体的专业化供应

链,物流系统也就成为一个跨部门、跨行业、跨区域的社会系统。社会物流与企业物流将进行有机结合,从采购物流到生产物流,再到销售物流,经过包装、运输、仓储、装卸等环节到达消费者手中,最后是回收物流,各个物流过程形成一个跨部门、跨行业、跨区域的社会经济系统;物流的各个环节包括包装、运输、仓储、装卸、配送、加工等的系统化,以及其中的码头、航空机场、铁路公路站场、仓库等基础设施的系统化,虽然这些环节不一定形成内部化的企业组织形式,但各部分之间分工协作,充分发挥自身优势形成核心产品,既实现了各种资源的合理配置,又使整个系统的效率和效益最优化。

② 信息化趋势。随着计算机技术的不断完善,现在企业可以根据自己的实际情况,选择适合本身特点和市场状况的预测技术和方法。较通用的技术和方法有动态规划方法、排队理论、JIT 系统、物料需求计划(MRP)、分销需求计划(DRP)和有关消除不确定变数影响的统计方法等。尤其是兴起于 20 世纪 60 年代的物料需求计划(MRP)在企业中应用广泛,它借助计算机强大的信息处理能力在预测企业生产物料用量、编制生产物流供应计划方面,具体到每个零件,大大提高了计划的准确性和可靠性,使企业的生产物流管理进入了一个新的阶段。同时,物流服务不仅要求建立商品代码和数据库信息管理系统、运转网络管理信息系统、仓储网络信息系统、销售网络管理系统、物流控制管理中心信息系统,而且成熟阶段的信息系统要求将这些系统建成以 EDI 和卫星通信技术为基础的实时信息系统。物流信息化已经在有效的价格控制、设备优化利用和客户关系的改进等方面取得了明显的优势。工业 4.0 体现了"互联网+"技术在制造业领域的具体应用。

③ 专业化趋势。随着市场经济的发展,专业化分工越来越细,生产企业为抓好主业,提高效率,逐渐把物流配送业务交由专业的物流企业去做,形成第三方物流。而第三方物流能够发挥集约化、专业化的优势,在更大程度上实现物流合理化,从而节约流通费用、降低成本,提高经济效益和社会效益。

④ 规模化趋势。随着现代技术的不断进步,广泛采用起重机、叉车、吊车、动力输送机、集装箱、托盘、机械手、电动搬运车、自动分货机等通用或专用的自动化机械设备,大大提高了物流速度和运输的灵活性,减少了生产物流管理中的体力消耗,降低了装卸搬运时的生产物流损耗,同时充分利用机械设备,实现了规模作业,降低了整体的物流成本。物流是一个全球化的作业过程,成功的关键离不开货物流通的计划与组织、可靠的设备、良好的基础设施、完整的体系和合格的人才。由于物流的空间距离大,时间差异大,跨地区跨国界形成的语言障碍等,因此需要企业具备相当经营规模和自主可控、完整的供应链、物流链。

条形码 1-2

任务四 学习生产物流管理的意义

生产过程也是物流的过程,物流活动存在于生产过程的每一个环节,生产物流管理与生产工艺流程、技术参数密不可分,制造企业的生产活动、技术活动和管理活动与生产物流管理活动息息相关。

海尔工业 4.0
实践深度解析

因此，生产物流人员不仅需要掌握生产物流管理的基本理论、技术与方法，同时，需要具备一定的生产工艺与技术知识以及对生产运作的感性认识。生产物流管理的作用主要体现在4个方面。

1. 生产物流管理是企业管理的基本职能

工业企业的生产经营过程包括供应、生产和销售3个基本阶段。供、产、销过程是物资和资金运转的过程，也是企业通过物流和资金流不断地循环周转，不断增值，不断创造利润的过程。相应地，企业都具有3项基本职能，即生产运作、供应、销售，涉及生产物流、供应物流及销售物流3个环节。生产物流主要制订生产计划、现场管理、物料配送、在制品库存管理等；供应物流主要职责是编制物料需求计划、JIT采购、原料库存管理等；销售物料负责产品销售与配送，进行销售预测，编制配送需求计划，成品库存管理，物流方案选择等。三者相互依存、相互促进、共同发展。

2. 生产物流管理是企业竞争力的源泉

在市场经济条件下，企业竞争力很大程度上体现在产品或服务的质量、价格和适时性等方面。而保证质量、降低成本和快速响应等也是生产物流管理所追求的主要绩效目标。因此，生产物流管理是企业竞争力的主要源泉。

3. 生产物流过程是企业降低成本、创造利润和价值的重要环节

生产物流管理的实质是在转换过程中实现价值的增值，并且大部分制造型企业或服务型企业的成本支付都发生在生产环节。物流是企业第三方利润源。显然通过有效的生产物流管理，可以寻求到最佳的机会供企业降低成本、增加盈利和实现增值。

4. 生产物流管理提供了诱人的事业发展机会

在生产物流管理方面，具体的一些职位包括计划部经理、生产部经理、库存部经理、采购部经理、供应链管理经理等。在西方发达国家，生产物流管理已经走向了职业化，国内生产物流管理职业化趋势也已经出现。

互动讨论

试分别阐述什么是企业第一方利润源、第二方利润源及第三方利润源？

项目小结

本项目首先论述了生产运作管理（Production and Operation Management，POM）演变过程，阐述了生产、生产运作及生产运作管理等概念，构建了生产运作系统模型，论述了生产运作管理的计划、组织、领导和控制基本职能，概括了生产运作管理的主要内容；其次对生产运作系统和生产类型从不同角度进行了分类及分析，介绍生产运作管理历史演变过程中代表性人物，重点介绍生产物流管理的主要内容、现状及趋势，以及具体探讨家电行业物流管理案例及实践等；最后简述学习生产物流管理的意义。

素质测评领域

实训项目　生产物流管理认知调查报告

一、调查内容

通过实地调研、人员访谈等形式调查制造企业以下 2 个方面的基本情况。

1. 企业概况

具体包括:企业选址考虑因素、行业属性、经营业务和产品组合、目标市场范围、经营理念、生产工艺流程、原材料、产品种类,以及储存、包装、运输等物流运作方式、作业流程及具体要求等。

2. 生产工艺流程情况

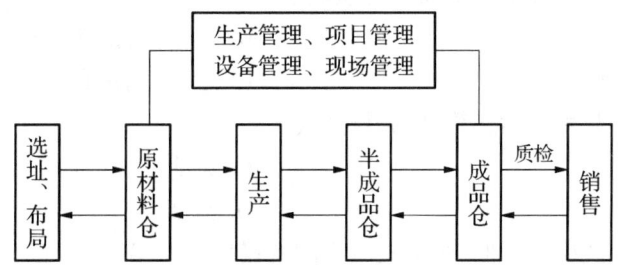

主要调查:

(1) 企业生产过程中的具体物流运作模式与流程;

(2) 企业供—产—销各环节之间,以及生产内部各部门、岗位之间的工作流、信息流、物流等情况;

(3) 生产物流管理机构设置、岗位职责及人员构成及要求等。

二、调查组织实施

以小组为单位共同完成,4~6 人为一组,小组成员有具体分工。可以选定学校周边工业园区的制造企业(不限规模和行业)组织开展调研。

三、调查报告格式要求

题目为:"×××企业生产物流管理调查报告",标题黑体、四号字,正文宋体、五号字,单倍行距。报告使用 A4 纸打印。需要制作汇报 PPT,组织、实施各小组现场陈述及评价。

练习与思考

一、判断题

1. 制造业的本质是从自然界直接提取所需的物品。　　　　　　　　　　　(　　)
2. 服务业不仅制造产品,而且还要消耗产品,因此服务业不创造价值。　　(　　)
3. 服务业的兴起是社会生产力发展的必然结果。　　　　　　　　　　　　(　　)
4. 有什么样的原材料就制造什么样的产品,是输入决定了输出。　　　　　(　　)

5. 生产运作、营销和财务三大职能在大多数的组织中都互不相干地运作。（　　）
6. JIT 的目标是要彻底消除无效劳动和浪费。（　　）
7. 精益生产方式是美国麻省理工学院在 20 世纪 80 年代多个国家汽车制造企业研究后写出的研究报告《改变世界的机器》一书第一次提出来的。（　　）
8. 物流经理需具备更为全面的物流管理知识和经验，但对在其他主要职能部门（如：生产制造、市场营销、财务管理）的工作背景不必强调。（　　）
9. 物流配送智能化是物流配送自动化信息化的一种高层次应用。（　　）
10. 物流系统并不是各种要素的简单堆积或累积，而是按照一定原则将各要素组合起来，使各要素能够相互协调配合，以保证物流系统整体功效最大。（　　）

二、选择题（有一个或多个正确答案）

1. 在大多数企业中存在的 3 项主要职能是（　　）。
　　A. 制造、生产和运作　　　　　　B. 运作、营销和财务
　　C. 运作、人事和营销　　　　　　D. 运作、制造和财务
2. 下列哪项不是生产运作管理的目标？（　　）
　　A. 高效　　　　　　　　　　　　B. 灵活
　　C. 准时　　　　　　　　　　　　D. 清洁
3. 相对于流程式生产，加工装配式生产的特点是（　　）。
　　A. 品种数较多　　　　　　　　　B. 资本密集
　　C. 有较多标准产品　　　　　　　D. 设备柔性较低
4. 按照物流特征，飞机制造企业属于（　　）。
　　A. A 型企业　　　　　　　　　　B. V 型企业
　　C. T 型企业　　　　　　　　　　D. 以上都是
5. 大量生产的特征之一是（　　）。
　　A. 品种多　　　　　　　　　　　B. 专业设备多
　　C. 对工人技术水平相对要求高　　D. 生产重复程度低
6. 服务性运作的特点包括（　　）。
　　A. 产品是无形的　　　　　　　　B. 质量标准是统一的
　　C. 一般可通过库存来调节　　　　D. 生产过程与消费过程一般是分离的
7. 吉尔布雷斯夫妇在管理上的主要贡献是（　　）。
　　A. 发明了活动进度图　　　　　　B. 进行了霍桑实验
　　C. 写了《国富论》　　　　　　　D. 在动作研究方面有成就
8. 生产运作管理人员应具备技能（　　）。
　　A. 沟通技能　　　　　　　　　　B. 行为技能
　　C. 组织技能　　　　　　　　　　D. 技术技能
9. （　　）是指生产者至用户或消费者之间的物流。
　　A. 供应物流　　　　　　　　　　B. 生产物流
　　C. 销售物流　　　　　　　　　　D. 营销物流

项目一 生产物流管理认知

10. 生产物流的活动范围包括(　　)。
    A. 供应库与车间　　　　　　　B. 车间与车间
    C. 工序与工序　　　　　　　　D. 车间与成品库之间
11. 生产物流特点基本是一致的,具体可归纳为(　　)。
    A. 物资采购量大,供应商多变,外部物流较难控制
    B. 生产过程原材料、在制品占用大,几乎无产成品占用
    C. 物流在加工场地的方向不确定,在工序之间的联系不规律
    D. 物资需求与具体产品存在一一对应的相关需求
12. 专业性很强或分销物流活动有特殊要求时,应当采用(　　)战略。
    A. 外包物流　　　　　　　　　B. 自办物流
    C. 配送物流　　　　　　　　　D. VMI 送货
13. 供应(　　)的特征时多种可用的供应货源,供应商之间的竞争程度高,随机购买,竞争性投标。
    A. 松散型关系　　　　　　　　B. 合作型关系
    C. 密切型协作关系　　　　　　D. 战略伙伴关系
14. 推动物流全球化的动力是(　　)。
    A. 国际贸易
    B. 以互联网为基础的信息技术和供应链管理发展
    C. 各国的解除经济和贸易管制
    D. 发达国家与发展中国家的经济互补关系
15. 影响企业物资库存量水平的因素包括(　　)。
    A. 企业的规模和生产专业化程度
    B. 物资供应方式与社会运力发展水平
    C. 物资储备定额高低
    D. 供货企业的生产和供货特点
16. 逆向物流的作用可以体现为(　　)。
    A. 提高顾客价值,增加竞争优势
    B. 降低物料成本,增加企业效益
    C. 改善环境行为,塑造企业形象
    D. 改造生产更加容易,与正向物流相辅相成
17. 最典型的企业逆向物流以关注以下几个方面的物品回流,如(　　)等。
    A. 产品加工过程中的边角料　　　B. 库存或运输过程中被破坏的产品
    C. 产品的包装材料　　　　　　　D. 退货、不合格材料的处理

三、讨论题

1. 如何理解生产和物流密不可分?
2. 生产物流管理的基本内容是什么?
3. 学习生产物流管理的意义是什么?

项目二 生产物流系统设计与优化

知识要求

- 掌握生产企业选址的一般步骤；
- 了解生产企业选址的影响因素；
- 掌握企业选址决策的常用方法；
- 掌握车间设备布置的常用方式；
- 掌握仓库库位平面布置优化方法；
- 掌握作业相关图法、从至表法在车间平面布局、设备空间排列当中的具体应用。

技能要求

- 能够对生产企业的选址进行合理性评价；
- 能够对仓库物资平面布置进行改进与优化；
- 能够对实施车间平面布局、设备空间排列改进与优化。

一、设施设备布置的工作目标

设施设备布置的工作目标主要有：生产符合工艺要求；有效利用空间；搬运费用最少；保持生产柔性；适应组织结构的合理化；方便、安全、舒适的作业环境。

项目二 生产物流系统设计与优化

二、设施设备布置示意图

(一)某啤酒厂工艺流程示意图(见图2.1)

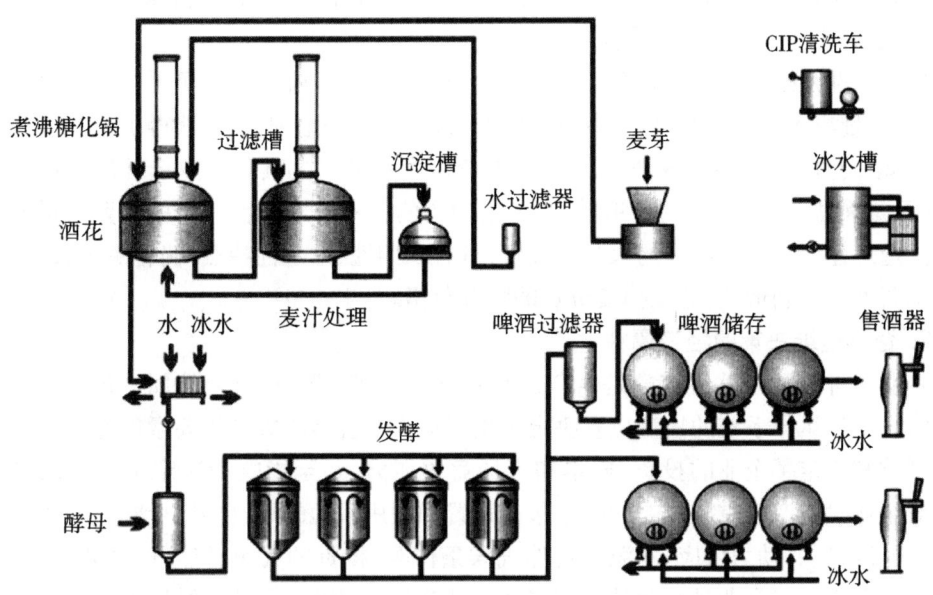

图 2.1 某啤酒厂工艺流程示意图

任务一 制造企业选址

工作产品从原材料制成零件、组成部件到产品总装,再经过分销、零售,最后到达消费者手中,离不开供应链当中供应商、制造商、经销商、零售商等不同企业的在时间、空间范围内分工与协同。制造企业选址就是为生产与运作系统选择合适的空间地理位置。

企业选址也称设施选址,是指如何运用科学方法决定设施的地理位置,使之与企业的整体经营运作系统有机结合,以便有效、经济地达到企业的经营目的。设施选址包括选位与定址。企业产生选址需求的原因多为:投资新办、增设分厂、增产扩容、战略性搬迁、政策牵引等。

选址决策在企业运作管理中具有十分重要的地位。对于制造业企业来说,其地理布局决定着直接成本的高低,如原材料和产品的运输成本、劳动力成本及其他辅助设施的成本等。对于服务业企业来说,选址直接影响着供需关系(如客流量)。此外,选址还影响着员工的工作情绪、公共关系等。因此,选址问题属于企业战略决策问题。

一、企业选址决策的重要性和基本程序

(一) 企业选址决策的重要性

企业选址决策的重要性可以从3个方面予以阐述,即战略属性、经济属性和人文属性。

1. 企业选址决策的战略属性

战略属性是指企业选址是企业的一个基本、重要且影响长远的问题。与其他决策一样,企业选址决策本身具有唯一性和排他性。选择了某一地理位置,获得了某些有利因素和条件,但同时也放弃了另一些地理位置的资源和机遇。尤其是企业选址的决策一旦实施,甚至是无法逆转的,不论是租赁的,还是购买的,一旦被确定下来,就需要大量的资金投入。选址建厂是一项巨大的永久性投资,具有长期性、固定性特点,倘若决策失误,将使企业永久处于不利地位,甚至担负沉重的财务负担。

2. 企业选址决策的经济属性

企业选址决策虽然决定的是生产运作系统的地理位置,但其经济属性却是很突出和明显的。生产运作系统的地理位置决定了生产运作系统与相关经济要素的空间联系。因而它影响和决定了企业的投资、成本和市场竞争能力,乃至影响和决定了企业的经济效益。对企业投资产生重大影响的因素包括购置和租用厂地的地价,同时地形、地貌也影响到基建速度,还有动力供应、水源和自然气候条件等,投资的大小必然直接影响成本中的固定费用总额。对企业日常产品生产成本产生影响的因素包括原材料、产成品及各种生产经营资源要素的运输时间及费用。还有人员的数量与素质问题,在现代企业生产与运作的操作作业中,劳动者不能仅表现为劳力、体力,同时还包含劳动者的技术、技能和知识。一般而言,选择了地理位置,也就选择了参与生产与运作的操作作业的员工类型。企业的整体实力和与目标市场的空间距离直接关系和影响到企业的竞争能力,尤其对于众多的服务业而言,业务量和营业额的水平将起到关键、决定性的作用。

3. 企业选址决策的人文属性

企业选址决策需考虑企业的地理位置、企业的外部环境,以及与社会、社区相融合的问题。其中包括法制环境,如法制是否健全,社会是否安定,以及有关法律条款、政策规定、税赋水平及倾向性;还包括企业周围社区居民的生活习俗、文化教育、宗教信仰等。这些都将会对企业文化的形成和建立产生深远且重要的影响。

(二) 企业选址决策的基本程序

选址决策无异于一个重大且复杂的系统工程,需要做可行性研究,既要科学合理,切实可行,更要追求全面的经济效益。从层次方面看,选址决策需首先考虑国度,其次选择区域,最后选择具体的地点;从工作步骤和内容方面看,需经过准备阶段、现场调查阶段和评价抉择阶段。一个大企业的选址相对完备,而小企业或许只重点考虑与经营直接相关的内容。

1. 选择位置

选择位置要考虑国度、地区和地点3个要素。

选择国度时要综合考虑政治因素、经济因素、社会因素和自然因素。社会是否安定,对中国是否友好,国家的民主化程度如何等都是应该考虑的政治因素。劳动力成本和其

项目二 生产物流系统设计与优化

他生产运作成本是国家选择中要考虑的另一个重要因素。近年来,我国一些港台企业因为内地劳动力成本大幅上升和人民币升值压力将在国内开设的工厂迁往越南、菲律宾等就是一个例证。

选择地区时主要考虑企业战略布局、地区成本差异、当地政府支持政策、用户或原材料供应企业的接近程度、交通便利程度等。例如,富士康将东部地区一些企业迁往重庆、武汉、河南等中西部地区,主要原因包括内迁后企业可以更加靠近用户、降低劳动力成本,以及当地政府支持力度大等。

地区选定之后,要确定具体建厂地址。这时要针对企业的特点,更深入地分析研究各种有关因素。通常要求考虑管理厂区环境的费用和产品的可变成本,如直接人工、物料搬运费和管理费等。设在城区还是在郊区是地点选择中应该考虑的一个重要问题。城市人口稠密,人才集中,交通便利,通信发达,动力供应便利,但是,城市地价昂贵,生活水平高。城市较适合于对环境污染小、占用土地少、需要与顾客直接接触的服务业。在农村设厂与城市设厂优缺点正好相反。城郊兼有城市和农村的优点,且由于现代交通和通信发达,目前越来越多工厂设在城郊。

2. 工作步骤和相关内容

选址具体包括准备、现场调查和评价抉择 3 个阶段。

① 准备阶段。该阶段的主要工作内容包括:根据计划任务书,确定工厂组成和生产协作原则;根据工厂生产纲领和同类型工厂的资料,确定主要车间的外形尺寸,绘制两三个总平面草图进行比较,并做出选择;根据工厂生产纲领,初步确定工厂的运输量,确定工厂用电、用水、蒸汽、压缩空气等的概略需要量;根据设计能力,确定职工的概略人数和劳动力来源;对地形、气候、地质、交通运输,以及附近城市发展规划、人文情况等进行研究。

② 现场调查阶段。由设计单位、生产企业和主管部门组成建厂工作组,并邀请当地城市建设、铁路运输等部门参加。主要工作内容包括:从当地城市建设单位取得厂区附近地形图和城市规划图,并听取他们对建厂的意见;根据城市规划图,试做几个工厂位置方案,初步规划出生产区、住宅区;在必需的情况下,还要研究连接铁路专用线的可能性;对厂区地质条件进行初步勘测,了解土质、地震史、地下水位等情况。

③ 评价抉择阶段。要根据企业的主要要求,抓住几个主要因素,对不同的厂址方案进行分析比较,依据经济合理的原则择优选择。方案确定后,就要与有关部门和地方机关签订土地使用、铁路接轨、电力供应、基本建设、设备安装等协议,最后编制报告书上报批准。对于选址这项重大、复杂的系统工程,需要有关人员和各种专业人员协同进行。区域与地点、各种要求和要素的关联性及平衡,需要反复研究讨论,尝试各种组合及相关测算、统筹规划。

二、影响选址的因素

企业的地点选择战略主要会受成本、市场、政府等因素的影响。企业的运营成本主要由生产成本、运输成本、交易成本构成,这些成本的综合作用牵动着企业的成本利润率,影响着企业的投资意向;市场需求是确定市场供应量的先决因素,因而产品的销路会指引企业资金投向;而政府的服务效率,透明程度,及产业政策的导向和限制,又会作用于产业的区域发展环境,进而影响企业的选址决策。

具体而言,由于土地、人力、技术、信息、资本等生产要素成本在总成本中的占比不同,重要性也不同,因而企业的选址决策,还要依企业所处产业,企业所处价值链的环节,考虑不同的影响因素和各因素的权重差异。

● 依据产业特性进行选址

在选址决策中,一些产业侧重考虑成本因素,如钢铁业的部分原料成本占整个钢铁生产成本的比例高达75%,光伏产业硅料的提纯生产过程需要巨大的能耗,因而钢铁厂和硅料提纯厂选址偏好就近原料、燃料动力的供应地。而一些劳动密集型的制造业也不断地向人工供应充沛、质量高、工资低,综合运价成本更低的地区转移。

在选址决策中,一些产业侧重考虑市场因素,如一些对售后服务要求较高,时效性要求较强,运输成本占比较大的产业。就仓储物流业来说,其选址就须以仓储物流中心的服务日需求量作为约束条件,建立选址模型,评估交通便捷程度等因素,完成投资选址。

在选址决策中,一些产业还需关注政府因素的影响。以光伏产业为例,在光伏组件价格的构成中,硅料价格大约占比过半。因而对于光伏产业而言,硅料的质量和取得成本,直接影响光伏组件和应用产品的售价,影响着企业的销路市场和企业获利情况。

另一方面,跨国企业在全球的投资布局有时也会受政府的影响,基于排除贸易障碍的需要设厂,如:时下日本汽车、汽车零件和消费电子产品等众多企业多在美国和欧洲设厂,就是为了应对欧美国家对进出口产品设限的问题。但这些政府因素的作用,又必然基于市场需求,投资需求,及成本的综合考量。

● 按照价值链环节进行选址

同一产业的企业如所处价值链环节不同,企业选址考核的侧重点面也随之而异。总部基地、研发中心的选址,更关注政府因素的影响,包括政府服务水平,政策导向,营造的投资环境,如人才及教育资源是否富足。

风险投资的供给情况,布局上偏好聚集在大城市或新兴城市;制造型企业的选址,更关注成本因素,如土地、能源、劳动力等资源是否能够以较低的成本获取,加之城市规划的影响。因而其在区位分布上有逐渐迁出市中心、在城市周边布局的趋势;营销及售后服务企业,则更多考虑市场的因素,如区域内消费者的消费水平、市场潜力、同业竞争状况,在区位的选择上也会更加贴近市场,以提升服务效率,更快响应市场需求的变化。

总而言之,企业的选址需要权衡成本、市场、政府因素,随着物流产业的发展和电子商务的兴盛,运输成本和交易成本在一定程度上得以降低,而生产成本则因为区域不同有较大差异。市场的前景,市场的需求始终引导着企业的走向。政府因素又会与成本、市场因素共同作用于企业的选址。

最后,需要提及的是,因上述因素的综合作用,一些产业集聚群的出现和发展,将使企业聚集考察对象,降低企业选址决策的时间和成本,因为企业聚集发展,不仅能为企业带来运输费用、交易成本的降低,还将促使企业间的专业化分工协作,为企业带来规模经济、范围经济。而隐性知识和行业资讯的快速传播,又利于集群的升级发展,集群品牌、区域品牌的打造和专业市场的营运,进而,这个内生发展的产业集群又可以从市场、成本上再次吸引更多企业慕名前来。

项目二 生产物流系统设计与优化

选址通常涉及许多因素,可见的因素如运输成本、人工成本、实施成本、建设费用等。不可见的因素如国际关系、法律环境、政府态度、房价、气候条件、学校与医院配套等,总结起来,可分为以下4类。

(一) 经济因素

1. 运输条件

企业一切生产经营活动都离不开交通运输。原材料、工具和燃料进厂,产品和废物出厂,零件协作加工,都有大量的物料需要运输;职工上下班,也需要交通方便。交通便利能使物料和人员准时到达需要的地点,使生产活动能正常进行,还可以使原材料产地与市场紧密联系。

运输工具中,水运运载量大,运费较低;铁路运输次之,运费较高,但最具灵活性,能实现门到门运输;空运运载量小,运费最高,但速度最快。因此,选择水、陆交通都很方便的地方建厂是最理想的。在考虑运输条件时,还要注意产品的性质。例如,生产粗大笨重产品的工厂,要靠近铁路车站或河海港口;制造出口产品的工厂,厂址要靠近码头。

在企业输入和输出过程中,有大量的物料进出。有的企业输入运输量大,有的企业输出运输量大。在选址时,要考虑是靠近原材料供应地,还是靠近消费市场。

靠近原材料产地时,其成本往往占产品成本的比重很大,因为,优质的原材料与合理的价格,是企业永远希望的。下述情况的企业应该接近原材料产地。

① 原材料笨重而价格低廉的企业,如砖瓦厂、水泥厂、玻璃厂、钢铁冶炼厂和木材等。
② 原材料易变质的企业,如水果、蔬菜罐头厂。
③ 原材料笨重,产品由原材料中的一小部分提炼而成,如金属选矿和制糖。
④ 原材料运输不便,如屠宰厂。

工厂区位靠近消费市场可以节省运费并及时提供服务。一般来说,下述情况的企业应该靠近消费市场。

① 产品运输不便,如家具厂、预制板厂。
② 产品易变化和变质,如制冰厂、食品厂。
③ 大多数服务业,如商店、消防队、医院等。

2. 劳动力可获得性

对于劳动密集型企业,人工费用占产品成本的大部分,必须考虑劳动力成本。将厂建在劳动力资源丰富、工资低廉的地区,可以降低人工成本。一些发达国家的公司纷纷在经济不够发达的国家建厂,一个重要原因就是可以降低人工成本。凡使用粗工的企业,工人易于训练,可以随时招用,劳动力的可获得性不是建厂的首要考虑因素。但是,随着现代科学技术的发展,只有高素质的职工才能胜任越来越复杂的工作任务,单纯的体力劳动者越来越不能符合社会的要求。对于需要大量专业技术人员的企业而言,人工成本占制造成本的比例很大,而且员工的技术水平和业务能力又直接影响产品的质量和产量,劳动力资源的可获得性和成本就成为选址的首要条件。

3. 能源可获得性

没有燃料(煤、油、天然气)和动力(电),企业就不能运转。对于耗能大的钢铁、炼铝、火力发电厂等企业,其厂址应该设在靠近燃料、动力供应的地方。

4. 厂址条件

建厂地方的地势和地质条件，直接关系到项目建设难易及投资规模。显然，在平地建厂比在丘陵或山区建厂施工要容易得多，造价也低得多。在震区建厂，则所有建筑和设施都要达到抗震要求。同样，在容易发生滑坡、流沙或下沉的地面上建厂，也要做好防范与备份措施。而这些无疑都会导致投资成本增加。总体而言，城市地价高，城郊地价较低，农村地价更低。

在当今全球供应链、价值链深度重构进程中，企业在生产过程中必然与其他企业发生密切联系，存在一损俱损利益关系，因此，建厂时还应考虑企业间协作是否方便。

（二）政治因素

政治因素包括政治局面是否稳定、法制是否健全、税负是否合理等。在国外建厂，政治因素是首要考虑条件。

政治局面稳定是发展经济的前提条件。首先，社会动荡企业、战乱频发的国家不宜投资建厂，政治风险极大。其次，一些法律经常变更的国家或地区，企业资本权益无法得到保障，也不宜建厂。再次，要了解当地有关法律法规，如环境保护法等，因为如果盲目建厂，违反了环境保护法，往往会被当地政府苛以重罚、会令企业得不偿失。若欲投资建厂的国家或地区税负不合理或太重，会使企业财务负担过重，也不宜建厂。相反，一些国家制定了建厂地价从优、保障外商合法权益、免税收等吸引外资优惠政策。

（三）社会因素

投资建厂要考虑的社会因素包括居民的生活习惯、文化教育水平、宗教信仰和生活水平等。不同国家和地区、不同民族的生活习惯不同，企业的产品一定要适合当地的需要。例如，本国流行的产品或款式，拿到外国就不一定受欢迎；同样，外国流行的产品或款式，在国内就不一定流行等。

在文化教育水平高的地区建厂，不仅有利于招到高素质的员工，而且该地区的氛围也有利于吸引更多的优秀人才，这对企业的发展至关重要。

到经济不发达地区建厂，要注意当地居民的开化程度和宗教信仰。如果生产企业的性质与当地宗教信仰相矛盾，则不仅原材料来源和产品销路会成为问题，招收员工有困难，而且企业生产或设备会遭到无端的干涉和破坏。

建厂地方的生活条件和水平决定了企业对员工的吸引力。生活水平高的地区，企业付给员工的工资也高，从而产品的成本也高。到贫困地区设厂，人工费用低，如果产品的科技含量不高，对劳动力素质要求不高，是可行的。

（四）自然因素

自然因素主要指气候条件和水资源状况。气候条件将直接影响职工的身体健康和工作效率。根据美国制造业协会的资料，气温在15℃~22℃，人们的工作效率最高。气温过高或过低，都会影响工作效率。此外，气温的高低关系着厂房和办公室的建筑设计。通过空调来保持适宜的温度，不仅作用范围有限，而且耗费能源，增加成本。有的产业对气候条件的要求较高，如纺织厂和乐器厂。英国曼彻斯特因气候适宜而成为世界著名的纺织业区，美国的好莱坞因为气候终年温和而干燥，适于室外拍片活动而成为电影兴起之初制片厂的云集之地。

目前,水资源短缺已成世界性问题。有些企业耗水量巨大,应该建在水资源丰富的地区。例如,造纸厂、发电厂、钢铁厂、化纤厂等。耗水量大的企业给水质造成的污染大,因此,选址时要同时考虑当地环保的有关规定,并安装治理污染的设施,因此,有些企业,如啤酒厂,对水质要求高,则不仅要靠近水源,而且要考虑水质。

三、定性分析方法和定量分析方法概述

(一) 概念

所谓定性,是指把考察重点放在事物"质"的方面去研究其构成要素及要素间的相互联系,从而揭示事物的质的规律性;定量则泛指从数量方面表征事物间的联系和相互作用,其特点是较可靠精确。用上述两个普适、本质的概念对研究方法进行类的划分即定性方法和定量方法。

定性分析方法是主要凭分析者的直觉、经验,凭分析对象过去和现在的延续状况及最新的信息资料,对分析对象的性质、特点、发展变化规律做出判断的一种方法。

定量分析方法是依据统计数据建立数学模型,并用数学模型计算出分析对象的各项指标及其数值的一种方法。

(二) 两者的区别

定性分析方法和定量分析方法的根本区别有以下3点。

第一,两种方法所依赖的哲学体系有所不同。作为定量研究,其对象是客观的、独立于研究者之外的某种客观存在物;而作为定性研究,其研究对象与研究者之间的关系十分密切,研究对象被研究者赋予主观色彩,成为研究过程的有机组成部分。定量研究者认为,其研究对象可以像解剖麻雀一样被分成几个部分,通过这些组成部分的观察可以获得整体的认识。而定性研究者则认为研究对象是不可分割的有机整体,因而他们检视的是全部和整个过程。

第二,两种研究方法对人本身的认识有差异。定量研究者认为,人本质上都是相似的;而定性研究者则强调人的个性和人与人之间的差异,进而认为很难将人类简单地划归为几个类别。

第三,定性研究者的目的在于发现人类行为的一般规律,并对各种环境中的事物做出带有普遍性的解释;而与此相反,定量研究者则试图对特定的情况或事物做出特别的解释。换言之,定性研究致力于拓展广度,而定量研究则试图发掘深度。

(三) 两者的优缺点

应该说在科学研究中没有一种方法是完美无缺的,任何一种方法都会有其自身的优缺点。

对于定性分析方法来说,其操作虽然简便易行,但主观性较强,得到的结果也比较抽象,难以反映事物之间的局部差别,应用效果不好。而定量分析方法较定性评价结果更为直观、简洁、准确,应用效果好。但是操作起来往往有一定难度,尤其是有些关联因子难以量化,且会带有主观色彩,影响量化的准确度。

相比较而言,定量分析方法更加科学,但需要较高深的数学知识,而定性分析方法虽然较为粗糙,但在数据资料不够充分或分析者数学基础较为薄弱时比较适用。

定性分析方法与定量分析方法相互补充、相辅相成:定性分析方法是定量分析方法的基本前提,没有定性的定量是一种盲目的、毫无价值的定量;定量分析方法是定性分析方法的补充,可使后者得出的结论更加科学、准确。

定性分析方法是定量分析方法的依据,定量分析方法是定性分析方法的具体化,二者结合起来灵活运用才能取得最佳效果。在科学研究中,应遵循定性分析—定量分析—定性分析的认识过程,首先,由最初的定性分析,认识事物的质,掌握一事物区别于他事物的规律性;其次,通过对事物量的分析和把握,掌握决定事物质的数量界线,弄清事物之间的关系,达到认识的深化;最后,从这些数量和数量关系中归纳揭示出更深层的质,并做出理论上的解释或结论。

四、选址决策的定性分析方法

(一)优缺点比较法

优缺点比较法是一种最简单的设施选址的定性分析法,尤其适用于非经济因素的比较。该方法的具体做法是:罗列出各个方案的优缺点进行分析比较;并按最优、次优、一般、较差、极坏5个等级对各个方案的特点进行评分;对每个方案的得分进行加总;得分最多的方案为最优方案。

这种方法在实际应用中,有的规划人员可能认为某个实施方案的优缺点是"显而易见"或是很容易明白的,从而忽略了有说服力的分析。其实,对一个有经验的规划人员而言,列出一个优缺点评价表并不困难,而说服有关人员却是十分必要和有效的。问题是要选择好优缺点所涉及的因素,特别是有关人员所考虑和关心的主导因素,这一点对决策者特别重要。为了防止遗漏,可以编一个内容齐全而最常用的实施方案评价因素点检表,供规划人员结合实施的具体情况逐项点检并筛选需要比较的因素。

优缺点比较法的比较因素可从以下方面考虑:区域位置、面积及地形、地势与坡度、风向和日照、地质条件、土石方工程量、场址、现在所有者情况、交通情况、与城市的距离、供电与给排水、地震、防洪措施、经营条件、协作条件、建设速度等。

这一方法基本上是就事论事,缺乏量化的比较,科学性不足,对非成本因素考虑较少,难以满足市场经济条件下的运作。但是这种传统方法对各种选址因素的罗列分析,特别是调查研究的经验对初学者在选址中制订各种候选方案有可借鉴之处。

(二)德尔菲法

德尔菲法(Delphi technique)是一种比较复杂、耗时的方法,类似于名义群体法。德尔菲法是在20世纪40年代由赫尔姆和达尔克首创,20世纪60年代初美国兰德公司为避免屈从于权威或盲目服从多数的缺陷而提出的一种有效的群体决策的方法。

为消除成员间相互影响,参加的专家可以互不了解,运用匿名方式反复多次征询意见和进行背靠背的交流,以充分发挥专家们的智慧、知识和经验,最后汇总得出一个能反映群体意志的预测结果。有的学者认为,德尔菲法可能是最可靠的预测方法。

德尔菲这一名称起源于古希腊有关太阳神阿波罗的神话。传说中阿波罗具有预见未来的能力。因此,这种方法被命名为德尔菲法。

德尔菲法的实质是利用专家的主观判断,通过信息沟通与不断循环反馈,使预测意见趋于一致,接近实际值。德尔菲法的不足之处在于,易受专家主观意识和思维局限影响,而且技术上,征询表如何设计对预测结果影响较大。

德尔菲法的一般程序如下。

1）确定调查目的,拟订调查提纲。首先必须确定目标,拟订出要求专家回答问题的详细提纲,并同时向专家提供有关背景材料,包括预测目的、期限、调查表填写方法及其他要求等。

2）选择一批熟悉本问题的专家,一般至少 20 人,包括理论和实践等各方面专家。

3）以通信方式向各位选定专家发出调查表,征询意见。

4）对返回的意见进行归纳综合,定量统计分析后再寄给有关专家,每个成员收到一本问卷结果的复制件。

5）看过结果后,再次请成员提出他们的方案。第一轮的结果常常是激发出新的方案或改变某些人的原有观点。

6）重复 4、5 两步直到取得基本一致的意见。

该方法的优点是简便易行,具有一定科学性和实用性,可以避免会议讨论时产生因害怕权威而随声附和、固执己见或因顾虑情面不愿与人发生冲突等弊病。同时,也可使大家尽早提出各自的意见,便于总结、归纳,成员也易接受结论。但缺点是专家由于时间紧,回答可能比较草率,由于决策主要依靠专家,因此归根结底仍属专家们的集体主观判断。此外,在选择合适的专家方面也较困难,征询意见的时间也较长,不适用于需要快速决策问题等。但其仍不失为一种人们常用的有效的群体决策方法。

（三）专家评议法

专家评议法由于简单易行,比较客观,被人们广泛采用。

专家评议法是一种吸收专家参加,根据事物的过去、现在及发展趋势,进行积极的创造性思维活动,对事物的未来进行分析、预测的方法。

1. 评议法的类型

① 专家评价法。专家评价法指根据一定的规则,组织相关专家进行积极的创造性思维,对具体问题共同探讨、集思广益。

② 专家质疑法。该法需要进行两次会议。第一次会议是专家对具体的问题进行直接讨论;第二次会议则是专家对第一次会议提出的设想进行质疑。主要做以下工作:研究讨论有碍设想实现的问题;论证已提出设想的实现可能性;讨论设想的限制因素及提出排除限制因素的建议;在质疑过程中,对出现的新的建设性的设想进行讨论。

2. 专家评议法应遵循的步骤

1）明确具体分析、预测的问题。

2）组成专家评议分析、预测小组,小组组成应由预测专家、专业领域的专家、推断思维能力强的演绎专家等组成。

3）举行专家会议,对提出的问题进行分析、讨论和预测。

4）分析、归纳专家会议的结果。

3. 特点和适用范围

对于安全评价而言,专家评议法简单易行,比较客观,所邀请的专家在专业理论上造诣较深,实践经验丰富,而且由于有专业、安全、评价、逻辑方面的专家参加,将专家的意见运用逻辑推理的方法进行综合、归纳,这样所得出的结论一般比较全面、正确。特别是专家质疑通过正反两方面的讨论,问题更深入、更全面和更透彻,所形成的结论性意见更科学、合理。但是,由于要求参加评价的专家有较高的水平,并不是所有的工程项目都适用本方法。

专家评议法适用于类比工程项目、系统和装置的安全评价,它可以充分发挥专家丰富的实践经验和理论知识。专项安全评价经常采用专家评议法,运用该评价方法,可以将问题研究讨论得更深入、更透彻,并得出具体执行意见和结论,便于进行科学决策。

五、选址决策的定量分析方法

主要介绍盈亏平衡分析法、因素评分法、重心法等,将在"任务二"中进行详细介绍。

任务二 生产物流系统的选址决策

本任务主要介绍单一设施选址的方法。单一设施选址是指独立地选择一个新的设施地点,其运营不受企业现有设施网络的影响。

一、盈亏平衡分析法

(一)盈亏平衡分析法简介

盈亏平衡分析法是厂房选址的一种基本方法,也称生产成本比较分析法或保本点分析。这种方法基于以下假设:可供选择的各个方案均能满足厂址选择的基本要求,但各方案的投资额不同,投产以后原材料、燃料、动力等变动成本不同,以投产后生产成本的高低作为比较的标准。

盈亏平衡分析法是根据销售量、成本和利润三者之间的相互依赖关系,对企业的盈亏平衡点和盈利情况的变化进行分析的一种方法,又称量本利分析法。它是一种很有用的控制和计划方法。在盈亏分析中,将企业的总成本按照性质分为固定成本和变动成本(可变成本)。固定成本(fixed cost)是指总额在一定期间和一定业务量范围内不随产量的增减而变动的成本,主要是指固定资产折旧和管理费用;变动成本(variable cost)是指总额随产量的增减而成正比例关系变化的成本,主要包括原材料和计件工资等。就单件产品而言,变动成本部分是不变的。固定成本、变动成本、销售量和利润之间的关系可用一种称为盈亏平衡图的坐标图来描述,如图2.2所示。

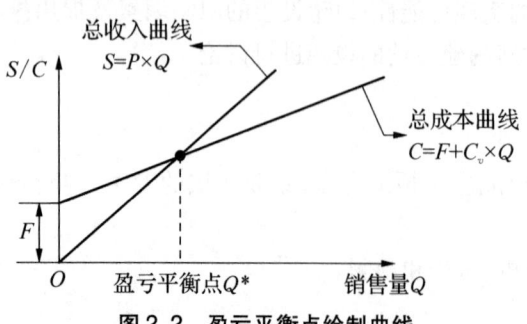

图2.2 盈亏平衡点绘制曲线

在会计恒等式中,利润=收入-成本。成本=固定成本+变动成本,其中,变动成本=单位变动成本×销售量,收入=销售量×价格。

假设:I——销售利润;P——产品销售价格;F——固定成本总额;CV——单件变动成本;Q——销售量;S——销售收入。则有:

(1) 总成本 $C = F + CV \times Q$

(2) 总收入 $S = P \times Q$

(3) 总利润的 $I = S - (CV \times Q + F)$

$\qquad = P \times Q - (CV \times Q + F)$

$\qquad = (P - CV)Q - F$

(二) 盈亏平衡点分析

1. 盈亏平衡点概述

盈亏平衡点(Break Even Point,BEP)又称保本点、盈亏临界点、损益点、收益转折点等,是指销售收入等于经营成本(总收入曲线与总成本曲线交点的横坐标)时所对应的产量。盈亏平衡点可以用销售量来表示,即盈亏平衡点的销售量。也可以用销售额来表示,即盈亏平衡点的销售额。

当销售收入高于盈亏平衡点时,企业盈利,反之,企业就亏损,当销售收入等于盈亏平衡点,Q^* 表示盈亏平衡点,则可以推导出盈亏平衡点计算公式:

$$Q^* = F \div (P - CV)$$

即　盈亏平衡点=固定成本÷[单位产品销售收入-单位产品变动成本](单位产品销售收入即销售单价)

从公式可以发现:盈亏平衡点与固定成本、单位产品销售收入(单价)、单位产品变动成本三者有关联。

2. 盈亏平衡点计算方法应用

例2-1 假设某制造企业产品销售单价是10元,单位产品的生产成本是5元,固定成本(租金、管理费等)是20 000元。试问:至少需要生产多少才能保本?

解:依题意可知,$F = 20\,000$(元),$P = 10$(元/件),$CV = 5$(元/件)

将其分别代入公式 $Q^* = F \div (P - CV)$ 并计算,可以得出:

$Q^* = 20\,000 \div (10 - 5)$

$\quad = 4\,000$(件)

答:该企业至少需要生产4 000件才能保本。

3. 盈亏平衡点分析

盈亏平衡分析法即本量利分析法,可以对项目的风险情况及项目对各个因素不确定性的承受能力进行科学的判断,为投资决策提供依据。它是一种通过分析产品成本、销售量、销售利润这3个变量之间的关系,掌握盈亏变化的临界点(保本点)而进行选择的方法。

贡献毛益是指产品销售收入减去变动成本后的差额。它反映了产品盈利能力水平高低,若企业取得的贡献毛益不足以抵补固定成本支出,则经营期就会发生亏损;若是贡献毛益恰好抵补固定成本,则企业处于不亏不赢即保本状态;只有当贡献毛益超过固定成本才能为企业带来利润。

贡献毛益有两种表现形式：一是单位贡献毛益，即产品的销售单价减去产品的单位变动成本。二是贡献毛益总额，即各种产品的销售收入总额减去各种产品变动成本总额。贡献毛益率(Contribution Margin Rate，CMR)是指贡献毛益总额占销售收入总额的百分比，或单位贡献毛益占单价的百分比。它反映了产品为企业创造利润的能力。通常贡献毛益就是指产品贡献毛益率。

传统盈亏平衡分析以盈利为0作为盈亏平衡点，没有考虑资金的时间价值，也称为静态盈亏平衡分析。

盈利为0的盈亏平衡实际上意味着项目已经损失了基准收益水平的收益，存在潜在亏损。假如将资金的时间价值纳入盈亏平衡分析中，即项目盈亏平衡状态定义为净现值等于0的状态，则是将静态盈亏平衡分析变为动态盈亏平衡分析。由于净现值的经济实质是项目在整个经济计算期内可以获得、超过基准收益水平、以现值表示的超额净收益，所以，净现值等于0意味着项目恰好获得了基准收益水平的收益，即实现了资金的基本水平的保值和真正意义的"盈亏平衡"。

动态盈亏平衡分析不仅考虑了资金的时间价值，而且可以根据企业所要求的不同的基准收益率确定不同的盈亏平衡点，使企业的投资决策和经营决策更全面、更准确，从而提高项目投资决策的科学性和可靠性。

本项目案例没有考虑资金的时间价值，属于传统盈亏平衡分析即静态盈亏平衡分析。

4. 盈亏平衡点的影响因素

下面列出了一些具体因素，分别探讨了其对盈亏平衡点、利润、贡献毛益率产生的正向或负向影响与作用。

① 销售量的变化。销售量直接影响利润，销售越多、利润越大。销售量对盈亏平衡点和贡献毛益率没有直接影响。

② 产品品种变化。企业利润、盈亏平衡点和贡献比率会随着产品品种的变化相应发生变化。这势必要求分析中以产品为基础来绘制盈亏平衡点结构图。

③ 劳动力或原材料利用效率的变化。劳动力或原材料利用效率的变化会影响企业利润、盈亏平衡点和贡献毛益率的变化。

④ 固定成本的变化。固定成本的变化会影响利润和盈亏平衡点，但不会影响贡献毛益率。

⑤ 销售价格的变化。销售价格变化，利润、盈亏平衡点和贡献毛益率都会发生改变。

5. 管理决策对盈亏平衡点的影响

下面给出了一些常见且典型的具体实例。

① 陈旧设备的更新。造成陈旧的主要原因是市场出现了生产效率更高、能降低单位产品可变成本的新设备。更新旧设备可能意味着盈亏平衡点降低、企业利润增加。主要原因是盈亏平衡点、单位可变成本(总成本曲线的斜率较低)降低。

② 外购组件改为企业自身制造。如果只是利用现有场地、设备和人员即充分利用的现有生产能力与资源，则固定成本没有增加，影响的是可变成本，而可变成本的变化必然

项目二 生产物流系统设计与优化

对盈亏平衡点产生直接影响。若需要添置新设备、人员等,则固定成本、变动成本均会产生变化,对盈亏平衡点和贡献毛益率带来直接影响。

③ 通过加班的方法增加生产能力。加班不会改变企业的固定成本,但会增加可变成本,进而扩大盈亏平衡点。其对利润的具体影响取决于总成本曲线的斜率和实际产量之间的数量关系。

6. 盈亏平衡点分析法的作用

盈亏平衡点是极为重要的分析工具。在具体运用中,我们很难寻找到理论上的最优解,而是追求一个满意区间,即对公司盈亏平衡"点"的最佳估计,在图上对应的是一个相当大的包括该点本身的"斑块"。因为要获取企业的固定成本和可变成本比率等精确数据,现实当中很困难,并且日常管理决策常常不断调整改变盈亏平衡点。

 例2-2 盈亏平衡分析法在制造企业选址中的应用。

A、B、C、D 分别表示工厂选址的4个备选地点,各个备选地点固定成本和单位可变成本情况如表2.1所示。

表2.1 不同地址成本构成

地址	年固定成本/美元	单位可变成本/(美元/单位)
A	250 000	11
B	100 000	30
C	150 000	20
D	200 000	35

根据以上资料,需要完成以下具体任务。

① 绘出各地点的总成本曲线。
② 确定每个备选地点所对应的最优产量(总成本最低)分布区间。
③ 如果工厂预期年销售量为8 000单位,应选择哪个地点为该工厂的最佳选址?

解: ① 绘制四个备选地址的总生产成本曲线,选择最接近预期产量的产出(该题中去年产量为10 000单位)计算各个备选地址所对应的总生产成本。计算过程及结果见下表2.2。

表2.2 不同地址总成本计算

地址	固定成本/美元	可变成本/美元	总成本/美元
A	250 000	11×10 000=110 000	360 000
B	100 000	30×10 000=300 000	400 000
C	150 000	20×10 000=200 000	350 000
D	200 000	35×10 000=350 000	550 000

分别以产出量0、10 000为横坐标,计算各备选方案所对应的总生产成本为纵坐标

确定坐标值,即 A:(0,250 000),(10 000,360 000);B:(0,100 000),(10 000, 400 000);C:(0,150 000),(10 000,350 000);D:(0,200 000),(10 000,550 000)。

然后在坐标系中描点并连线,可以得到各备选地址的总生产成本曲线,如图2.3所示。

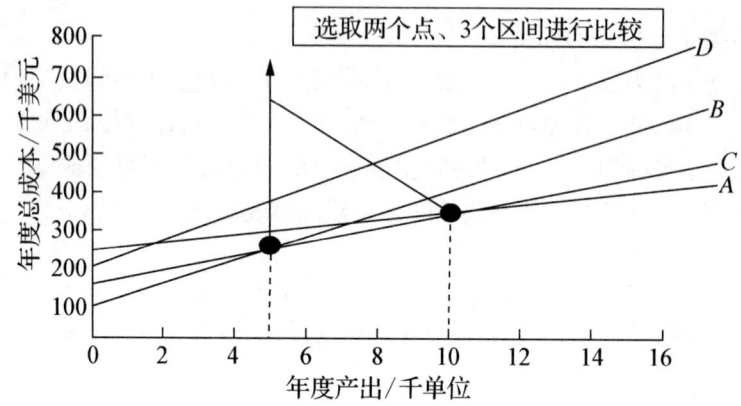

图2.3 备选地址总生产成本曲线

② 确定各备选地点所对应的最优产量区间(总成本最低)。从图2.5可以看出,备选地址D的总生产成本在整个产出分布区间中都没有优于任何其他各备选地点,因此可不予考虑、直接淘汰。因此,只需要B与C、A与C两两进行比较即可。接下来计算B与C、A与C总生产成本相等时所对应的产量,确定最优产出区间。

1)计算当备选方案B和C总生产成本相等时所对应的产量。

$100\ 000+30Q=150\ 000+20Q$

解之,$Q=5\ 000$(单位/年)(图2.4中虚线与横轴交点的横坐标)。

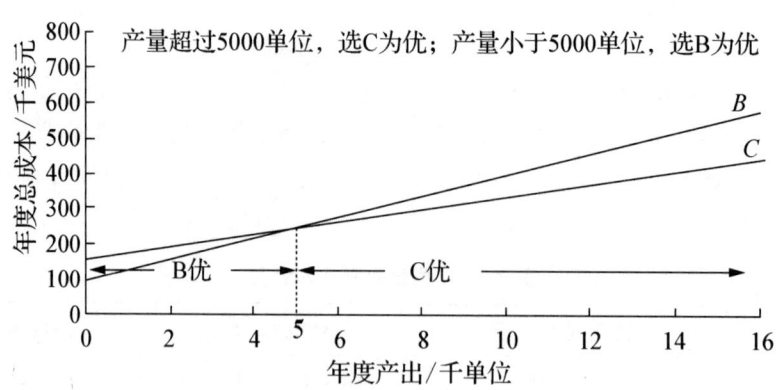

图2.4 地址B、C最优产量区间

2)计算当备选方案C、A总生产成本相等时所对应的产量。

$150\ 000+20Q=250\ 000+11Q$

解之,$Q=11\ 111$(单位/年)(图2.5中虚线与横轴交点的横坐标)。

项目二 生产物流系统设计与优化

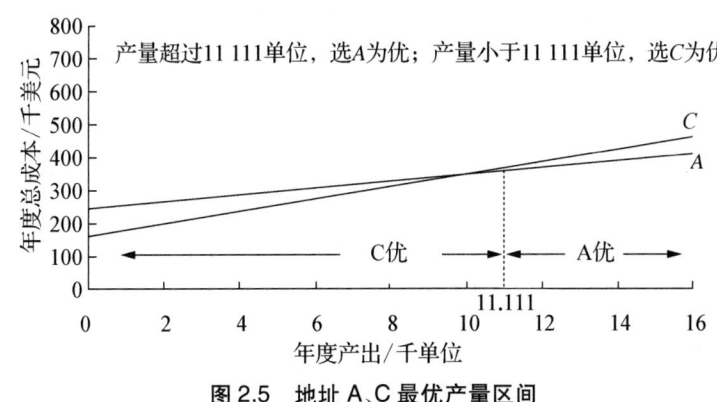

图 2.5 地址 A、C 最优产量区间

因此得出：若企业年产出小于 5 000 单位时，备选地址 B 的总生产成本最低，故选择 B 方案为最佳；若企业年产出为[5 000,11 111]单位时，备选地址 C 的总生产成本最低，故选择 C 方案为最佳；若企业年产出超过 11 111 单位时，备选地址 A 的总生产成本最低，故选择 A 方案为最佳。

③ 因为年销售量为 8 000 单位，该值属于[5 000,11 111]区间，故备选地址 C 为最优方案。

二、因素评分法

因素评分法在常用的选址方法中也许是使用得最多的一种，因为它以简单易懂的模式将各种不同因素综合起来。目前确定权数的方法很多，比较客观准确的方法是层次分析法。

因素评分法主要分为以下几个步骤。

1) 甄别、选择影响选址的主要因素（如市场位置、供水、能源情况等）。
2) 各因素两两比较，根据其相对于其他因素的重要程度赋予其相应权重。
3) 给定每个因素的评价分数值范围（可以采用百分制、十分制等不同形式）。
4) 评价人员针对每个候选地址进行独立打分，最后取平均值。
5) 各影响因素评分乘以该因素权重，即该因素最后实际评分值。所有因素实际评分值相加即候选地址的总分值。
6) 比较各备选地址总分值大小，总分值最高的所对应的备选地址即项目最佳选址。

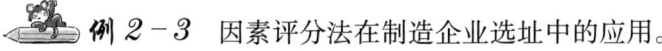 **例 2-3** 因素评分法在制造企业选址中的应用。

题 1：某制造企业有 3 个候选厂址方案，分别用 A、B、C 表示，各方案经济因素相当，但在未来燃料可获性、水源供应的充足程度、劳动力供应情况、生活条件、运输的灵活性及前景、环境污染法规和税收稳定性 7 个方面存在差异。试比较 3 个方案的优劣。

解：该企业组织不同领域专家对备选地址 A、B、C 在 7 个因素方面的具体表现情况进行评价，最后计算各个候选地址的总分值。计算过程如表 2.3 所示。

表 2.3　备选厂址因素评分值

选址因素	最高分数	候选厂址		
		A	B	C
未来燃料可获性	300	200	250	220
水源供应的充足程度	100	80	90	80
劳动力供应情况	250	220	200	200
生活条件	150	120	120	100
运输的灵活性及前景	200	160	160	140
环境污染法规	50	30	40	30
税收稳定性	50	30	40	30
合计	1 100	810	900	800

从表 2.3 可以看出,备选厂址 B 的评分值最高,所以,选 B 最合适。

题 2:某摄影公司打算新开张一家分店,拟选定两个可供选择的地点。试比较两地的优劣并确定最佳选址。

解:拟分别从邻近已有商店、交通繁华、租金、大小、布局和运营成本 6 个方面对拟选地址评价,根据其重要性情况对各评价因素赋予相应的权重值,计算各拟选地址评价值。具体计算过程如表 2.4 所示。

表 2.4　备选地址的加权平均值

因　素	比　重	得分(100)		衡量值	
		地点 1	地点 2	地点 1	地点 2
邻近已有商店	0.10	100	60	0.10(100) = 10.0	0.10(60) = 6.0
交通繁华	0.05	80	80	0.05(80) = 4.0	0.05(80) = 4.0
租金	0.40	70	90	0.40(70) = 28.0	0.40(90) = 36.0
大小	0.10	86	92	0.10(86) = 8.6	0.10(92) = 9.2
布局	0.20	40	70	0.20(40) = 8.0	0.20(70) = 14.0
运营成本	0.15	80	90	0.15(80) = 12.0	0.15(90) = 13.5
合计	1.00			70.6	82.7

从计算结果可以看出,拟选地点 2 的评价得分明显高于拟选地点 1,因此,该公司应选择于地点 2 开设新分店。

另外,对于多目标决策问题,如有多个备选方案(厂址),也可以采取以下办法进行决策。

① 淘汰法。如果多个备选方案中有一些方案的每项指标值(点数)都不优于某一方案对应的指标值,则这些备选方案都可以淘汰。

② 设置最低指标值。对某些评价指标设置最低值,任何方案的相应指标若低于这个

最低值,则该方案被淘汰。这种方法在入学考试中经常采用,某门功课低于某一分数线,则不予录取。在厂址选择中有些因素也不能太差,比如水源,达不到一个最低标准,则不能建厂。

互动讨论

1. 实践中因素评分法应用的难点有哪些?有什么不足?
2. 试说明商品房购置中因素评分法的应用。

三、重心法

重心法(The centre-of-gravity method)是一种设置单个厂房或仓库的方法,这种方法主要考虑的因素是现有设施之间的距离和要运输的货物量,经常用于中间仓库或分销仓库的选择。商品运输量是影响商品运输费用的主要因素,仓库尽可能接近运量较大的网点,从而使较大的商品运量走相对较短的路程,就是求出本地区实际商品运量的重心所在的位置。如果在生产成本中运输费用占很大比重,则常常采用重心法来选择厂址。

它的基本思想是所选厂址可使主要原材料或货物总运量距离最小,从而使运输或销售成本降至最低。

重心法首先要在坐标系中标出各个地点的位置,目的在于确定各点的相对距离。坐标系可以随便建立。在国际选址中,经常采用经度和纬度建立坐标。然后,根据各点在坐标系中的横纵坐标值求出成本运输最低的位置坐标 X 和 Y。

运用重心法选址主要包括以下几个步骤。

1)首先准备一张标有主要原材料供应基地(或货物主要运送目的地)位置的地图,地图必须精确并且满足比例。将一个直角坐标系重叠在地图上并确定各地点在坐标系中的相应位置,即确定它们的坐标。

2)确定新建工厂与现有各原材料供应基地的运输量。重心法的基本前提是假设运输到每个目的地的商品相对数量是基本固定的。

3)求出其重心坐标,即计算选址位置坐标,使得新厂址与各个原材料供应基地或货物目的地之间的总运量距离最小。

4)选择重心所在位置为最佳选址。

重心计算公式如下:

$$X = \sum_{i=1}^{n} X_i Q_i \bigg/ \sum_{i=1}^{n} Q_i \quad Y = \sum_{i=1}^{n} Y_i Q_i \bigg/ \sum_{i=1}^{n} Q_i$$

式中,X、Y 为重心坐标值,X_i、Y_i 为第 i 个运送目的地或第 i 个原材料供应基地坐标;Q_i 为送至第 i 个运送地或来自第 i 个原材料供应基地货物数量;n 为运送目的地或原材料供应基地数目。

例2-4 重心法在制造企业选址中的应用。

题1:某处理危险垃圾公司拟建立一个新处理中心,希望降低将垃圾从5个接收站运至处理中心的运输费用。假如将市中心作为坐标系原点,5个垃圾站的坐标和每日向新处理中心运送垃圾的数量如表2.5所示。试运用重心法确定新建处理中心的最佳选址。

表2.5　5个接收站位置和日送垃圾量

接收站	坐标(X,Y)/千米	日送垃圾量/吨
A	(10,5)	26
B	(4,1)	9
C	(4,7)	25
D	(2,6)	30
E	(8,7)	40

解:根据计算公式,可计算5个接收站的重心坐标。

$X=(10×26+4×9+4×25+2×30+8×40)÷(26+9+25+30+40)=5.97$

$Y=(5×26+1×9+7×25+6×30+7×40)÷(26+9+25+30+40)=5.95$

因此,新的处理中心应该建在距离市中心 X 方向6 000米,距离 Y 方向6 000米的地方。

在实际运用中,需要注意以下几个方面。

① 确定每个地方的坐标可能存在一定困难,利用现代信息技术通过确定任意地方的经纬度作为其坐标,是一个很好的解决方案。具体见本例题2。

② 两两地点之间的距离可以根据实际中两两之间最常用的行驶路线距离确定。在理论计算上,也可以采用空间直线距离。

③ 计算得到的重心坐标,只是在一定范围内理论上的最优解,可以作为选址决策的依据或参考,实际的选址地点可以在重心的一定范围区间内选择满意解。

题2:佛山某制造企业拟建一个新的物流配送中心,该中心主要为佛山保力得物流有限公司江南仓库(客户1)、贝业新兄弟物流有限公司(三水中油大道5号)(客户2)、广州顺丰速运有限公司(机场路110号)(客户3)、顺丰速运集团有限公司佛山分公司(联和大道2号)(客户4)配送产品。假设配送中心配送到各客户的运量相同,试确定拟建物流配送中心的最佳选址。

客户基本信息如下:

1. 佛山保力得物流有限公司江南仓库

地址:佛山市南海区罗村上柏兴柏路元武工业区内;电话:0757 - 86417516。

2. 贝业新兄弟物流有限公司

地址:佛山市三水区中油大道5号;电话:0757 - 87392666。

3. 广州顺丰速运有限公司

地址:机场路110号建发广场首层;电话:020 - 36314729。

4. 顺丰速运集团有限公司佛山分公司

地址:联和大道2号7 - 10号铺;电话:0757 - 66887453。

项目二 生产物流系统设计与优化

解：
1) 查询得到每个客户所在地的经纬度数据。

登录百度坐标拾取系统(网址 http://www.jiajumi.com/shitu.html)，搜索查询各仓库所在地的经纬度坐标，其中，经度为横坐标，纬度为纵坐标。如表2.6所示。

表2.6　客户所在地经纬度坐标值

	X(经度)	Y(纬度)
客户1	113.022 562	23.073 908
客户2	113.034 985	23.253 468
客户3	113.266 363	23.175 276
客户4	113.090 538	23.069 901

2) 计算重心所在地的经纬度坐标。

依题意，配送中心配送到各客户的运量相同，根据重心法公式计算结果如下：

X(经度) = (113.022 562+113.034 985+113.266 363+113.090 538)/4
　　　　= 113.103 612

Y(纬度) = (23.073 908+23.253 468+23.175 276+23.069 901)/4
　　　　= 23.143 138 25

3) 在百度坐标系统首页界面中选中的"坐标反查"复选框，见图2.6所示。

图2.6　选中"坐标反查"复选框

4) 在搜索栏中输入重心坐标(注意选取英文输入法)，单击"百度一下"按钮，则得到重心的具体位置，如图2.7所示。

图2.7　目标地址所在地图位置

因此，拟建物流配送中心的最佳理论选址的经度为113.103 612，纬度为23.143 138 25，其所在地具体地理位置为广东省佛山市南海区松岗工业大道南。

提示：通过百度坐标拾取系统可以确定每个客户所在地址的经纬度，同时，也可以输入具体经纬度数据反查其对应的具体地理位置。

任务三　工业设施布置决策

一、工业设施布置概述

据资料统计分析,产品制造费用的20%～50%是用作物料搬运的,而物料搬运工作量直接与工厂布置情况有关,有效的布置大约能减少搬运费用的30%左右。工厂设施布置的优劣不仅直接影响着整个生产系统的运转,而且通过对物料搬运成本的影响,成为决定产品生产成本高低的关键因素之一。也就是说,在满足生产工艺流程的前提下,减少物料搬运工作量是工厂设施布置设计中最为重要的目标之一。

(一) 工业设施布置含义

工业设施布置是指在满足一定的生产工艺技术条件下,合理安排企业内部各个生产作业单位和辅助设施之间的相对空间位置与所需占地面积。

工业设施布置需要解决两大问题:一是各设施设备相对位置,二是面积。前者指不同设施之间的位置关系,后者指各设施的占地规模。工业设施布置问题是生产运作组织中的空间组织问题,也是物流系统规划问题,其目的是使企业的物质设施有效组合,取得最大经济效益。

工业设施布置要考虑以下4个问题。

1. 包括哪些经济活动单元

该问题取决于产品品种、生产工艺设计要求以及生产规模、专业化与协作化水平等多种因素。同时,经济活动单元的构成又在很大程度上影响生产能力和生产效率。

例如,有些情况下一个厂集中一个工具库就可以了(集中配置),但另一些情况下,每个车间或每个工段都配合工具库可能更好(分散配置)。因此,到底设置哪些经济活动单位需要具体问题具体分析。

2. 每个单元需要多大空间

生产单元空间过小,可能会影响到生产率,以及工作人员的作业活动施展,甚至引起生产事故;空间太大,则容易造成空间浪费、利用率低。生产单位空间大小的确定既要考虑生产现实需要,也要考虑到可扩充性和柔性制造等发展需要。

3. 每个单元空间的形状如何

一个加工单元的设备配置情况、设备如何排列、所需的占用空间,需要一体化设计。如空间已限定,只能在限定的空间内考虑是一字排开,还是三角形排列等;若根据加工工艺的需要,必须是一字排开或三角形排列,则需要在此条件下考虑需多大空间以及所需空间的形状。在办公室设计中,办公桌的排列问题类似。

4. 每个单元在设施范围内的位置

这包括两个含义:单元的绝对位置与相对位置。有时,几个单元的绝对位置变了,但相对位置没变。相对位置的重要意义在于它关系到物料搬运路线是否合理,是否节省运费与时间,以及通信联络是否便利。此外,如果内部相对位置影响不大,还应考虑与外部的联系,例如,将有出入口的单元设置于靠近路旁。

项目二 生产物流系统设计与优化

（二）工业设施布置的任务

生产设施规划与设计要解决的主要问题是：根据企业的经营目标及生产工艺要求，在已确定的空间场所内，按照从原材料的接受、零件和产品的制造，到产品的包装、发运的全过程，将人员、设备、物料所需的空间做最合适的分配和最有效的组合以使获得最大的生产经济效益。

工业设施布置分为工厂总体布置和车间布置。工厂总体布置要对工厂的生产车间、物料储运部门、管理部门和生产服务部门的建筑物、场地和道路等，按照各部门之间相互关系的密切程度做出合理的安排。车间布置主要是考虑工艺过程、物流量等因素，对机器设备、运输通道等做出合理的布局。

1. 工厂总体布置设计

① 解决工厂各个组成部分，包括生产车间、辅助生产车间、仓库、动力站、办公场所等作业单位相互位置问题。
② 解决运输线路、管线、绿化及设施美化的相互位置问题。
③ 解决物料的流向和流程、厂内外运输连接及运输方式问题。
④ 解决各生产工段、辅助服务部门、储存设施等作业单位相互位置问题。
⑤ 解决工作、设备、通道、管线间的相互位置问题。
⑥ 解决物料搬运流程和运输方式问题。

2. 车间布置设计

① 解决工厂各个组成部分，包括生产车间、辅助生产车间、仓库、动力站、停车场、办公场所等各组成单位的空间排列和相互位置关系问题。
② 解决运输线路、管线、绿化及设施美化的相互位置关系问题。
③ 解决物料的流向和流程、厂内外运输连接及运输方式问题。

（三）工业设施布置的类型

1. 工艺导向布置

工艺导向布置（process layout）也称车间或功能布置，是指一种将相似的设备或功能放在一起的生产布局方式，例如将所有的车床放在一处，将冲压机床放在另一处。被加工的零件，根据预先设定好的流程顺序从一个地方转移到另一个地方，每项操作都由适合的机器来完成。医院是采用工艺导向布置的典型。

此种空间布置设计类型是将同一制造过程中制品所经过部门中的所有机器或同类机器集中布置，方便生产人员就近进行生产操作，减少产品的生产加工时间，提高了生产效率。

2. 产品导向布置

产品导向布置（product layout）也称装配线布置，是指一种根据产品制造的步骤来安排设备或工作过程的布置方式。鞋、化工设备和汽车清洗剂的生产都是按产品导向原则设计的。

3. 混合布置

混合布置（hybrid layout）是一种常用的设施布置方法，是指将两种布置方式结合起来的布置方式。比如，一些工厂总体上是按产品导向布置（包括加工、部装和总装 3 个阶段),在加工阶段采用工艺导向布置,在部装和总装阶段采用产品导向布置。这种布置方法的主要目的是:在产品产量不足以大到使用生产线的情况下,也尽量根据产品的一定批量、工艺相似性来使产品生产有一定顺序,物流流向有一定秩序,以达到减少中间在制品库存、缩短生产周期的目的。混合布置的方法又包括一人多机、成组技术等具体应用方法。

4. 定位布置

定位布置(fixed-position layout)或固定位置布置是指产品由于体积或重量庞大停留在一个地方,从而需要生产设备移到要加工的产品处,而不是将产品移到设备处的布置方式。造船厂、建筑工地和电影外景制片场往往都采用这种布置方式。

(四) 工业设施布置类型的比较

- 工艺导向布置适合于处理小批量、客户化程度高的生产与服务。其优点是设备和人员安排相对灵活;缺点是设备使用的通用性要求劳动力要具有较高的熟练程度和创新意识,在制品较多。
- 产品导向布置适合大批量、高标准化的产品生产。其优点是单位产品的可变成本低,物料处理成本低,存货少,对劳动力标准要求低;其缺点是投资巨大,产品生产缺少弹性,一处停产影响整条生产线。

工艺导向布置与产品导向布置之间的区别就是工作流程的路线不同。工艺导向布置中的物流路线是高度变化的,因为用于既定任务的物流在其生产周期中要多次送往同一加工车间。产品导向布置中,设备或车间服务于专门的产品线,采用相同的设备能避免物料迂回,实现物料的直线运动。只有当给定产品或零件的批量远大于所生产的产品或零件种类时,采用产品导向布置才有意义。

- 成组技术布置则是将不同的机器分成单元来生产具有相似形状和工艺要求的产品。其优点是改善人际关系,增强人员的参与意识;减少在制品和物料搬运及生产过程中的存货;提高机器设备利用率;减少机器设备投资与缩短生产准备时间等。
- 办公室布置与制造业布置强调的重点不同。制造业布置强调的是物料的流动,而办公室布置强调的是信息的传递。

(五) 工业设施布置类型选择的影响因素

在设施布置中,到底选用哪一种布置类型,除了生产组织方式战略以及产品加工特性以外(这是显而易见的),还应该考虑其他一些因素。也就是说,一个好的设施布置方案,应该能够使设备、人员的效益和效率尽可能好。为此,还应该考虑以下一些因素。

1. 所需投资

设施布置将在很大程度上决定所要占用的空间、所需设备以及库存水平,从而决定投资规模。如果产品的产量不大,设施布置人员可能愿意采用工艺导向布置,这样可节省空间,提高设备利用率,但可能会带来较高的库存水平,因此这其中有一个平衡问题。如果是对现有的设施布置进行改造,更要考虑所需投资与可能获得的效益相比是否合算。

2. 物料搬运

在考虑各个经济活动单元之间的相对位置时,物流的合理性是一个主要考虑因素,即应该使量比较大的物流的距离尽可能短,使相互之间搬运量较大的单元尽量靠近,以便使搬运费用尽可能小,搬运时间尽可能短。曾经有人做过统计,在一个企业中,从原材料投入直至产品产出的整个生产周期中,物料只有15%左右的时间是处在加工工位上,其余都处于搬运过程或库存中,搬运成本可达总生产成本的25%~50%。由此可见,物料搬运是生产运作管理中相当重要的一个问题。而一个好的设施布置,可使搬运成本大为减少。

3. 柔性

设施布置的柔性首先是对生产的变化有一定的适应性,即使变化发生后也仍然能达到令人满意的效果;其次是能够容易地改变设施布置,以适应变化了的情况。因此在一开始设计布置方案时,就需要对未来进行充分预测;最后,应该考虑到以后的可改造性。

4. 其他因素

其他还需要着重考虑的因素有:劳动生产率,即在进行设施布置时要注意不同单元操作的难易程度悬殊不宜过大;设备维修,即不要让空间太狭小,这样会导致设备之间相距太近,影响维修;工作环境,如温度、噪声水平、安全性等,均受设施布置的影响;人的情绪,即要考虑到是否可使工作人员相互之间能有所交流,是否给予不同单元的人员相同的责任与机会,使他们感到公平等。

二、影响企业生产单位构成的因素

从我国企业的一般结构特点来看,企业内部的生产车间是基本生产单位,车间下设工段或生产小组,实行分层管理,分别完成各项生产任务。

企业生产单位的构成因行业不同差异甚大,尤其是机械制造企业生产单位设置比较复杂。每个企业都有其自身的特点,多受下列因素的影响。

(一) 产品的结构与工艺特点

生产单位的设置应根据产品结构要求,设置相应的制造车间,如生产机械产品的制造企业,生产单位可由毛坯、加工、装配车间组成;流程式的化工行业则严格按工艺流程的阶段组成车间。同类型的产品,结构相似,可能采用不同的工艺方法,如齿轮厂的毛坯,可以模锻而成或精密铸造,因而相应地设置锻造车间或铸造车间,或者锻造车间与铸造车间均设置。

(二) 企业的专业化与协作化水平

企业的专业化是以生产的产品品种多少和工艺类型与方法的单一化程度来衡量的。专业化程度高的企业,年产量较大,生产单位(车间)的任务比较单一。企业的生产专业化形式不同,相应设置的生产单位也不同。采用产品专业化形式的企业,要求企业有较为完整的生产单位,应设置毛坯车间、机械加工车间、热处理车间、装配车间等,如汽车制造企业、采用零件专业化形式的企业,多数没有完整的加工过程的各个工艺阶段,可不设置装配车间或毛坯车间,如齿轮厂等。采用工艺专业化的企业,一般只设有相应工艺阶段的车间,如装配厂只有部件装配车间、总装车间等。

企业的专业化程度高,必然有大量的外协件需进行协作化生产。企业将零部件的制造扩散出去,采用外包的方式组织制造资源,这样一来企业自身的制造活动就少了许多,这时候就更强调企业间的合作。因此,企业的地理位置也是一个很重要的考虑因素。

企业的协作化水平不同,相应地由不同的生产车间组成。协作范围越广,则企业的生产车间组成越简单。

(三) 企业的生产规模

企业的生产规模是指劳动力和生产资料在企业集中的程度,如企业职工人数、固定资产总值、产品总产值等,可分为大、中、小规模企业。大型企业的车间规模大,为了便于组织生产,同类生产性质的车间往往设置多个,如机械加工一车间、机械加工二车间;对于小型企业,则可将加工与装配设置在一个车间。

三、工业设施布置的原则

(一) 生产单位的专业化原则

生产单位的专业化原则和形式,影响企业内部的生产分工和协作,决定着物料流向、物流路线和运输量,它是企业与车间平面布置中必须考虑的重要问题。按照生产流程的不同类型,生产单位专业化原则有工艺专业化和对象专业化原则。

1. 工艺专业化原则

工艺专业化(process focused)原则就是集中同种工艺要素建立工艺专业化的生产单位。例如,在工艺专业化车间中,集中了同类型的机器设备和同工种的工人,对企业的各种产品、零部件进行相同工艺方法的加工。这里,工艺方法是相同的,而加工对象是不同的、多样的。

(1) 工艺专业化车间的两种形式

工艺专业化车间有两种形式。第一,完成一个工艺阶段的全部工种作业的专业化车间,如铸造车间、锻工车间、机械加工车间和装配车间。这是工艺专业化程度较低的形式。第二,完成一个工艺阶段的部分工种或某一工种的工艺专业化车间,如车工车间、铣工车间、磨工车间等。这是工艺专业化程度较高的形式。

(2) 工艺专业化的优点

工艺专业化可充分利用设备资源,具体而言有以下几个优点。

① 对产品品种的变化有较强的适应性。当加工对象改变时,不必重新布置设备。

② 由于同种设备集中在一起,因而便于充分利用设备和生产面积,提高负荷系数。

③ 由于进行同一种工艺加工,因而便于工艺管理,有利于工人技术水平的提高。

需要指出的是,按工艺专业化原则设置生产单位,可因有利于生产任务的调剂而充分利用设备资源,但并不能因此就推断出其劳动生产率高。因为按工艺专业化原则设置生产单位时,一般多为通用设备和装备。而通用设备和装备的劳动生产率远低于专用设备和装备。在较低投资和空间占用的通用设备和装备,与较高投资和空间占用但劳动生产率很高的专用设备和装备之间做选择,需要进行技术、经济、规模等的详细分析、决策。

(3) 工艺专业化的缺点

由于工艺专业化车间只能完成某一种或几种工艺加工,因而加工对象必须经过工艺专业化不同的几个车间才能制造出来,这就必然造成以下几种情况。

① 大批半成品由一个车间转到另一个车间,而且交叉运输和往返运输很多,使加工路线延长,运输工具、运输工人和中间仓库增多,厂内运输费用增加。

② 当半成品大批地由一个车间转到另一个车间时,大量时间花在运送途中,且停放

时间长,延长了生产周期,积压了在制品,加大了流动资金占用量。

③ 车间之间的生产联系和协作关系复杂化,从而不利于计划、在制品及质量管理等。

2. 对象专业化原则

对象专业化(product focused)原则是按加工对象的要求集中工艺要素。例如,在对象专业化车间中,把加工对象的全部或大部分工艺过程集中在一个生产单位中,一般而言,它集中了不同种类的机器设备和不同工种的工人,对同类加工对象进行不同的工艺加工。

(1) 对象专业化车间的两种形式

按对象专业化原则建立的对象专业化车间,有两种主要形式。第一,以产品或部件为对象和以同类零件为对象,如汽车厂的底盘车间和发动机车间,飞机发动机厂的涡轮转子车间等。第二,以同类零件为对象建立的专业化车间,如汽轮机厂的叶片车间,机床厂的齿轮车间,轴承厂的滚子车间等。

衡量对象专业化程度的指标有二。一是车间内生产的对象种数。对象的种数越少,专业化程度就越高。二是车间内完成该种生产对象全部工艺工序的比重或工艺封闭程度。封闭程度越高,专业化程度也越高。

(2) 对象专业化车间的优缺点

任何一个事物的特点都是由其自身的性质决定的,优缺点都是比较而言的。对象专业化车间可以克服工艺专业化车间的各种缺点,提高生产的经济效益,它的主要优点如下。

① 可以大大缩短产品加工路线,节约运输等辅助劳动量,减少仓库和生产面积的占用。

② 可以减少产品的运输时间和停放时间,提高生产过程的连续性,缩短生产周期,减少生产中的在制品占用量,节约流动资金。

③ 减少车间之间的生产联系,从而可以简化计划管理与生产核算工作,加强在制品及质量管理。但是,由于对象专业化原则多采用高度专业化的设备和装备,是按固定少数几种加工对象的需要而设置的,因而其适应性较差。而能兼顾二者的成组技术,则要求更高的技术及装备基础,要求更高的组织计划及管理水平。

上述两种专业化形式相应有两种车间内部布置形式,如图2.8、图2.9所示。

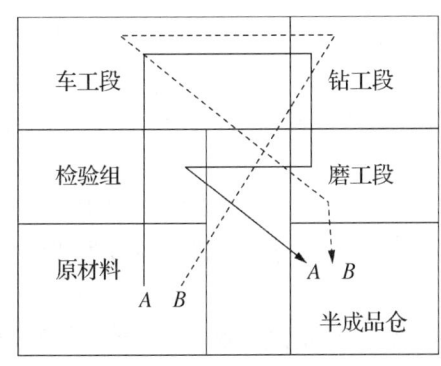

图2.8 工艺专业化形式

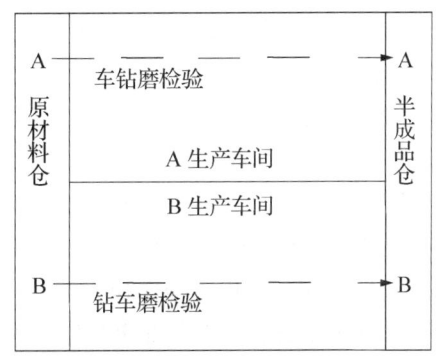

图2.9 对象专业化形式

事实上，任何企业，特别是机械制造企业，纯粹按工艺专业化形式或对象专业化形式布置的较少，常常是同时采用两种专业化形式进行车间或企业的布置。工艺专业化原则适用于批量生产，对象专业化原则适用于大批大量生产。

工艺专业化原则和对象专业化原则具有普遍的适用意义。例如，政府部门有各种不同职能部门，一般是按职能分工布置，可以认为是工艺专业化原则。在这种布置下，一份公文的审批要经过若干部门，花费时间多，效率较低。如果围绕某种特殊任务，如审批外商投资项目，为提高办公效率，从有关职能部门抽出办事人员集中在一起，采用流水作业方式处理项目申请，很快就可以办完手续，这就是对象专业化原则的具体应用。

（二）厂区总体布局原则

厂区布置的根本要求是有系统观点，兼顾各方面要求，合理布局、精心安排，讲究整体效果。一般应遵循以下3个原则。

1. 满足工艺原则

厂区布置首先应该满足生产工艺过程的要求，即全厂的工艺流程要顺畅，从上一工序转到下一工序，运输距离要短直，尽可能避免迂回和往返运输。

2. 经济原则

生产过程是一个有机整体，只有在各部门的配合下才能顺利进行。其中，基本生产过程是主体，与它有密切联系的生产部门要尽可能与它靠拢，如辅助生产车间和服务部门应该围绕基本生产车间安排。在满足工艺要求的前提下，寻求最小运输量的布置方案，还要求能充分利用土地面积。

3. 安全和环保原则

即工厂布置要有利于安全生产，有利于员工的身心健康，如易燃易爆物品仓库要远离人群密集区，并要有安全防范措施；同时，生产部门的布置要符合环境保护、卫生、绿化、抗震、防火、安全等国家规范，并有"三废"处理措施等。

（三）车间布置的原则

① 最短路径原则。尽量使产品通过各设备的加工路线最短。多设备看管时，工人在设备之间的行走距离最短。

② 关联原则。关联原则要求把紧密关联的设施紧密靠在一起，加工大型产品的设备应布置在有桥式吊车的车间里，加工长形棒料的设备应尽可能布置在车间的入口处。

③ 确保安全。各设备之间、设备与墙壁、柱子之间应有一定的距离。设备的传动部分要有必要的防护装置。

④ 协调原则。分工必须协调，用系统、整体的观念合理规划各设施之间的关系。协调包括内部协调与外部协调。内部协调保证了企业内部各设施的整体性；外部协调需要考虑企业设施对环境的影响，如旅游城市的工厂设施布局就要考虑市政的要求。

⑤ 充分利用车间的生产面积。在一个车间内，可因地制宜地将设备排列成纵向、横向或斜角，尽量充分利用车间面积。

⑥ 专业化原则。设施布置应在分工的基础上符合专业化原则，如符合工艺专业化或对象专业化原则，从而提高生产率与管理效率。

⑦ 分工原则。设施之间要合理分工，如生活区、生产区、办公区等。合理分工有利于

管理、环境保护和安全。

⑧ 弹性原则。设施布置要考虑企业未来发展的需要,为企业今后的发展留有可扩展的空间。

四、影响工业设施布置决策的因素

影响工业设施布置决策的因素如下。

① 厂房的布置应满足生产过程的要求,以避免互相交叉和迂回运输,缩短生产周期,节省生产费用。

② 生产联系和协作关系密切的单位应相互靠近布置,比如机械加工和装配车间应该安排在相邻的位置上。

③ 充分利用现有运输条件,如公路、铁路、港口及供水、供电等公共设施。

④ 按照生产性质、防火和环保要求,合理划分厂区,如热加工车间区、冷加工车间区、动力设施区。为了减少居民生活区的污染,生活区应设在上风处。

⑤ 在考虑防火和卫生条件下,总平面布置应力求占地面积小。

⑥ 工厂布置应考虑有扩建的余地。

五、几种典型工业设施布置形式

如前所述,布置的目标是使物流成本最小。当物流成本最小是主要目标时,流程分析在布置中就变得很重要。流程形式可以分为水平和垂直两种。当所有的设备、设施都在同一个车间里时,就按水平方式考虑;当生产作业是在多个楼层里周转时,就按垂直方式考虑。常见的布置形式有以下几种。

1. 固定式布置

固定式布置(fixed position layout)是指加工对象位置固定,生产工人和设备都随加工产品所在的某一位置而转移,如内燃机车的装配、造船装配等。这种布置形式适用于大型产品的装配过程。

由于某些产品体积庞大、笨重,不容易移动,所以可保持产品不动,将工作地按生产产品的要求来布置,如大型飞机、船舶、重型机床等。对于这样的项目,一旦基本结构确定下来,其他一切功能都围绕着产品固定下来,如机器、操作人员、装配工具等。

2. 按产品布置

按产品布置(product layout)就是按对象专业化原则布置有关机器和设施。最常见的如流水生产线或产品装配线,如图 2.10 所示。

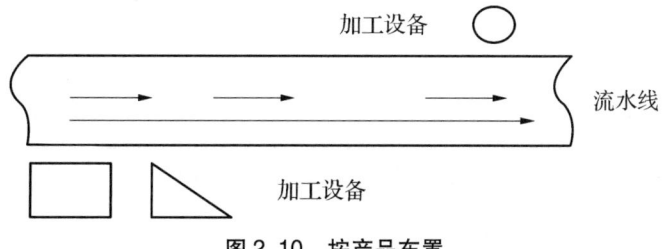

图 2.10　按产品布置

3. 按工艺过程布置

按工艺过程布置（process layout）又称工艺专业化布置，就是按照工艺专业化原则将同类机器集中在一起，完成相同工艺加工任务，如图2.11所示。

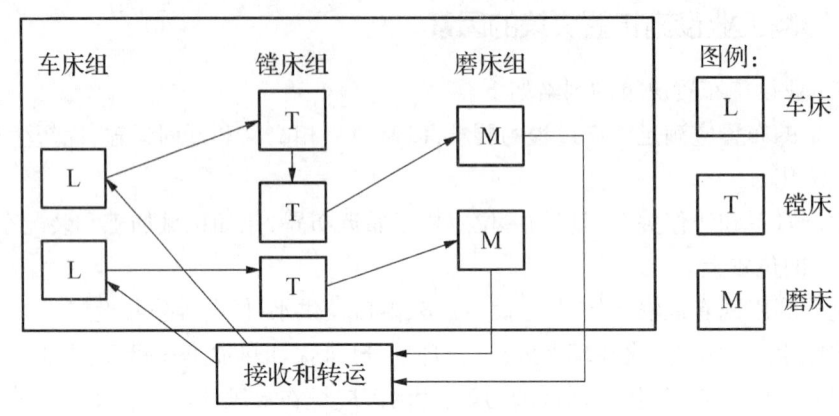

图2.11 按工艺过程布置

4. 按成组制造单元布置

按工艺专业化布置生产和服务设施，带来的问题很明显。它容易造成被加工对象在生产单位之间交叉往返运输，不仅引起费用上升，而且延长了生产周期。人们经过研究，通过实践创造了按成组制造单元布置（layouts based on group technology）的形式。其基本原理是，首先根据一定的标准将结构和工艺相似的零件组成一个零件组，确定出零件组的典型工艺流程，再根据典型工艺流程的加工内容选择设备和工人，由这些设备和工人组成一个生产单元，如图2.12所示。成组制造单元类似于对象专业化形式，因而也具有对象专业化形式的优点。但成组制造单元更适合多品种的批量生产，因而又比对象专业化形式具有更高的柔性，是一种适合多品种中小批量生产的理想生产方式。

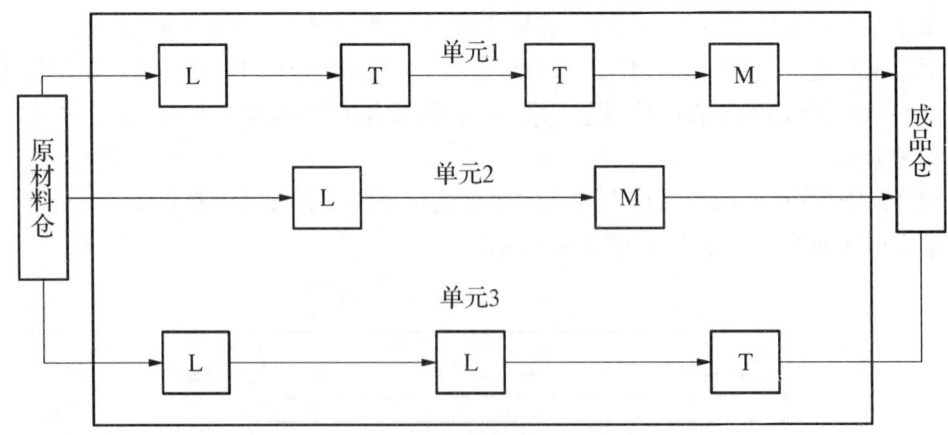

图2.12 按成组制造单元布置

在实际生产中,一般都综合运用上述几种形式,针对不同的零件品种数和生产批量选择不同形式的生产单元。

任务四 工业设施布置优化的决策方法

当前,面对市场需求不振、产能过剩等宏观环境及生产要素成本上升、市场竞争加剧微观环境等,实体经济经营处境非常艰难,制造企业需要开辟生产物流作为其第三方利润源。

生产物流主要指车间与库场之间、车间内部流水线之间、不同工位之间物料的流动过程以及生产过程中原材料、半成品、成品等储存等,即生产加工对象在时间与空间上的位移,属于企业内部物流。生产物流、供应物流、销售物流及回收与废弃物流等构成制造企业完整的物流系统。

工业设施布置优化问题主要涉及工厂选址、车间及设备的空间布置、生产节点库存控制等等物流组织与运行等决策问题。主要目的是在满足生产工艺、技术要求等前提下追求生产物流成本的最小化或物流效率的最大化。车间或设备空间布置是生产物流系统优化的重要内容,它直接决定企业内部生产物流的路径、方向及移动距离等。车间或设备空间布置应该尽量减少企业内部交叉运输、往返运输、迂回运输等各种不合理现象,使得运输总成本最小。

遵循的原则主要有:(1) 在满足生产过程的要求前提下,尽量避免互相交叉和迂回运输,缩短生产周期;(2) 物流联系和协作关系密切的单位应相互靠近布置。比如机械加工和装配车间应该安排在相邻的位置上;(3) 合理划分厂区。如按照生产性质、防火和环保要求,可以划分热加工车间区、冷加工车间区、动力设施区;(4) 为了减少居民生活区的污染,生活区应设在上风区;(5) 在考虑防火和卫生条件下,总平面布置应力求占地面积小;(6) 工厂布置应考虑有扩建的余地等。

主要的定量决策方法有作业相关图法、从至表法、物料运量图法等。

一、作业相关图法

作业相关图法是由穆德提出的,它是根据企业各个部门之间的活动关系密切程度布置其相互位置。首先将关系密切程度划分为 A、E、I、O、U、X 六个等级,并赋予相应的分值,具体如表2.7所示。

表2.7 关系密切程度分类

代 号	关系密切程度	全 称	评分值
A	绝对必要	absolutely necessary	6
E	特别重要	especially important	5
I	重要	important	4
O	一般	ordinary	3

（续表）

代号	关系密切程度	全称	评分值
U	不重要	unimportant	2
X	不予考虑	except	1

然后，列出导致不同程度关系的原因，如表 2.8 所示。使用这两种资料，将待布置的部门一一确定出相互关系，根据相互关系重要程度，按重要等级高的部门相邻布置的原则，设计出最合理的布置方案。

表 2.8 关系密切原因举例

代号	关系密切原因	代号	关系密切原因
1	物流或生产服务	6	生产流程连续
2	共用人员	7	安全卫生
3	共用设备或场地	8	噪音、烟尘、危险品的影响
4	人员沟通与联系	9	其他
5	监督或管理方便		

运用该方法的基本思路如下。

1) 首先绘制生产活动相关图，以表明工厂各组成部门之间的关系等级矩阵。
2) 计算各部门与其他部门之间的关系总积分。
3) 在中心位置布置关系积分最高的部门。
4) 按关系紧密等级（A、E、I、O、U、X）顺序依次在关系积分最高的部门周围布置（当紧密程度相同时，先选择关系积分值较高的部门）。总体要求是最终组合后的总关系积分值取得最大值。

  例 2-5 工厂部门平面布置问题。

任务 1：一个小型工厂的生产、辅助、服务等 8 个部门的关系等级矩阵如图 2.13 所示，工厂的平面示意图如图 2.14 所示。假设每个部门占地面积一样，试问：如何合理布置各个部门在平面图中的位置？

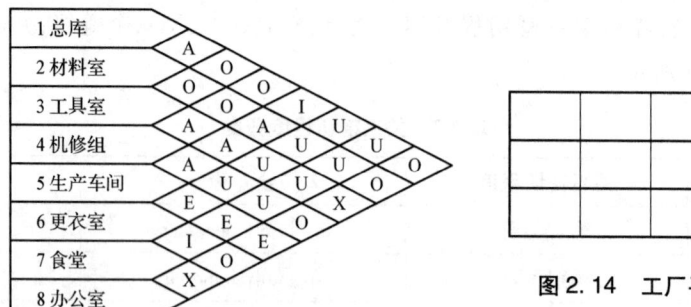

图 2.13 各部门相互关系

图 2.14 工厂平面

项目二 生产物流系统设计与优化

解：

1) 根据关系矩阵图中各部门间的关系密切等级,计算各部门关系总积分,如表 2.9 所示。

表 2.9 各部门的关系积分值计算

部　门	与其他部门的关系	关系积分值
1	A I O O O U U	6+4+3+3+3+2+2=23
2	A A O O O U U	6+6+3+3+3+2+2=25
3	A A O O U U X	6+6+3+3+2+2+1=23
4	A A O O O U U	6+6+3+3+3+2+2=25
5	A A A E E E I	6+6+6+5+5+5+4=37
6	E I U U U U O	5+4+2+2+2+2+3=20
7	E I O U U U X	5+4+3+2+2+2+1=19
8	E O O O O X X	5+3+3+3+3+1+1=19

2) 选取关系积分值最高的部门(部门 5)开始布置,按 A、E、I、O、U、X 的顺序逐次排列,直至全部部门排列完为止。

① A 级:1 与 2;5 与 2、3、4

可以布置部门 2、3、4 分别与部门 5 相邻。因为 1 与 3、1 与 4 关系等级均为 O 级,理论上 1 有两种排列方式(1 与 2、3 相邻或者 1 与 2、4 相邻),但 8 与 4 比 8 与 3 更密切,故先选择 1 与 2、3 相邻,具体布置如图 2.15 所示。

1	2	
3	5	4

图 2.15 A 级布置

② E 级:5 与 6、7、8

根据原则,即当紧密程度相同时,先排列关系积分值高的部门。因此,选择关系积分值最大的部门 6 与 5 相邻,如图 2.16 所示。

1	2	
3	5	4
	6	

图 2.16 E 级布置

③ I 级:6 与 7

因为 7 与 3、7 与 4 之间的关系密切等级相同,因此,共有两种排列方法,分别如图 2.17、图 2.18 所示。

1	2	
3	5	4
7	6	

图2.17 Ⅰ级布置1

1	2	
3	5	4
	6	7

图2.18 Ⅰ级布置2

④ O级:8 与 2、4、6

选择 8 与 2、4 相邻,最后可得到两种排列方案,如图 2.19、图 2.20 所示。

1	2	8
3	5	4
7	6	

图2.19 O级布置1

1	2	8
3	5	4
	6	7

图2.20 O级布置2

因此,该工厂部门的最优平面布局分别见图 2.21、图 2.22。

任务2:一个小型工厂有 5 个部门,部门占地面积及其相互关系等级矩阵如图 2.21 所示。假如工厂的平面示意图如图 2.22 所示,试从物流角度分析如何最合理布置各部门在平面图中的布局。

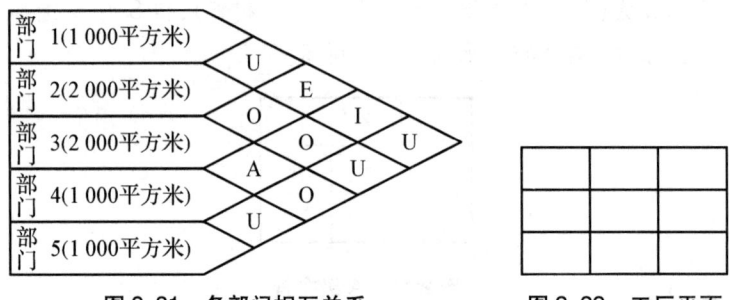

图2.21 各部门相互关系　　　图2.22 工厂平面

解:1) 根据关系矩阵图中各部门间的关系密切等级,计算各部门关系总积分,如表 2.10 所示。

表2.10 各部门的关系积分值计算

部门	与其他部门的关系	关系积分值
1	U E I U	2+5+4+2=13
2	U O O U	2+3+3+2=10
3	E O A O	5+3+6+3=17
4	I O A U	4+3+6+2=15
5	U U O U	2+2+3+2=9

2)选取关系积分值最高的部门(部门3)开始布置,按A、E、I、O、U的顺序逐次排列,直至全部部门排列完为止。

① A级:3与4

本例中布置用的单个样片为1 000平方米,部门3为2 000平方米,所以需用两块样片。选择3与4相邻,如图2.23所示。

	4	
	3	3

图2.23　A级布置

② E级:1与3　(1)

③ I级:1与4　(2)

根据条件(1),部门1与3相邻可以有多个方案,但是,再结合(2),即1与4相邻,则可得到排列图2.24。

	4	1
	3	3

图2.24　E、I级布置

④ O级:2与3、2与4、3与5

根据规则,部门2与3、4相邻,部门5与3相邻,最后可得到排列图2.25。

2	4	1
2	3	3
	5	

图2.25　O级布置

因此,该工厂部门的最优平面布局为图2.25。

 例2-6　服务性行业的部门平面布置问题。

任务1:一个快餐店欲布置生产与服务设施。该快餐店分成6个部门,计划布置在一个2×3的区域内。已知这6个部门间的作业关系密切程度等级,如图2.26所示。请设计合理的部门平面布置。

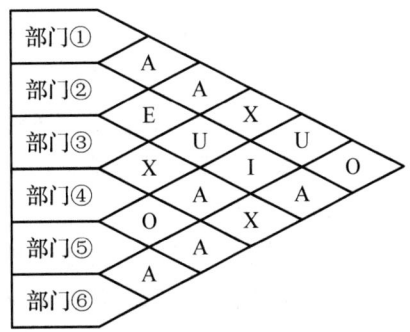

图2.26　各部门间的作业关系

解:

1)根据关系矩阵图中各部门间的关系密切等级,计算各部门关系总积分,如表2.11所示。

表 2.11　各部门的关系积分值计算

部　门	与其他部门的关系	关系积分值
1	A　A　X　U　O	6+6+1+2+3=18
2	A　E　U　I　A	6+5+2+4+6=23
3	A　E　X　A　X	6+5+1+6+1=19
4	X　U　X　O　A	1+2+1+3+6=13
5	O　A　I　U　A	3+6+4+2+6=21
6	A　A　X　A　O	6+6+1+6+3=22

2）首先将关系分数最高的部门(部门2)布置在中心位置,然后,按照 A、E、I、O、U、X 依次布置关系等级的部门。

A 级部门有:1 与 2、1 与 3、2 与 6、3 与 5、4 与 6、5 与 6。

布置部门 1 与 2、3 相邻,2 与 6、1 相邻,4 与部门 5、6 相邻,具体见图 2.27。

1	2	6
3	5	4

图 2.27　A 级布置

小结:

① 关系积分最高的部门首先布置在平面区域的中心位置。

② 按照 A、E、I、O、U、X 顺序进行平面布置时,需要综合考虑后续关系等级情况确定。

③ 满意方案可能不止一种,存在一定主观性。

④ 难点在于精准确定部门间的关系密切等级。

思考与拓展

1. 系统布置设计方法(SLP)

部门或设备之间除了物流关系外,还存在共用设备及场地、生产流程连续性、安全及环保等其他因素,所以,需要综合权衡物流与非物流关系情况,探寻最合理空间布置的解决方案。系统布置设计就是系统解决部门或设备空间布置的一种基本方法。

2. 基本步骤

首先对两两部门间的关系密切程度进行主观评估,其次,权衡物流、生产工艺、资源共享等多种影响因素,同时,结合企业实际情况对不同影响因素的影响程度大小不同相应赋予不同权重值,形成多因子情况下的综合关系等级矩阵,最后依据计算结果、遵循相关规则进行空间布置优化。

具体步骤介绍如下:

项目二 生产物流系统设计与优化

2.1 确定各部门综合关系等级矩阵

2.1.1 物流关系的定量分析

(1) 物流强度等级分类

按照作业单位对的物流强度,将其划分为极高物流强度、高物流强度、较大物流强度、一般物流强度、可忽略搬运等 5 个等级。不同强度等级对应符号与评分值见下表 2.12。

表 2.12 物流关系等级及其评分值

符号	A	E	I	O	U
物流强度	极高物流强度	高物流强度	较大物流强度	一般物流强度	可忽略搬运
评分值	5	4	3	2	1

(2) 编制物流关系等级汇总表

根据各作业单位的物流路线、物流强度等基础数据,计算累计物流强度占比,按照相应的划分标准,确定不同作业单位的物流等级汇总表。

2.1.2 非物流关系的定性分析

非物流关系涉及因素比较多,为了便于统计与量化,给定了常见的类别及其代码见上表 2.8。

同时,对于不同关系密切等级赋予不同评分值见上表 2.7。

2.1.3 部门的综合关系等级矩阵

由于各部门之间存在物流关系与非物流关系,因此,需要综合权衡两者之间,首先需要根据实际情况设定物流与非物流关系等级评分值的权重系数,假设,物流:非物流=$m:n$,一般而言,$m:n$ 的比值应大于或等于 $\frac{1}{3}$。依据加权平均值 $T=m*M+n*N$(M:物流关系等级;N:非物流关系等级)确定其综合关系等级矩阵。

2.2 平面布置的基本步骤与规则

首先,计算各部门的关系总积分,即各部门与其他部门之间关系等级所对应的评分值之和作为该部门关系积分值;然后,关系积分最高的部门布置在中心位置;最后,按关系等级由高到低顺序即 A、E、I、O、U、X 顺序依次布置(当紧密程度相同时,先布置关系积分值较高的部门),直至所有部门布置完成为止。

比较:系统布置设计方法与作业相关作业图法本质上是一样的,都是根据各部门之间关系密切等级确定设备的平面布置,因此,正确确定部门间关系密切程度等级是关键。区别在于如何确定关系密切程度等级,前者确定部门间关系密切等级时具体细分了物流因素和非物流因素的综合影响,后则主要侧重非物流因素。实际工作中可以根据企业实际情况选择与评价影响部门关系密切程度的因素。

二、从至表法

1. 从至表法概述

从至表(from-to)是从至表是指从一个工作地到另一个工作地搬运次数的汇总表。

表的列为起始工序,行为终止工序,对角线右上方数字表示按箭头前进的搬运次数之和,对角线左下方数字表示按箭头后退的搬运次数之和。从至表是一种矩阵式图表,因其表达清晰且阅读方便,因而得到了广泛的应用。从至表法是一种运用从至表工具进行车间设备布置的定量分析方法。

SLP 在生产物流系统空间布置优化应用实证研究

2. 从至表的类型

从至表根据其所含数据元素的意义不同,分为3类。

① 表中元素表示从出发设备至到达设备距离的称为距离从至表。
② 表中元素表示从出发设备至到达设备运输成本的叫成本从至表。
③ 表中元素表示从出发设备至到达设备搬运次数的叫次数从至表。

当车间设备布置达到最优化时,则分别对应运输距离最小化、运输成本最小化和运输次数最小化。

3. 从至表法的基本步骤

步骤1,根据综合工艺路线图,编制零件从至表。假定相邻两工作地之间的距离相同,则数值距离对角线的方格数表示两工作地间的距离数;

步骤2,改进零件次数从至表,寻求最佳设备排列顺序。从至表中搬运次数越大数值应该尽可能靠近对角线,反之,则越远离对角线;

步骤3,工序优化调整。两两工作地之间的总搬运次数与空间距离之积等于该两工作地间总搬运距离,所有工作地间的搬运距离之和就是该工厂加工零件的总运输距离。加工零件总运输距离最小的方案就是最优平面布置方案;

步骤4,评价优化结果。设备平面布置会影响物料在不同的设备移动路径及运输空间距离,与搬运移动次数无关,因此,在核算运输成本时仅需考虑运输距离及设备间单位距离运输成本因素,评价模型构建如下:

$$C = \sum N_{ij} L_{ij}$$

式中:N_{ij}——设备 i 与设备 j 之间的单位距离运输成本;

L_{ij}——设备 i 与设备 j 之间的运输距离。

 例 2-7 运用从至表法优化车间设备布置问题。

任务1:某金属加工车间需配备锯床、磨床、冲床、钻床、车床、插床六组设备,采用成组式布置,平面布置如图2.28所示。根据车间所生产加工的零件品种及其加工路线,统计出每月加工零件在各组设备之间的搬运次数见表2.13,设备之间单位距离运输成本情况见表2.14。试制定最佳的车间设布置方案。

| 锯床 | 磨床 | 冲床 | 钻床 | 车床 | 插床 |

图 2.28 生产车间的设备平面布置示意图

项目二 生产物流系统设计与优化

表 2.13 设备 i 到设备 j 的月平均搬运次数矩阵(单位:次/月)

从 i \ 至 j	锯 床	磨 床	冲 床	钻 床	车 床	插 床
锯床		217	418	61	42	180
磨床	216		52	190	61	10
冲床	400	114		95	16	68
钻床	16	421	62		41	68
车床	126	71	100	315		50
插床	42	95	83	114	390	

表 2.14 设备 i 到设备 j 的单位距离运输成本矩阵(单位:元/米)

从 i \ 至 j	锯 床	磨 床	冲 床	钻 床	车 床	插 床
锯床		0.015	0.015	0.016	0.015	0.016
磨床	0.018		0.016	0.015	0.015	0.015
冲床	0.015	0.015		0.015	0.015	0.016
钻床	0.018	0.015	0.015		0.015	0.016
车床	0.015	0.017	0.016	0.02		0.015
插床	0.015	0.015	0.016	0.015	0.015	

求解步骤:

该情形属于离散型生产方式类型。待加工零件需要在锯床、磨床、冲床、钻床、车床、插床成组设备之间搬运。为了减少往返运输、迂回运输等,提高生产物流作业效率、降低作业成本,现运用从至表法对设备平面布置实施优化调整。

步骤1,计算零部件从设备 i 到设备 j 每月的单位距离运输成本。

将表 2.13 与表 2.14 相对应方格的数据两两相乘,则可计算每月从设备 i 到设备 j 的单位距离运输成本。见表 2.15。

表 2.15 设备 i 到设备 j 每月的单位距离运输成本(元/米/月)

从 i \ 至 j	锯 床	磨 床	冲 床	钻 床	车 床	插 床
锯床		3.26	6.27	0.98	0.63	2.88
磨床	3.89		0.83	2.85	0.92	0.15
冲床	6.00	1.71		1.43	0.24	0.32
钻床	0.29	6.33	0.93		0.63	1.09
车床	1.89	1.21	1.60			0.75
插床	6.30	1.43	1.33	1.71	5.85	

步骤2,计算两设备间每月的单位距离运输成本。

设备 i 与 j 间的运输成本即两地往返运输成本,包括从设备 i 到 j 的运输成本以及从设备 j 到 i 的运输成本。根据矩阵规则,表2.15对角线上下对称单元格的两组运输成本数相加即是对应两两设备间的往返运输成本。计算结果见下表2.16。

表2.16 两设备间每月的单位距离运输成本(元/米/月)

从 i \ 至 j	锯床	磨床	冲床	钻床	车床	插床	
锯床		7.15	12.27	1.27	2.52	3.51	I=50 m
磨床			2.54	9.17	2.13	1.58	I=40 m
冲床				2.36	1.84	1.65	I=30 m
钻床					6.92	2.80	I=20 m
车床						6.60	I=10 m
插床							

注:假设相邻工作地之间距离均相等且距离为10米。

步骤3,进行工序优化调整。

表4中距离对角线的数值 I 即表示两两设备位置的距离值,其中:

I=10 m表示两两设备相邻布置,包括有磨床与锯床、冲床与磨床、钻床与冲床、车床与钻床、插床与车床两两设备之间的布置;

I=20 m表示相隔一组设备布置,包括有冲床与锯床、钻床与磨床、车床与冲床、插床与钻床两两设备之间的布置;

I=30 m表示相隔两组设备布置,包括有钻床与锯床、车床与磨床、插床与冲床两两设备之间的布置;

I=40 m表示相隔三组设备布置,包括有车床与锯床、插床与磨床两两设备之间的布置;

I=50 m表示相隔四组设备布置,仅有插床与锯床之间的布置。

根据每行中越大的数值应越靠近对象线排列即运输作业距离越短原则,应将冲床调整到磨床之前。调整后单位运输成本变动情况见表2.17。

表2.17 调整后设备间每月的单位距离运输成本(元/米/月)

从 i \ 至 j	锯床	冲床	磨床	钻床	车床	插床	
锯床		12.27	7.15	1.27	2.52	3.51	I=40 m
冲床			2.54	2.36	2.13	1.58	I=50 m
磨床				9.17	1.84	1.65	I=30 m
钻床					6.92	2.80	I=20 m
车床						6.60	I=10 m
插床							

注:假设相邻工作地之间距离均相等且距离为10米。

项目二 生产物流系统设计与优化

设备布置优化调整后,满足了表中每行中最大数值均靠近对象线即实现相邻布置,同时,越小的数值越远离对象线即相离布置。

因此,车间设备最优布置方案如下:

即锯床与冲床相邻布置,磨床与钻床相邻布置,锯床与磨床相邻布置,钻床与车床相邻布置,车床与插床相邻布置。平面示意图见图 2.29。

| 锯床 | 冲床 | 磨床 | 钻床 | 车床 | 插床 |

图 2.29 调整后工序排列图

步骤 4,评价优化调整的效果

假设相邻两工作地的距离都大致相等且距离为 10 米,且车间加工零部件的生产批量、批次、搬运重量等均不变。

根据表 4、表 5 中所列数据,可分别计算调整前后的总运输成本 $C_{调整前}$、$C_{调整后}$。

$C_{调整前}$ = (12.27+2.54+9.17+6.92+6.6)×10+(7.15+2.36+1.84+2.8)×20+
(1.27+2.13+1.65)×30+(2.52+1.58)×40+3.51×50
= 1 268.3(元/月)

$C_{调整后}$ = (7.15+2.54+2.36+6.92+6.6)×10+(12.27+9.17+1.84+2.8)×20+
(1.27+2.13+1.65)×30+(2.52+1.58)×40+3.51×50
= 1 146.8(元/月)

结论:调整后总共减少运输成本 121.5 元,降幅为 9.6%。

任务 2:有一个按对象专业化形式组织的生产线,共生产两种型号的零件。生产线有 7 个工作地;相邻两个工作地的距离大致相等,算作一个单位距离。按照每一种零件的工序组成的顺序,可编制零件综合工艺流程图,如表 2.18 所示。试优化调整工作地排列顺序使得物流成本最小。

表 2.18 零件综合工艺流程图

零件号 工作地	零件 1	零件 2	搬运合计
毛坯库	①	①	
铣床	③	③	2
车床	②	②	2
钻床	④	④ ⑥	3
镗床		⑤	1
磨床			
检验	⑤	⑦	2

解:

1) 根据两种零件工艺流程图,可以得到每生产一批次零件的运输次数从至表,如表 2.19 所示。

表 2.19 每批次零件从起始地到终止地的运输次数从至表

从\至	1毛坯库	2铣床	3车床	4钻床	5镗床	6磨床	7检验	合计
1毛坯库		2						2
2铣床			2					2
3车床		2						2
4钻床					1		2	3
5镗床			1					1
6磨床								
7检验								
合计		2	2	3	1		2	10

2) 计算每批次零件的两两工作地间总运输次数。

将对角线对称方格中的搬运次数相加,即可得到两两工作地之间的总运输次数矩阵,如表 2.20 所示。

表 2.20 每批次零件两两工作地之间运输次数从至表

从\至	1毛坯库	2铣床	3车床	4钻床	5镗床	6磨床	7检验	合计
1毛坯库		2						2
2铣床			2	2				4
3车床								
4钻床					2		2	4
5镗床								
6磨床								
7检验								
合计			4	2	2		2	10

3) 工序优化调整。

根据表中每行越大的数字应越靠近对象线的原则,工作地布置顺序调整为:车床调整到铣床之前,检验调整到磨床之前。调整后总运输次数矩阵如表 2.21 所示。

表 2.21 调整后每批次零件两工作地之间运输次数从至表

从\至	1毛坯	3车床	2铣床	4钻床	5镗床	7检验	6磨床	合计
1毛坯			2					2
3车床			2					4
2铣床				2				
4钻床					2	2		4

(续表)

从 \ 至	1毛坯	3车床	2铣床	4钻床	5镗床	7检验	6磨床	合计
5镗床								
7检验								
6磨床								
合计		2	2	2	2	2		10

① 调整前总搬运量
  =2×2+2×2+2×1+2×1+2×3
  =18
② 调整后总搬运量
  =(2+2+2+2)×1+2×2
  =12
③ 改进后的零件综合工艺流程图,见表2.22。

表2.22 改进后零件综合工艺流程图

零件号 \ 工作地	零件1	零件2	搬运合计
毛坯库	①	①	
车床	②	②	2
铣床	③	③	2
钻床	④	④ ⑥	3
镗床		⑤	1
检验	⑤	⑦	2
磨床			

结论:调整后物流量减少6个单位搬运量、降低了三分之一。

总结:运用从至表法时,需要根据产品品种、产量、工艺流程等信息正确分析零部件的搬运量、次数、距离等物流量信息,该信息准确与否将会直接影响到车间或设备布置方案的评价与选择。同时,还可能需要综合考虑工厂的空间位置、占地面积、水文地质条件等因素。总之,在满足生产工艺、技术等要求前提下实现生产物流系统运作效率最大化或成本最低。

条形码2-2
从至表法在生产物流系统空间布置优化应用实证研究

三、物料运量图法

物料运量图法就是按照生产过程中物料的流向及生产单位之间运输量布置工厂的车

间及相对位置的一种方法。其基本原则是运输数量最大的部门尽量靠近布置。绘制流量图时通过线条数量多少来表示运输量的多少,形象直观,较之于作业相关图法、避免了主观性,但是,对于复杂问题的处理存在一定困难。本教材不做具体介绍。

任务五 库位分配问题

仓储管理是企业物流管理的重要内容。生产或服务过程中经常存在大量物资频繁地运进搬出,库位分配是否合理,直接影响物流作业成本与效率。1948 年美国学者 Cahn 就提出了仓储作业中的库位优化问题,即在一个给定库存容量仓库和给定货物库存量情况下最优的存储策略问题。

库位分配基本原则主要包括:(1) 固定存储原则。同种货物存放于固定区域,有利于操作人员对系统的人工操作,并且可对各货物的存储区域进行规划,以提高仓储系统作业效率;(2) 周转率原则。周转率高的货物存放在靠近巷道口和靠近地面的库位,以减少总的搬运量;(3) 产品相容性原则。相容性低的货物不可存储在一起,以免损害货物品质;(4) 重心原则。较重的货物存放在靠近地面的库位,以降低货架重心,减少搬运的能源损耗等。

库位优化决策问题需要综合考虑作业效率、总搬运量、产品特性等多种因素。通常情况下,总搬运量是主要的考虑因素,其直接决定了装卸搬运作业的效率与成本。

根据总搬运量最小原则,提出不同的库位分配策略及方法,譬如,随机存储、基于周转率的 ABC 分类法库位分配策略、遗传算法等。其中,基于周转率的 ABC 分类法存储策略能够缩短拣选距离、提高拣选效率,而随机存储的效果最差。

1. 基于周转量单一因素约束条件下的库位分配优化问题

在周转率单一约束条件下,存储作业的总搬运量仅与物品周转频率的大小相关,即出入库次数越频繁则搬运量越多。因此,周转率越大的物品应越靠近出入口位置储存,可以缩短搬运距离,使得总搬运量最小。

假设 Z_1、Z_2、…、Z_m 分别表示第 M 种物品的单位库位的出入库搬运作业次数,L_1、L_2、…、L_n 分别表示第 N 个库位距离仓库出入口的搬运距离,且假设 $Z_i > Z_{i+1}$,$L_i < L_{i+1}$(其中,$i=1、2、3…m;j=1、2、3…n$),周转率越高的物品越靠近出入口位置储存,则总搬运量的最小值 $Q = Z_i L_i$。

周转率单一因素约束条件下的库位优化问题进一步可区分为两种不同情形:

情形 1:不同物品所需库位数量相同的情形。

则只需要比较不同物品的搬运次数,根据搬运次数由大到小的顺序,搬运次数越大越靠近出入口库位依次分配库存。

情形 2:不同物品所需库位数量不相同的情形。

则需要计算不同物品的单位库区周转率,即物品总搬运次数与所需库位数之比值,再根据单位库位搬运次数由大到小的顺序,单位库区周转率越大者则分配至距离出入口越近的库位。

任务 1:假设某存储家电产品平面仓库共设有 16 个库位,需要储存 7 种家电类产品。

每种产品每周的存取次数及所需库位数见下表 2.23,该仓库仅设有一个出入口、位于示意图右侧,该仓库平面示意图见下图 2.30 所示。应该如何合理实施库位分配?假设全部搬运作业仅发生在仓库出入口和库位之间,而不存在各库区之间的倒库搬运。

表 2.23　家用电器仓库储存信息表

物品编号与名称	搬运次数(次/周)	所占库位(个)
1. 空调	200	2
2. 电冰箱	540	3
3. 微波炉	520	2
4. 音响	80	1
5. 电视机	840	4
6. 收音机	60	1
7. 厨房电器	150	1
8. 其他	100	2

				作业通道					

图 2.30　仓库库位分布平面示意图

该题属于典型的库存分配优化问题。解决此问题的关键是寻找一种最优的库位分配方案即满足总搬运量最小的库位分配方案。

求解思路:针对上述任务 1 情形,可以判断该属于物品所需库区面积不同的任务情形,即属于情形 2。

首先,计算各种货物的单位库区的搬运数并按由大到小的降序排序。结果见表 2.24。

表 2.24　单位库位搬运次数排序表

物品编号与名称	搬运次数(次/周)	所占库位(个)	单位库位搬运数(次/库)
3. 微波炉	520	2	260
5. 电视机	840	4	210
2. 电冰箱	540	3	180
7. 厨房电器	150	1	150
1. 空调	200	2	100
4. 音响	80	1	80
6. 收音机	60	1	60
8. 其他	100	2	50

接着按照单位库位搬运量越大的货物越靠近出入口库位储存原则依次进行库位分配。具体见图 2.31 所示。

8	4	1	2	2	5	5	3
作业通道							
8	6	1	7	2	5	5	3

图 2.31　库位优化分配平面示意图

最后,计算总搬运量的最小值。假设相邻两库位之间距离为 1 单位距离,不考虑重量等其他因素,则库位优化后总搬运量计算过程如下。

$Q = 260×1×2+240×2×2+240×3×2+180×4×2+180×5×1+150×5×1+100×6×2+80×7×1+60×7×1+50×8×2$

$= 8\ 990$ 单位

即最小总搬运量为 8 990 单位。

思考与拓展

1. 教育部高职组《智慧物流作业优化方案设计与实施》赛项中库位优化分配问题解决思路

运用物动量 ABC 分析法进行库位分配。物动量 ABC 分类法可以分为两种,即水平 ABC 分类法和垂直 ABC 分类法。比赛采用垂直 ABC 分类法。在垂直 ABC 分类法中,需要按照周转量大小依次布置到货架的不同层数库位,尽量减少垂直方向的拣选时间和拣选距离,实现仓储作业的最小总搬运负荷数。

具体原则是:A 类物资物动量周转最多,因此放在货架最底层库位;B 类物资物动量周转居中,则放在货架的中层库位;C 类物资物动量周转最少,则分配至高层库位存放。

接上题,假定该家电仓库为立体仓库,共 2 列 8 层,根据单位周转率越大的货物应该分配至越低层的库位原则,基于总搬运量最小原则最优的库位分配方案见图 2.32 所示。

8	8
6	4
1	1
2	7
2	2
5	5
5	5
3	3

图 2.32　立体库库位优化分配示意图

项目二 生产物流系统设计与优化

2．基于多因素复杂条件下的库位分配优化问题解决思路

实际上库存的总搬运量通常与多种因素有关，除却周转次数之外，还要考虑搬运的重量、作业距离等因素，因此，可以建立以下数学模型。

$$Q = \sum G_{ij} Z_{ij} L_{ij} \tag{1}$$

上式中：Q——总搬运量（物流量）；

G_{ij}——自 i 部门至 j 部门的搬运重量；

Z_{ij}——自 i 部门至 j 部门的搬运次数；

L_{ij}——自 i 部门至 j 部门的搬运距离。

可以看出，总搬运量与搬运重量、搬运次数、搬运距离等三种因素有关。而在前述物动量 ABC 分类法运用实例中，假设搬运重量基本相同，因此没有考虑重量因素。但是，当搬运重量差距较大，则需要进行相应调整。

假定重量变为关键因子，按照物动量 ABC 分类法当中的 C 类物品虽然搬运次数少但是由于搬运重量大，结果总搬运量值大小的关系为：$Q_C > Q_B > Q_A$，因此，搬运次数最大的 C 类物品应放在第一层，搬运次数居中的 B 类物品放在第二层，搬运量最小 A 类物品则放在第三层。具体见下图 2.33 所示。

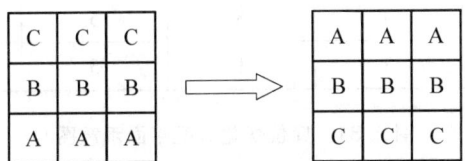

图 2.33 基于总搬运量规则的 ABC 分析法应用示意图

接任务 1，假定不同物品搬运重量数如下表 2.25 所示，其他条件不变，应该怎样进行库位分配？

表 2.25 家电仓库储存信息表

编号与名称	搬运次数（次/周）	搬运重量（单位重量）	所占库位（个）
1. 空调	200	3	2
2. 电冰箱	540	4	3
3. 微波炉	520	1	2
4. 音响	80	1	1
5. 电视机	840	2	4
6. 收音机	60	1	1
7. 厨房电器	150	2.5	1
8. 其他	100	1	2

解：

根据总搬运量的数学模型计算各物品单位库位的单位距离搬运量，并对计算结果降序排列。见下表 2.26 所示。

表 2.26 单位库位搬运量排序表

编号与名称	搬运次数（次/周）	搬运重量（单位重量）	所占库位（个）	单位库位搬运量（单位/库位）
2. 电冰箱	540	4	3	700
5. 电视机	840	2	4	420
1. 空调	200	3	2	375
7. 厨房电器	150	2.5	1	300
3. 微波炉	520	1	2	260
4. 音响	80	1	1	80
6. 收音机	60	1	1	60
8. 其他	100	1	2	50

再根据"单位库位搬运量越大的货物应越靠近出入口库位储存"原则依次进行库位分配，则得到最优库位分配结果。见下图 2.34 所示。

8	4	3	5	5	2	2
8	6	3	1	5	5	2

图 2.34 库位优化分配平面示意图

最后，假定相邻两库位之间距离为 1 单位距离，根据公式 1，则可计算出库位优化后的最小总搬运量 Q。

$Q = 700 \times 1 \times 2 + 700 \times 2 + 420 \times 2 + 420 \times 3 \times 2 + 420 \times 4 + 375 \times 4 + 375 \times 5 + 300 \times 5 + 260 \times 6 \times 2 + 80 \times 7 + 60 \times 7 + 50 \times 8 \times 2$

$= 17\ 615$ 单位

即最小总搬运量为 17 615 单位。

总结：

以上分别从两种情形探讨了库位分配问题的解决思路。实际上，第一种情形是第二种情形的特殊形式。即当其他条件相同时，存储作业的总搬运量仅受搬运次数单一变量的影响，此时，基于周转或搬运次数的库位优化问题本质上也就等同于基于搬运量最小的库位优化问题。因此，如果其他因素影响不大则可以忽略不计，将视其为第一种情形简化处理。

任务六 装配线平衡优化设计

装配线平衡，又称工序同期化，是对于某装配流水线，在给定流水线的节拍后，求出装配线所需工序的工作地数量和用工人数最少的生产组织方

条形码 2-3

基于总搬运量最小的库位分配优化问题研究

案。装配线平衡还可以表述为:对于特定的产品,给定工作地数量,求出使流水线节拍最小的配置方案。这两种表达方式都是要使各工作地的单件作业时间尽可能接近节拍或节拍的整数倍。

装配线的平衡要使人员之间或机器之间尽量平衡,这样装配线的产出才能达到要求的水平。装配线平衡问题与设施规划相关联。装配线的平衡与否直接影响到制造系统的生产率。一个工作站要完成的工作总量与分配到该工作站的基本工作单元总数是一致的。装配线平衡问题就是将所有基本工作单元分派到各个工作站,以使每个工作站在节拍(相邻两产品通过装配线尾端的间隔时间)内都处于繁忙状态,完成最多的操作量,从而使各工作站的未工作时间(闲置时间)最少。

一、为什么要进行装配线时间平衡

某装配线有 6 道工序,其作业顺序和工序作业时间如图 2.35 所示。假定节拍为 5 分钟/件,试计算工序负荷率。通过简单分析不难看出,工序负荷率最高的只有 60%,即 3、4 两道工序,而工序 1 的负荷率只有 20%。

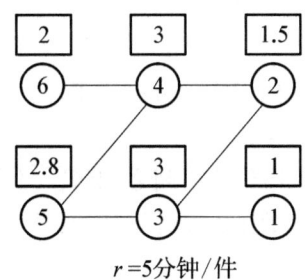

图 2.35 装配线顺序

故此装配线存在如下问题:
① 浪费时间资源;
② 忙闲不均,引起矛盾;
③ 浪费人力资源。

为了解决上述问题,必须对装配线的工序进行新的组合分析,重新组织工作地。重新组织工作地涉及装配线(流水线)节拍的概念。所谓流水线的节拍,是指流水线连续出产两件相同制品的时间间隔。

$$r = \frac{\text{计划期有效工作时间}}{\text{计划期内计划产量}} = \frac{F_e}{N} = \frac{F \cdot \eta}{N} (\text{分钟/件})$$

式中,r 为节拍;F 为计划工作时间;N 为计划产量;η 为有效工作时间比率;F_e 为有效工作时间。有效工作时间主要考虑了设备检修、设备调整、更换工具的时间,以及工人班内休息时间、一般取计划工作时间的 0.9~0.96 倍。产量 N 包括计划产量指标加上废品量。

例题 1 某流水线计划日产量为 150 件,采用两班制生产,每班规定有 20 分钟停歇时间,计划不合格品率为 2%,计算该流水线的节拍。

解:

r = 计划期有效工作时间 ÷ 计划期内计划产量

  = $[8×2×60-(20×2)] ÷ [150÷(1-0.02)]$

  = 6(分钟/件)

二、装配线平衡的方法

以适当的方式将装配线上若干个相邻工序合并成一个大工序(又称工作地),并使这些大工序的作业时间接近或等于装配线的节拍。其具体步骤如下。

1) 确定装配流水线节拍。

2) 计算装配线上需要的最少工作地数 S_{min}。

$$S_{min} = \left[\frac{\sum_{i=1}^{n} t_i}{r}\right]$$

3) 组织工作地。按以下条件向工作地分配小工序:

① 保证各工序之间的先后顺序;

② 每个工作地分配到的小工序作业时间之和(T_{ei})不能大于节拍;

③ 各工作地的作业时间应尽量接近或等于节拍($T_{ei} \to r$);

④ 应使工作地数目尽量少。

4) 评价工作地生产效率。

① 生产线闲置率

生产线闲置率 = 每节拍内的闲置时间/(实际工作地数×节拍)。

② 生产效率

生产效率 = 1-生产闲置率。

三、装配线平衡举例

例 2-9 启明公司装配线平衡设计。

启明公司开发出一种款式新颖的三轮童车,试销结果表明深受顾客欢迎。公司决定建立一条装配流水线,大批量生产这种三轮童车,面向全国销售。现需要对这条装配线进行组织设计,装配线平衡过程如下。

三轮童车装配路线如图 2.36 所示。三轮童车装配作业先后顺序如图 2.37 所示。

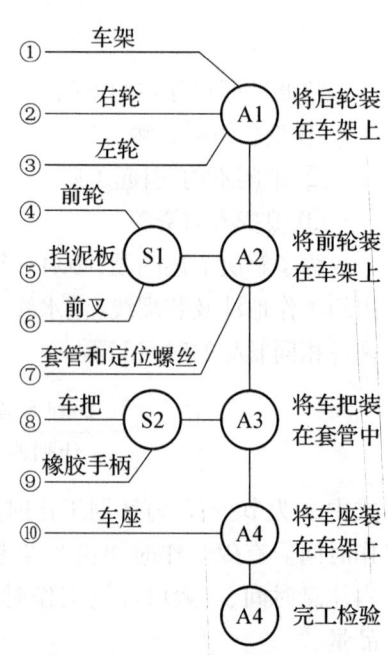

图 2.36 三轮童车装配路线

项目二 生产物流系统设计与优化

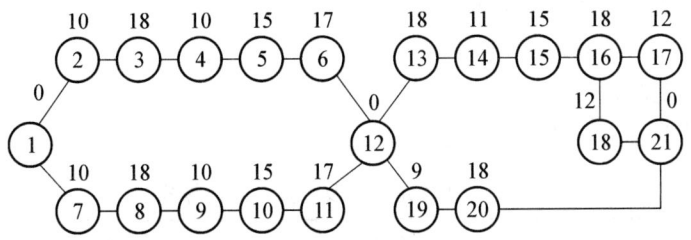

图 2.37 三轮童车装配作业先后顺序

解：

1）由生产计划和工作班次，三轮童车装配线的节拍为：$r=20$（秒/件）。

2）最小工作地数为：

$S_{min}=[253\div20]=[12.65]=13$

3）根据图 2.36，用试算法进行工作地重新划分，共划分出 15 个工作地，如图 2.38 所示。

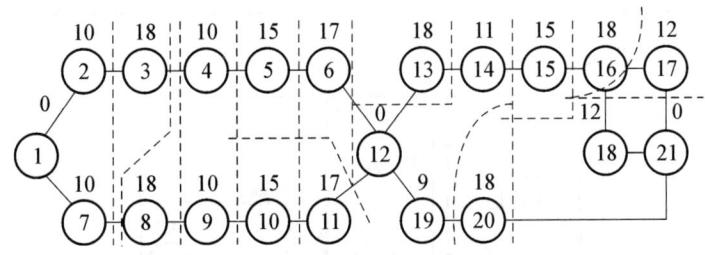

图 2.38 三轮童车装配线工作地重新布置方案

例 2-10 某制造企业装配线平衡计算。

假定要制造某种产品，该工作可以分解为 5 个基本作业，每一作业所需时间（单位：分钟）及各作业的顺序如图 2.39 所示。假定一生产线每天运转 8 小时，产量为 480 个单位；不考虑休息时间，试进行装配线平衡。

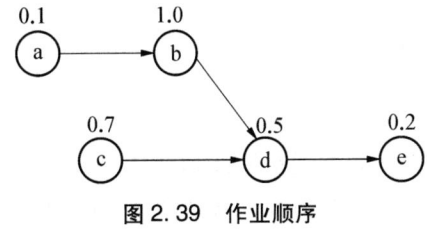

图 2.39 作业顺序

解：

1）确定节拍。

节拍＝计划期有效工作时间÷计划期内计划产量

$r=8\times60\div480=1$（分钟/件）

2）确定最小工作地。

工作地计算数＝工序时间之和÷节拍

$N=2.5\div1=2.5$（个）。取整数3。

3）合理组织工作地。

计算各工作地的作业分配及闲置时间,如表2.27所示。

表2.27 工作地分配及闲置时间计算分钟

工作地	剩余时间	够资格分配的作业	分配作业	工作地闲置时间
1	1.0	a,c	a(0.1)	
	0.9	c	c(0.7)	
	0.2	—	—	0.2
2	1.0	b	b(1.0)	0.0
3	1.0	d	d(0.5)	
	0.5	e	e(0.2)	
	0.3	—	—	0.3
工作地闲置时间合计数				0.5

调整组合后的工作地示意图如图2.40所示。

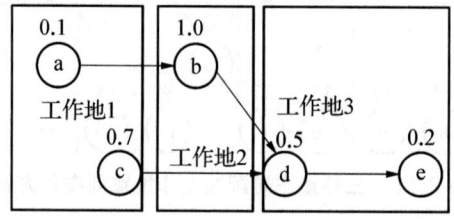

图2.40 工作地分布

4）计算装配线闲置率与生产效率。

装配线闲置率＝每节拍内的闲置时间÷(实际工作地数×节拍)

$\qquad =0.5\div3$

$\qquad =16.7\%$

生产效率＝1－装配线闲置率

$\qquad =83.3\%$

例2-11 某制造企业装配线平衡计算。

某企业要制造某种产品,共分解为8个基本作业,每一作业所需时间及各作业的顺序如图2.41所示(时间:分钟)。

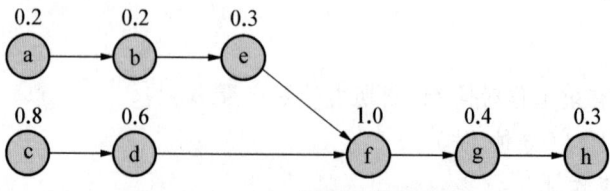

图2.41 各作业所需时间及顺序

项目二 生产物流系统设计与优化

假定生产线每天运转 8 小时,总产量为 400 个单位;不考虑休息时间。试进行装配线平衡。

解:

1) 确定节拍。

节拍=计划期有效工作时间/计划期产量

$r = 80*6/400 = 1.2$ 分钟/件

2) 确定最小工作地数。

工作地计算数=工序时间之和/节拍

$N = 3.8/1.2 = 3.17$ 个工作地

取整数 4。

3) 根据工序顺序合理组织工作地。

工作地	剩余时间	够资格分配的作业	分配作业	工作地闲置时间
1	1.2	a,c	a(0.2)c(0.8)	
	0.2	b,d	b(0.2)	
	0	—	—	0.01
2	1.2	e,d	d(0.6)e(0.3)	
	0.3	—	—	0.3
3	1.2	f	f(1.0)	
	0.2	—	—	0.2
4	1.2	g,h	g(0.4)H(0.3)	
	0.5	—	—	0.5

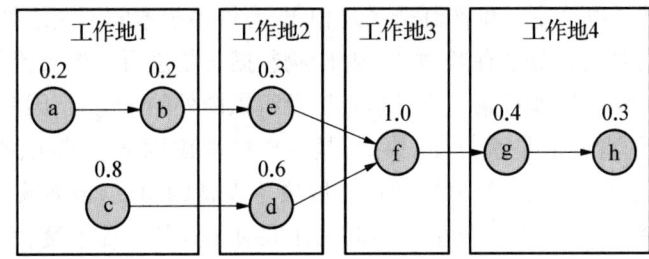

4) 计算装配线闲置率与生产效率。

生产线闲置率

=每节拍内的闲置时间/(实际工作地数×节拍)

$= 1/(4*1.2) = 20.1\%$

生产效率

=1-生产线闲置率

=79.9%

项目小结

1) 计算和确定流水线的平均节拍(即流水线上连续生产两种产品之间的间隔时间)。

2) 组织工序的同期化(是指通过组织和技术方面的措施,使各道工序的加工时间与平均节拍相等或成为倍数关系)或生产线平衡。

3) 确定各工序的工作地数量(为了适应流水线生产节拍的要求)。

4) 计算各工序工作地的负荷率(目的是对负荷过高或不足的工作地采取适当措施。

5) 确定工作地(或设备)的排列方式(不做要求)。

依据实际情况考虑:(1) 产品在各道工序之间的运输距离最短;(2) 生产面积利用最好;(3) 生产工人工作最方便。

6) 确定传送带的长度和速度(不做要求)。

传送带长度应稍大于各工作地长度的总和,皮带或链板式传送带周长应稍大于传送带长度两倍。

7) 计算装配线闲置率与生产效率。

任务七 非制造业部门的设施布置

非制造业行业种类繁多,难以像制造业一样归纳成几种基本类型。这里,仅介绍一下办公室布置。当今,"白领"人员在一国就业人口中所占比重越来越大,因此,如何通过合理、有效的办公室布置提高工作效率,提高"白领"的劳动生产率也日益成为一个重要问题。

办公室布置对于办公室工作效率的提高、"白领"人员劳动生产率的提高以及改善"工作生涯质量"都具有重要作用。在今天,办公室工作人员在整个就业人员中所占的比重越来越大,因此,办公室布置就愈加重要。近二十年来,不断有新的研究结果出现,这里仅做一个简单概述。办公室与生产制造系统相比,有许多根本的不同之处。首先,生产制造系统加工处理的对象主要是有形物品,因此,物料搬运是进行设施布置的一个主要考虑因素。而办公室工作的处理对象主要是信息以及组织内外的来访者,因此,信息的传递和交流方便与否,来访者办事是否方便、快捷,是主要的考虑因素。其次,在生产制造系统中,尤其是自动化生产系统中,产出速度往往取决于设备的速度,或者说与设备速度有相当大的关系。而在办公室,工作效率的高低往往取决于人的工作速度,而办公室布置,又会对人的工作速度产生极大的影响。最后,在生产制造系统中,产品的加工特性往往在很大程度上决定设施布置的基本类型,生产管理人员一般只在基本类型选择的基础上进行设施布置。而在办公室布置中,同一类工作任务可选用的办公室布置有多种,包括房间的分隔方式、每人工作空间的分隔方式、办公家具的选择和布置形式等。此外,组织结构、各个部门的配置方式、部门之间的相互联系和相对位置的要求对办公室布置有更重要的影响,在办公室布置中要予以更多地考虑。但在办公室布置中,也有一些考虑原则与生产制造系统是相同的,例如,按照工作流程和能力平衡的要求划分工作中心和个人工作站,使办公室布置保持一定的柔性,以便于未来的调整和发展等。

办公室布置的主要考虑因素可以说是两个:信息传递与交流的迅速、方便;人员的劳动生产率。其中信息的传递与交流既包括各种书面文件、电子信息的传递,也包括人与人之间的信息传递和交流。对于需要跨越多个部门才能完成的工作,部门之间的相对地理位置也是一个重要问题,这一点与生产系统相似。文中所述的各种图表分析技术也同样可以应用于办公室布置。

办公室布置中要考虑的另一个主要因素是办公室人员的劳动生产率。当办公室人员主要由高智力、高工资的专业技术人员所构成时,劳动生产率的提高就具有更重要的意义。而办公室布置,会在很大程度上影响办公室人员的劳动生产率。但也必须根据工作性质的不同、工作目标的不同来考虑什么样的布置更有利于生产率的提高。例如,在银行营业部、贸易公司等情况下,开放式的大办公室布置使人们感到交流方便,促进了工作效率的提高;而在一个出版社,这种开放式的办公室布置可能会使编辑们受到无端的干扰,无法专心致志地工作。

尽管办公室布置根据行业的不同、工作任务的不同有多种,但仍然存在几种基本的模式:一种模式是传统的封闭式办公室,办公楼被分隔成多个小房间,伴之以一堵堵墙、一扇门和长长的走廊。显然,这种布置可以保持工作人员足够的独立性,但却不利于人与人之间的信息交流和传递,使人与人之间产生疏远感,也不利于上下级之间的沟通。而且,几乎没有调整和改变布局的余地。另一种模式是近二十年来发展起来的开放式办公室布置,在一间很大的办公室内,可同时容纳一个或几个部门的十几人、几十人,甚至上百人共同工作。这种布置方式不仅方便了同事之间的交流,也方便了部门领导与一般职员的交流,在某种程度上消除了等级的隔阂。但这种方式的一个弊端是,有时会相互干扰,为职员上班闲聊提供便利等。因此,后来进一步发展起来的一种布置是带有半截屏风的组合办公模块。这种布置既利用了开放式办公室布置的优点,又在某种程度上避免了开放式布置情况下的相互干扰、闲聊等弊端。而且,这种办公模块有很大的柔性,可随时根据情况的变化重新调整和布置,有人曾估计过,采用这种形式的办公室布置,建筑费用能比传统的封闭式办公建筑节省40%,改变布置的费用也低得多。实际上,在很多组织中,封闭式布置和开放式布置都是结合使用的。20世纪80年代,在西方发达国家又出现了一种称为"活动中心"的新型办公室布置。在每一个活动中心,有会议室、讨论间、电视电话、接待处、打字复印、资料室等进行一项完整工作所需的各种设备。楼内有若干这样的活动中心,每一项相对独立的工作集中在这样一个活动中心进行,工作人员根据工作任务的不同在活动中心之间移动,但每人仍保留有一个小小的传统式个人办公室。

20世纪90年代以来,随着信息技术的迅猛发展,一种更加新型的办公形式——"远程"办公也正在从根本上冲击着传统的办公布置方式。所谓"远程"办公,是指利用信息网络技术,将处于不同地点的人们联系在一起,共同完成工作。例如,人们可以坐在家里办公,也可以在出差地的另一个城市或飞机、火车上办公等。可以想象,当信息技术进一步普及,其使用成本进一步降低以后,办公室的工作方式、对办公室的要求以及办公室布置等,均会发生很大的变化。

项目小结

本项目介绍生产与服务设施选址在企业运作中的重要性、影响因素等,总结选址的一般步骤,说明了定性的评价方法和定量的评价方法最好结合使用,因此,介绍选址的几种定性评价方法,如专家评议法、德尔菲法等,同时也介绍了几种定量的评价方法,如盈亏分析法、因素评分法、重心法等。

同时,介绍生产与服务设备布置决策的主要内容及影响布置决策的主要因素,讨论了这两个原则的特点及应用场所。为了帮助管理人员优化布置方案,还介绍了几种常见的布置优化方法。作为一种普遍应用的布置问题,介绍了装配线的时间平衡,讨论了装配线时间平衡的概念及平衡方法。

素质测评领域

案例分析 制造企业物流节点的选址问题

某玩具制造商在某区域的不同地方开设有五个生产工厂(分别用 A、B、C、D、E 表示),生产所需的原材料(主要是塑料粉桶)拟由新设立的中心仓库统一集中配送,物流决策部门现需确定该仓库的最佳选址。已知各个生产工厂每月所需原材料数量及其具体坐标位置如下表 2.28 所列。试用重心法确定该中心仓库最佳位置坐标。

表 2.28 生产工厂位置坐标及运量信息

工厂代码	坐标(X,Y)	运量(公斤)
A	(3,7)	600
B	(8,2)	700
C	(4,6)	500
D	(5,1)	200
E	(6,4)	100

实训项目一 医院平面布置优化问题

一、背景材料简述

某医院是某旅游区的镇级医院,医院各诊室(部门)目前的平面布置如图 2.42 所示。

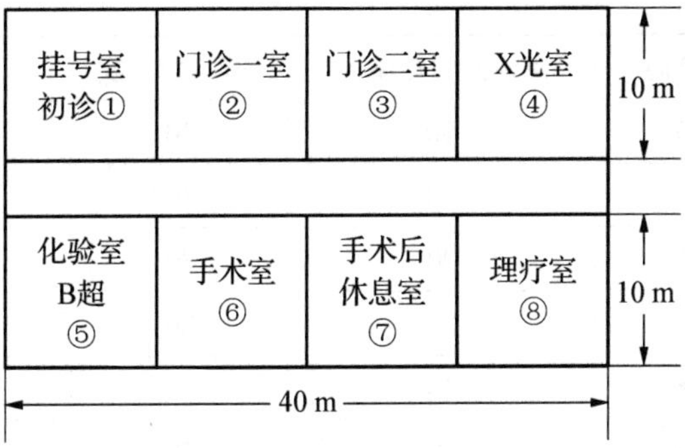

挂号室
初诊①
门诊一室
②
门诊二室
③
X光室
④
10 m
化验室
B超
⑤
手术室
⑥
手术后
休息室
⑦
理疗室
⑧
10 m
40 m

图 2.42　目前各诊室平面布置

为了进一步方便病人,减少病患就诊时在医院中行走的距离,医院的李院长准备应用生产布局知识更改原有的平面布置。

二、医院诊室布置方案原始数据及有关条件

1. 方案目标:使病员进入医院后在就诊区总的走动距离最短。

2. 面积及距离:每间诊室面积为 10 m×10 m=100 m^2。

3. 假设相邻诊室、相对诊室、斜对门诊室之间距离均为 10 m,相隔一个诊室的为 20 m,其余以此类推。

4. 限制条件:各诊室之间分隔墙均为承重墙,因此面积大小不能改变;保持挂号初诊室在其原有的位置;每天病员走动次数数据。

通过分析以往医院病人就诊记录,可以得出每天病员在各诊室(部门)间平均走动次数的数据,如图 2.43 所示。

100
50
1
100
2
3
30
4
20
30
20
20
5
20
6
30
7
8
10

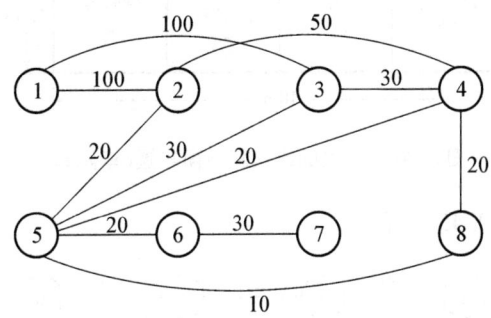

图 2.43　目前病员流

由图 2.43 可以得出平均每日全体病员走动距离(原始状态),如表 2.29 所示。

表 2.29　平均每日全体病员走动距离(原始状态)

序号	病员流向	两诊室间距离/m	走动次数/次	合计距离/m	
1	1→2	10	100	1 000	
2	1→3	20	100	2 000	
3	2→4	20	50	1 000	

（续表）

序号	病员流向	两诊室间距离/m	走动次数/次	合计距离/m
4	2→5	10	20	200
5	3→4	10	30	300
6	3→5	20	30	600
7	4→5	30	20	600
8	4→8	10	20	200
9	5→6	10	20	200
10	5→8	30	10	300
11	6→7	10	30	300
			总计距离	6 700

三、改进后的诊室布局方案

李院长通过模拟方法得出了新的布局方案（将门诊二室与化验B超室换位、X光室与手术室换位），如图2.44所示。

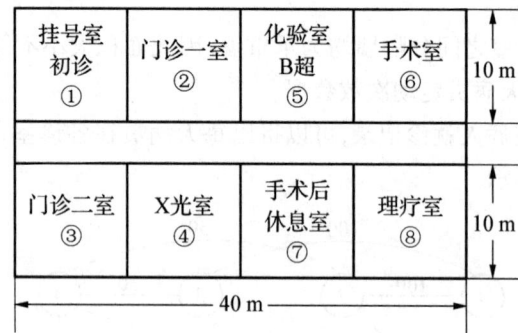

图2.44　建议的诊室新平面布置（李院长）

新的病员流图如图2.45所示。

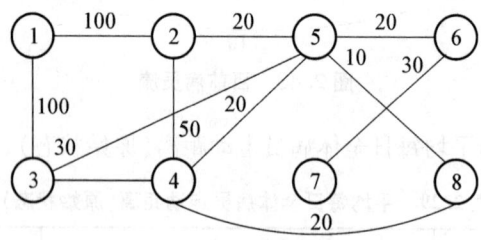

图2.45　改进后的病员流（李院长）

由图2.45可以得出平均每日全体病员走动距离（改进方案），如表2.30所示。

项目二 生产物流系统设计与优化

表 2.30 平均每日全体病员走路距离(改进方案)

序号	病员流向	两诊室间距离/m	走动次数/次	合计距离/m	
1	1→2	10	100	1 000	
2	1→3	10	100	1 000	
3	2→4	10	50	500	
4	2→5	10	20	200	
5	3→4	10	30	300	
6	3→5	20	30	600	
7	4→5	10	20	200	
8	4→8	20	20	400	
9	5→6	10	20	200	
10	5→8	10	10	100	
11	6→7	10	30	300	
				总计距离	4 800

改进后的方案比原方案缩短了 1 900(6 700—4 800)m,人员走路距离降低了 28.3%,明显优于原布局。

思考题:有没有比改进方案更优的方案? 如果有,则计算其总距离是多少。

实训项目二 撰写企业/店铺选址的可行性分析报告

一、实训题目

关于×××企业的选址分析报告。

二、实训要求

1. 企业概况(主要包括地理位置、所处的商圈或工业区、服务范围或主要产品、人员规模和占地面积、市场定位等)。

2. 目标客户分析。

3. 分析选择该区域的原因。

4. 结合竞争对手的选址情况,采用因素评分法进行对比分析。

5. 撰写选址分析报告的心得体会。

实训项目三 校园各功能区平面布置优化

一、实训目的

优化校园生活区、教学区、办公楼、体育场馆等区域的布置。

二、实训内容

1. 绘制校园生活区、教学区、办公楼、体育场馆等区域的布局示意图。

2. 分别采用作业相关图法和从至表法分析、优化校园各区的布置。

3. 分析两种方法得到的结果有哪些异同点,产生这些异同点的原因是什么。寻找改进的办法,体会应用作业相关图法和从至表法的关键要素。

三、实训成果

形成一份完整的分析报告。

练习与思考

一、判断题

1. 固定位置布置适合标准产品的生产。（   ）
2. 汽车生产流水线是按工艺布置的例子。（   ）
3. 按工艺(过程)布置的生产系统具有柔性。（   ）
4. 选址决策只是新企业进行的一次性决策。（   ）
5. 服务性组织的选址,要考虑的主要是与市场相关的那些因素。（   ）
6. 砖瓦厂应该靠近原材料产地。（   ）
7. 火力发电厂应该接近用户。（   ）
8. 对象专业化形式是把相同设备/同类操作过程的设备布置在一起,使同类设备进行不同产品的同类工艺过程的加工。（   ）
9. 生产节奏是指流水线顺序生产两件同样制品之间的时间间隔。（   ）
10. 按生产的连续程度划分,生产类型可分为连续生产类型与间断生产类型。（   ）
11. 空间组织即研究企业内部各生产阶段和各生产单位的设置和运输路线的布局问题,即厂房、车间和设备的布局问题,包括工厂总平面布置和车间布置。（   ）
12. 工序同期化是指通过各种可能的技术,组织措施来调整各工作地的单件作业时间,使它们等于流水线的节拍或者与流水线节拍成倍比。（   ）
13. MRP 主要根据 MPS 展开编制相关需求件的计划。（   ）
14. JIT 与传统的采购的不同:JIT 是一种直接面向需求的采购模式,它的采购送货直接送到需求点上。（   ）

二、选择题(有一个或多个正确答案)

1. 用于高度标准化产品的加工系统是(   )。
   A. 流水线式连续的   B. 间断的
   C. 批量的   D. 单件的
2. 用于生产复杂的、有特殊要求的一次性产品的加工系统是(   )。
   A. 流水线式连续的   B. 间断的
   C. 批量的   D. 单件的
3. 哪种加工类型更适合多品种生产？(   )
   A. 装配线   B. 单件小批生产
   C. 批量生产   D. 连续生产
4. 汽车装配宜采用(   )。

A. 流水线布置 B. 固定位置布置
C. 成组单元布置 D. 功能布置

5. 大型飞机的总装宜采用（　　）。
A. 流水线布置 B. 固定位置布置
C. 成组单元布置 D. 功能布置

6. 以下哪个条件要求厂址接近消费市场？（　　）
A. 原料易变质的 B. 原料笨重
C. 产品运输不方便 D. 原料运输不方便

7. 哪种情况要求在城市设厂？（　　）
A. 工厂规模大，占地多 B. 服务业
C. 对环境污染大 D. 有保密要求

8. 以下哪一项不属于选址应考虑的政治因素？（　　）
A. 税负的公平性 B. 政治局势是否稳定
C. 宗教信仰 D. 法制是否健全

9. 下述情况的企业哪一个应接近消费市场？（　　）
A. 家具厂 B. 水果
C. 玻璃厂 D. 屠宰场

10. 下列叙述哪一项是正确的？（　　）
A. 建厂地方的生活条件决定了对职工的吸引力
B. 企业的产品不一定要适应当地的需要
C. 建厂和自然环境没有关系
D. 建厂考不考虑地价都一样

11. 从原材料采购与运输到产成品配送的所有物流活动及相关信息与控制系统的物流管理模式是（　　）。
A. 物流职能管理
B. 一体化的物流管理
C. 供应链下的物流管理
D. 供应链

12. （　　）是按照生产企业或建设单位的要求，将其所需要的多种物资配齐后直接运送到生产厂或建设工地的一种配送方式。
A. 单品种大批量配送 B. 多品种、小批量配送
C. 配套型配送 D. 小品种、大批量配送

三、计算题

1. 一个家用工具供应商正在寻求第四个商店位置，以补充已有的3个商店。现有A、B、C 三个地点可供选择。A 的固定成本为每月 4 000 元，可变成本为每单位 4 元；B 的固定成本为每月 3 500 元，可变成本为每单位 5 元；C 的固定成本为每月 5 000 元，可变成本为每单位 6 元。选择 A 将使物流系统的运输成本每月增加 19 000 元，选择 B 运输成本每

月增加 2 2000 元,选择 C 运输成本每月增加 18 000 元。试问:假设每月销售量为 800 单位,哪个选址总成本最低?

2. 某企业安装某一特殊设施,用于评价备选地址的每一种因素都被分配了一个权重,4 个潜在地址都会得到从 0-100 的评分值,以表示该地点在某一项因素下所得到的评分值。表 2.31 列出了 4 个地点的分数,试根据权重法对 4 个地址优劣进行排序。

表 2.31 评分值表

评价因素	权重	地址			
		A	B	C	D
选择及安装费用	0.05	60	80	90	85
运行费用	0.10	80	90	90	80
交通费用	0.30	90	85	60	70
便利通道	0.20	75	90	80	90
停车地可获性	0.25	80	90	90	80
公众态度	0.10	90	85	60	70

3. 一个制造厂计划在某车间旁增加一侧房,建一条新的生产线,可生产 5 种型号的产品:A、B、C、D、E。现有两个布置备选方案,如图 2.46 所示。5 种产品在 6 个部门间的移动距离和移动次数如表 2.32 所示。哪一种布置方案的月运输量最小?

布置方案 A

1	2	3
4	5	6

布置方案 B

4	1	3
2	5	6

图 2.46 布置方案

表 2.32 移动距离和移动次数表

产品型号	产品工艺路线	月产量(件)	移动方向	设备间的距离(米)	
				方案 A	方案 B
A	1-2-3	2 000	1-2	15	25
B	4-5-6	2 000	1-5	30	10
C	1-5-6	3 000	2-3	15	35
D	2-5-6	1 000	2-4	20	10
E	2-4-3	3 000	2-5	15	15
			3-4	35	25
			4-5	15	25
			5-6	10	10

4. 根据如图 2.47 所示的作业活动关系图,将 9 个部门安排在一个 3×3 的区域内,要

求把部门 5 安排在左下角的位置上。

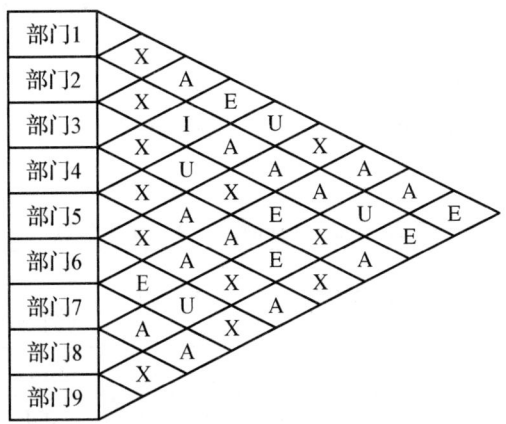

图 2.47　作业活动关系图

5. 某机器厂加工车间承担机加工生产任务，最近由于生产任务的改变，零件在各工序之间的流转也发生了变化，现有设备的平面布置不合理，零件流转路线长，因此决定调整现有设备的平面布置，使零件在各设备之间流转的距离最短。原有设备的布置顺序和工段所生产零件的工艺路线如图 2.48 和图 2.49 所示：

图 2.48　原有设备布置

A:毛坯库；B:铣床；C:1号车床；D:钻床；E:刨床；F:磨床；G:2号车床；H:锯床；I:钳台；J:检验台。

序　号	零 件 号	工艺流程
1	A　1008	A—H—C—D—B—I—J
2	A　1009	A—G—F—I—J
3	A　1203	A—H—C—G—F—I—J
4	A　1204	A—H—C—B—D—I—J
5	A　1205	A—D—C—D—G—B—G—F—I—J
6	A　1310	A—G—F—I—J
7	A　1312	A—E—B—I—J
8	A　1313	A—G—I—J
9	B　2101	A—H—C—D—G—F—B—I—J
10	B　2103	A—I—E—B—J
11	B　2105	A—C—D—I—J
12	B　2106	A—I—C—J
13	C　1108	A—C—B—I—J
14	C　1109	A—I—C—I—J

图 2.49　工艺流程路线图

6. 一产品装配线计划每小时出产 200 件产品,每小时用于生产的时间是 50 分钟。如下表 2.33 所示是装配工艺,每道工序的作业时间及紧前工序等信息。

(1) 画出装配工序先后顺序图。
(2) 该装配线的节拍是多大?
(3) 计算每小时装配 200 件产品的最小工作地数。
(4) 进行装配线平衡。

表 2.33 工序作业时间及紧前工序信息

工序	工序作业时间/分钟	紧前工序	工序	工序作业时间/分钟	紧前工序
A	0.20	—	G	0.12	E,F
B	0.05	—	H	0.05	—
C	0.15	—	I	0.05	—
D	0.06	—	J	0.12	H,I,G
E	0.03	A,B	K	0.15	J
F	0.08	C,D	L	0.08	K

项目三
制造企业生产计划编制

知识要求
- 掌握生产计划相关参数；
- 掌握生产能力计算方法；
- 掌握生产方案成本计算方法；
- 掌握生产计划的编制；
- 掌握 MPS、POH、ATP 计算方法。

技能要求
- 能够正确进行生产能力评估；
- 能够合理评价与选择生产组织方案；
- 能够正确编制主生产计划。

一、生产计划与控制的工作目标

生产计划与控制是整个生产活动的核心。生产计划的功能在于预先安排各项生产活动内容，以便于生产活动的顺利开展；而生产控制则是根据各项生产活动过程中的反馈信息和对生产系统运行状态的评价，确定生产计划执行过程中应调节的内容，以确保生产计划目标的实现。生产计划与控制的工作目标与工作事项之间的关系如图3.1所示。

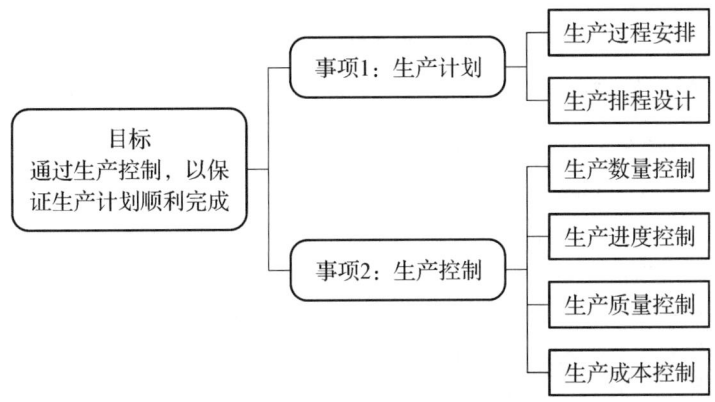

图3.1 生产计划与控制的工作目标与工作事项之间的关系

二、生产计划管理工具表单

（一）年度生产计划表

生产线(生产设备)类别：　　　　年正常工作小时数：　　　　年最大工作小时数：

品　名	年度预计产量	每小时预计产量	周预计产量	周生产小时（理想工作时间）	预计工作时间（周生产小时×A）

说明：A 为宽限率。

（二）月份生产计划表

生产批号	产品名称	数量	金额	生产单位	生产日期 起	生产日期 止	预计销售日期	消耗工时	预计成本 原料	预计成本 物料	预计成本 工资	附加值	备注

配合单位工时		预计生产目标		预计毛利	
设备组		产值		附加值	
质检组		总工时		生产费用	
包装组		每工时产值		预计毛利	

审核：　　　　　　　　　　　　　制表：

（三）生产计划排程表

订单号码	客户代码	产品名称及编号	订单数量	生产部门	交期	交货/库存	一	二	三	四	五	六	日

（四）生产能力分析表

日期	装配车间 人数	装配车间 工时	装配车间 产量	包装车间 人数	包装车间 工时	包装车间 产量	合计 人数	合计 工时	合计 产量	每工时产量	累计生产数量
1											
2											
…											
31											

项目三 制造企业生产计划编制

（五）生产制造命令单

生产部门			
生产单号		生产日期	
产品名称		产品编号	
产品规格		生产数量	
使用材料			
料号	品名	规格	单位	单机用量	标准用量	备注
制造方法						
完成日期			生产计划主管		生产计划员	
移交单位						

（六）周生产实绩报告表

编号：　　　　　　　　　　　　　　　　　　　　　填写日期：　年　月　日

往来客户		星期一				星期二				星期三				星期四				星期五			
		1	2	3	4	1	2	3	4	1	2	3	4	1	2	3	4	1	2	3	4
部门	客户名称																				
	指定编号																				
	产品品名																				
	颜色																				
	数量 预定																				
	数量 实绩																				
出货	客户名称																				
	指定编号																				
	产品品名																				
	颜色																				
	数量 预定																				
	数量 实绩																				

（七）日生产计划管理表

编号：　　　　　　　　　　　　　　　　　　　　　填写日期：　年　月　日

起止时间	产品编号	计　划	实　绩	差　异

三、生产计划管理工作流程

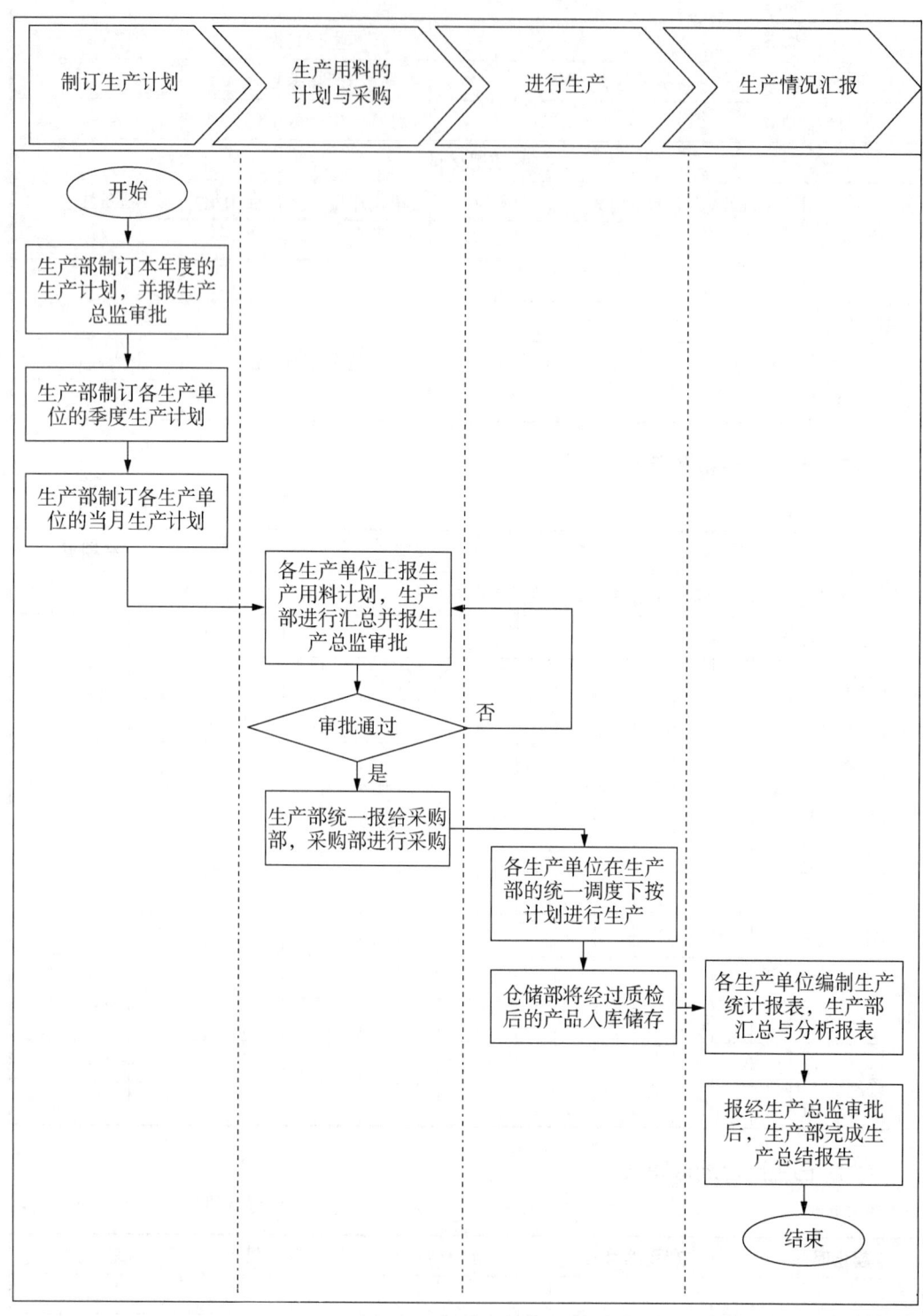

项目三　制造企业生产计划编制

四、生产系统计划管理流程

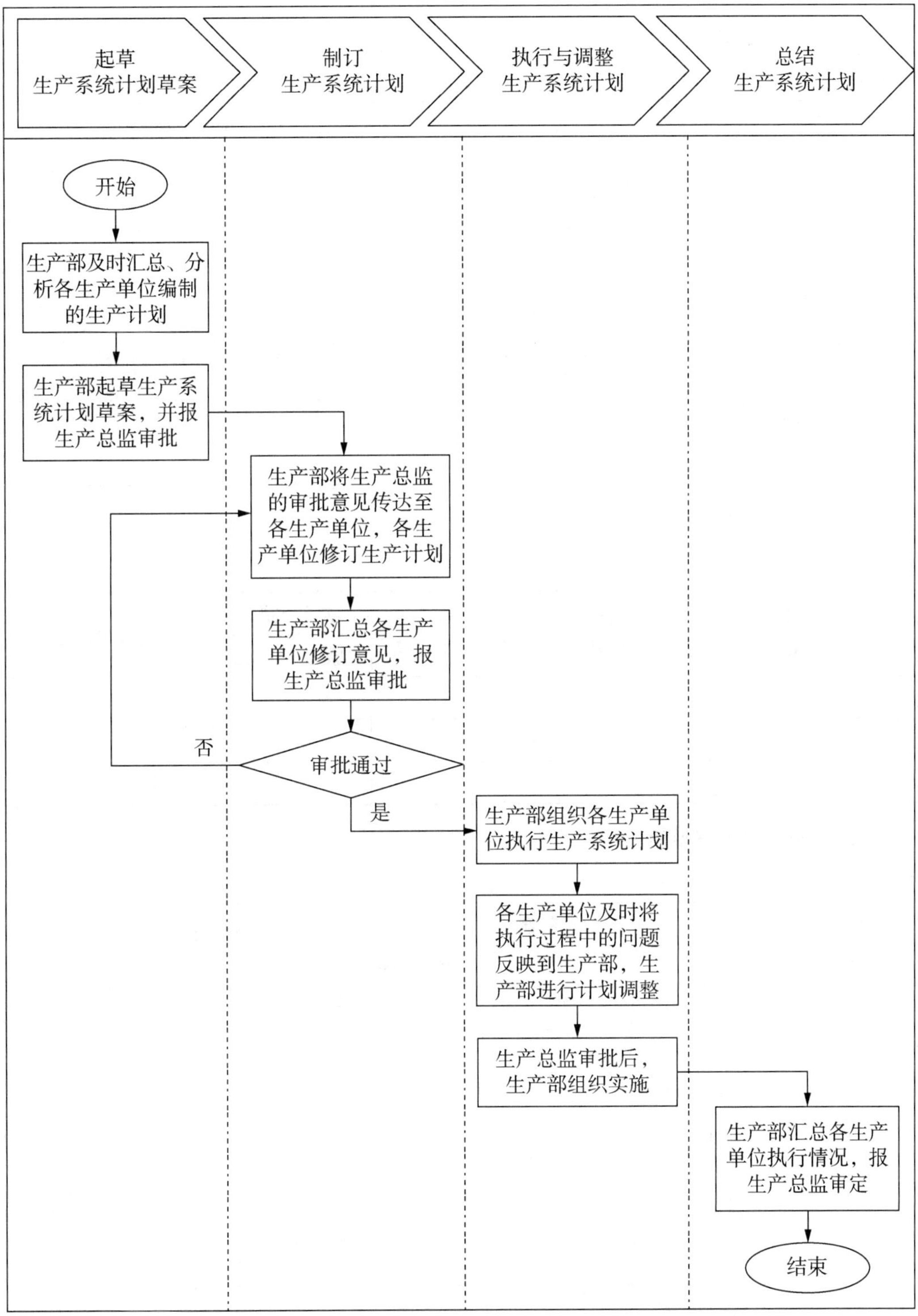

```
起草              制订              执行与调整          总结
生产系统计划草案   生产系统计划      生产系统计划        生产系统计划
```

起草生产系统计划草案：
- 开始
- 生产部及时汇总、分析各生产单位编制的生产计划
- 生产部起草生产系统计划草案，并报生产总监审批

制订生产系统计划：
- 生产部将生产总监的审批意见传达至各生产单位，各生产单位修订生产计划
- 生产部汇总各生产单位修订意见，报生产总监审批
- 审批通过？否→返回修订；是→下一步

执行与调整生产系统计划：
- 生产部组织各生产单位执行生产系统计划
- 各生产单位及时将执行过程中的问题反映到生产部，生产部进行计划调整
- 生产总监审批后，生产部组织实施

总结生产系统计划：
- 生产部汇总各生产单位执行情况，报生产总监审定
- 结束

五、生产控制管理工具表单

（一）生产进度记录表

制造单号：　　　　　　　　　　　编号：　　　　　填写日期：　　　年　　月　　日

产品名称		产　量			交货日期			
部门＼日期		生产数量					完成日期	
	预定							
	实际							
	预定							
	实际							
	预定							
	实际							

（二）生产进度进程表

制造号码：

零件编号	零件名称	承制单位	请购单号	请购日期	预定交货日期	实际交货日期		加工日程
						原定	修订	

（三）生产进程管理表

制造单号：　　　　　　　　　　　　　　　　　　　　　　　　填写日期：

产品名称		生产数量		出货日期	
单位名称		生产数量记录			
	日期				
	预定产量				
	实际产量				
	累计产量				
	日期				
	预定产量				
	实际产量				
	累计产量				

（续表）

	日期							
	预定产量							
	实际产量							
	累计产量							

（四）生产进度控制表

编号：　　　　　　　　　　　预计日程：

产品名称		生产数量			本计划负责工程师			
作业步骤	负责部门	承包厂商	预计日程	进度审核及调查记录	开工日	完工日	验收	
1								
2								
3								
…								

（五）生产进度平衡表

编号：　　　　　　　　　　　部门：

品名规格		生产数量			预定日程		
日期	1	2	3	4	5	…	31
预计产量							
实际产量							
预计累计							
实际累计							
达成率							

审核：　　　　　　　　　　　制表：

（六）生产产量分析表

产品名称									
预计销售量	每年最低		每年最高	旺季每月最低		每日最高		正常每月产量	设计产量
考虑实效		作业效率			安排效率			总效率	
每月工作日		每件产量			每小时产量			每件时间	
主要设备产能分析	设备名称	产能说明		每件生产时间		每日生产时间	设备数量	平均每件时间	负荷率

审核：　　　　　　　　　　　制表：

任务一　企业生产能力核算

一、制造企业生产能力

（一）生产能力

生产能力(production capacity)是企业制订生产经营计划的重要依据,只有全面了解了企业目前的生产运作能力,其生产计划才可能有效和可行。

从广义的生产经营角度讲,生产能力常被视作一个特定的生产系统在一定时间内可以实现的产出量。在餐饮业中,生产能力可以表现为从上午11点至下午1点能被服务的顾客人数;而在制造业企业中,生产能力又可能表现为一个生产班次产出的产品数量。

制造企业的生产能力,一般是指企业参与生产的固定资产,在一定时期内在正常的技术组织条件下,经过综合平衡后所能生产一定种类产品的最大数量。在查定生产能力时,不考虑劳动力不足或物资供应中断等不正常现象。企业生产能力可以按年、季、月、日、班、小时计算,但通常按年来计算。按年计算的企业生产能力可与企业年度生产计划任务相比较,同行业的不同企业也常以年生产能力互相比较。轮班、小时等则多用作计算流水线生产能力的时间单位。

技术组织条件的改善,例如,做好劳动组织和职工培训教育工作,改进技术装备,推广先进工艺,改进生产组织等,可使同质同量的固定资产,达到较高的生产能力水平。因此,企业的生产能力,应在企业可能达到的技术组织条件下确定。生产能力以实物指标为计量单位。以价值或以定额劳动消耗表示的产量不能确切说明生产能力,因为它不能提供关于生产一定产品的可能性的准确概念。

1. 生产能力的类型

企业的生产能力,在一定时期内是相对稳定的,但生产能力不是固定不变的。随着生产的发展和技术组织条件的变化,生产能力也会相应地发生变化。根据核算生产能力时所依据的条件不同,企业的生产能力可分为设计能力、查定能力和计划能力(现实能力)三种。

（1）设计能力(design capacity)。设计能力是企业基本建设设计任务书和技术文件中所规定的生产能力。它是新建、改建或扩建后的企业应该达到的最大年产量。企业建成后,一般要经过一段熟悉和掌握生产技术的过程,才能达到设计能力水平。

（2）查定能力(checked production capacity)。查定能力是指在没有设计能力或虽有设计能力,但由于企业的产品方案、协作关系和技术组织条件发生了很大的变化,原有设计能力不能反映实际情况,由企业重新调查核定的生产能力。查定生产能力时,以企业现有固定资产等条件作为依据,但要考虑采取各种技术组织措施或进行技术改造后,在提高生产能力方面取得的效果。

(3) 计划能力(plan capacity)。计划能力(现实能力)是指企业在计划年度内实际可能达到的生产能力,是根据企业现有的生产条件,并考虑到计划年度内能够实现的各种技术组织措施效果而计算的。计划能力又分为年初能力、年末能力及年平均能力。

2. 影响生产能力的因素

机械制造企业生产能力的大小取决于各种因素,如产品的品种,各种产品的数量构成,产品结构的复杂程度,质量要求,零部件标准化、通用化水平,设备的数量、性能及成套性,工艺方法,有效生产面积,工厂的专业化水平,生产组织及劳动组织形式,职工的业务技术水平和劳动积极性等。这些因素在查定生产能力时,可归纳为三个基本因素,即生产中的设备数量与生产面积数量,设备的工作时间和设备(生产面积)的生产率定额。

① 生产中的设备及生产面积数量。机器设备是企业固定资产中的主要组成部分。计算生产能力时的设备数量,是指企业所拥有的全部能够用于生产的机械设备数,包括正在运转的机器设备,正在修理、安装或准备修理、安装的机器设备,因生产任务不足或其他不正常原因暂时停用的设备。至于已经判定不能修复决定报废的设备、不配套的设备、企业留作备用的设备,以及封存待调的设备,则不能列入生产能力计算的范围。辅助车间(工具、机修车间)所拥有的设备,不能参与企业基本产品生产能力的计算。生产面积的数量,对于铸造车间、铆焊车间、装配车间的生产能力有重要意义。在这类车间中,生产面积是指造型、装配等的工作地、通道、工作地旁边的零部件存放地及运输设备所占面积。按照生产面积计算生产能力时,要考虑辅助面积(如工具刃磨和设备修理设施所占用的面积、仓库占用面积、车间主通道占用面积)的大小是否与生产面积相适应。

② 设备工作时间。设备工作时间分为制度工作时间和有效工作时间。制度工作时间是指在规定的工作制度下,设备可工作(或利用)的时间数。年制度工作时间的计算公式如下:

$$Fs = (Dy - Dh) \cdot f$$

式中,Fs 为年制度工作时间;Dy 为全年日历日数;Dh 为全年节假日数;f 为每日制度工作小时数。全年日历日数减去节假日数,为全年制度工作日数。每日制度工作小时数,根据企业的工作班制和设备性质而定。如机器制造企业中一般的机床设备都按两班制工作计算,每日制度工作为16小时,关键设备可按三班制计算。有效工作时间是在制度工作时间中,扣除设备修理停歇时间后的工作时间总数,即

$$Fe = Fs(1 - \varepsilon)$$

式中,Fe 为设备年有效工作时间;ε 为设备修理停工率。设备修理停工率,按修理计划或参考设备修理的经验统计数确定。计算生产面积的生产能力时,用制度工作时间;而计算设备生产能力时,用有效工作时间。

③ 设备(生产面积)的生产率定额。设备(生产面积)的生产率定额,可以用设备(生产面积)的产量定额来表示,即单位设备(生产面积)在单位时间内的产量定额;生产率定

额也可以用产品的时间定额表示,即制造单位产品的设备台时消耗定额或制造单位产品的生产面积占用时间。

3. 生产能力的计量单位

生产能力以实物指标作计量单位。生产能力的实物计量单位有具体产品、代表产品及假定产品。

① 具体产品。在产品品种单一的大量生产企业中,计算生产能力时的生产率定额用该具体产品的时间定额或生产该产品的产量定额。企业的生产能力即以该具体产品的产量表示。

② 代表产品。在多品种生产的企业中,在结构、工艺和劳动量构成相似的产品中选出代表产品,以生产代表产品的时间定额和产量定额来计算生产能力,则生产能力的计量单位即为代表产品。代表产品一般选代表企业专业方向,在结构工艺相似的产品中,产量与劳动量乘积最大的产品。代表产品与具体产品产量之间的换算,通过换算系数进行。换算系数为具体产品与代表产品的时间定额的比值,即

$$K_i = \sum t_i / \sum t_d$$

式中,K_i 为产品 i 的换算系数;$\sum t_i$ 为 i 产品时间定额之和(台时);$\sum t_d$ 为代表产品时间定额之和(台时)。

③ 假定产品。在产品品种数较多,各种产品的结构、工艺和劳动量构成差别较大的情况下,不能用代表产品来计算生产能力,此时,可用假定产品作为计量单位。假定产品是由各种产品按其产量比重构成的一种假想产品。如果企业生产纲领规定生产 A、B、C 三种结构、工艺不相似的产品,其产量分别为 600、300 和 100,即三种产品的产量比重为 $\theta_A = 0.6, \theta_B = 0.3, \theta_C = 0.1$,则一个假定产品中含 0.6 个 A 产品,0.3 个 B 产品和 0.1 个 C 产品。假定产品劳动量的计算公式为

$$t_s = \sum_{i=1}^{n} t_i \theta_i$$

式中,t_s 为单位假定产品的劳动量;t_i 为 i 产品的时间定额;θ_i 为 i 产品的产量比重;n 为产品品种数。在产品品种繁多而且不稳定的单件小批生产企业,也常采用产品的某种技术参数作为计量单位,如发电设备的功率(千瓦)数;在铸造、锻压、金属结构等工厂、车间,也常采用重量单位。

下面以金属切削机床为例计算设备组生产能力。

(1) 以代表产品为计量单位计算设备组生产能力。

例 3-1 设车间生产 A、B、C、D 四种结构与工艺相似的产品,根据产量及劳动量的大小,选定 C 产品为代表产品,其单位产品的铣床上的台时消耗为 10 h;设铣床组共有 12 台铣床,每台铣床的全年有效工作时间为 4 500 h,则铣床组的生产能力(以代表产品 C 的产量表示)为

$$P = \frac{F_e iS}{t} = \frac{4\,500 \times 12}{10} = 5\,400(台)$$

将代表产品 C 的产量换算为各具体产品产量的换算过程及结果如表 3.1 所示。

表 3.1 代表产品换算为具体产品的计算过程表

产品名称	生产计划（台）	单位产品总劳动量（台时）	产量换算系数	换算为代表产品产量（台）	以代表产品表示的生产能力（台）	换算为具体产品表示的生产能力（台）	备注
①	②	③	④	⑤=②×④	⑥	⑦ = ⑥ × ② / $\sum$ ⑤	⑧
A	2 000	25	0.5	1 000		2 160	
B	1 200	40	0.8	960		1 296	
C	1 600	50	0.1	1 600	5 400	1 728	代表产品
D	1 200	60	1.2	1 440		1 296	
合计				5 000			

（2）以假定产品为计量单位计算设备组生产能力。

例 3-2 接例 3-1，设车床组有 5 台车床，生产 A、B、C、D 四种结构、工艺不相似的产品，每台车床全年有效工作时间为 4 400 h，各种产品的计划年产量、单位产品的车床台时消耗定额及以假定产品为计量单位计算车床组生产能力的计算过程如表 3.2 所示。

表 3.2 以假定产品为计量单位计算设备组生产能力计算过程表

产品名称	生产计划（台）	各产品产量比重（%）	单位产品车床台时消耗定额	单位假定产品车床台时消耗	以假定产品表示的生产能力（台）	换算成具体产品的生产能力（台）
①	②	③	④	⑤ = $\sum$（④×③）	⑥	⑦=⑥×③
A	25 020	0.25	20			275
B	200	0.20	25			220
C	400	0.40	10	20	1 100	440
D	150	0.15	40			165
合计	1 000	1.00				1 100

（3）工段（车间）生产能力的计算和确定。

例 3-3 接例 3-2，在计算设备组生产能力的基础上，确定工段（车间）的生产能力。

各设备组的生产能力一般是不相等的，因此确定工段（车间）生产能力时，要进行综合平衡工作。通常以主要设备组的生产能力作为综合平衡的依据。所谓主要设备组是指完成劳动量比重最大或者贵重而无代用设备的设备组。生产能力不足的设备为薄弱环节,要制定消除薄弱环节的措施,应尽可能利用富余环节的能力来补偿薄弱环节。

图 3.2 为某机械加工工段生产能力综合平衡的图解示例。

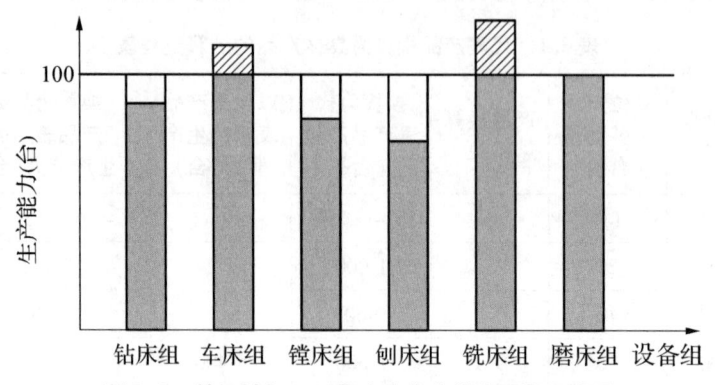

图 3.2　某机械加工工段生产能力综合平衡示意图

从图中可看出,工段中六个设备组的生产能力是不相等的。如果将工段生产能力定到 100 台水平,则钻床、镗床和刨床组为薄弱环节,而车床、铣床组为富余环节。经过分析,采取以铣代刨,以车代镗的办法来消除两个薄弱环节,对钻床组则采取技术革新或增加班次的办法,解决生产能力不足的问题。经过综合平衡和采取措施后,工段生产能力可以达到年产 100 台的水平。

4. 企业生产能力的确定

企业生产能力在各车间生产能力综合平衡的基础上确定。企业生产能力综合平衡的内容主要包括两个方面。一是各基本生产车间能力的平衡,二是基本生产车间与辅助生产车间及生产服务部门之间能力的平衡。在平衡各基本车间的能力时,首先要确定主要车间,并以主要车间的生产能力作为平衡的依据。在包括多个工艺阶段的机械制造企业中,通常以机械加工车间为主要车间。

基本车间和辅助车间生产能力的平衡,一般是以基本车间的生产能力为基准,核对辅助车间生产能力协调配合情况。在确定企业生产能力过程中,出现能力不平衡情况时,必须制定消除薄弱环节的措施,使企业的生产能力落实到一个合适的高水平。

（二）生产能力和生产任务(负荷)的平衡

由于企业生产能力水平总是要求与市场需求相适应,而市场需求总是在不断地变化的,因此,企业必须对其生产能力作出调整。事实上,即使市场需求不发生变化(当然,这种情况是不可能发生的),基于企业自身发展的需要或者战略的考量,也会适时地对生产能力做出必要的调整。

1. 生产能力扩充的时间选择

通常情况下,市场需求的变化是连续的,而企业生产能力的增长只能是分阶段进行。生产运作管理 96 这就造成了生产能力的扩充要么超前于市场需求,要么滞后于市场需求的问题,从而导致阶段性的生产能力的浪费或不足。前者将造成生产资源的闲置浪费,后者则会造成市场份额的损失。生产能力损失/短缺＝本阶段企业生产能力－当前市场需求对于生产能力扩充的时间,一般是基于决策者对生产能力的浪费或短缺的态度不同而作出不同的选择。通常来说,生产能力的扩充时间选择的典型策略有三种。

① 生产能力扩充超前于市场需求策略。生产能力扩充超前于市场需求策略,是指决策者将企业的生产能力水平始终保持在超过市场需求的水平之上,当市场需求逼近企业当前生产能力的时候,提前扩充企业的生产能力,如图3.3所示。

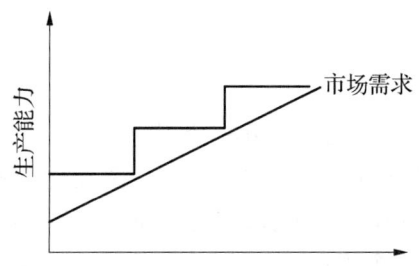

图3.3　生产能力扩充超前于市场需求策略

选择生产能力扩充超前于市场需求策略,会形成一个阶段性的、不断缩减的生产能力余量。该生产能力余量既可以适应预期内的市场需求的增长,又可以对预期外的市场需求的增长形成有效的防御,是一种积极的生产能力扩充时间选择策略。但是,该策略可能造成生产能力资源的闲置,导致生产成本的增加。该策略比较适合市场处于不断扩张阶段的产业或者生产能力短缺成本高于生产能力建设成本的情形。

② 生产能力扩充同步于平均市场需求策略。生产能力扩充同步于平均市场需求策略,是指决策者每一次调整生产能力,都是将企业的生产能力水平调整到该阶段的平均市场需求的水平左右,下一次调整,发生在生产能力与市场需求的落后量和前次调整时生产能力与市场需求超出量相近之时,如图3.4所示。

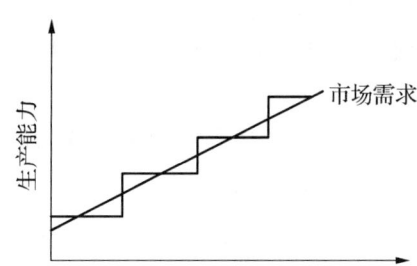

图3.4　生产能力扩充同步于平均市场需求策略

生产能力扩充同步于平均市场需求策略下,生产能力的闲置或短缺量相对较小,是一种相对稳妥的中间策略。在这种情况下,生产能力闲置和短缺的概率各占一半。在生产能力闲置成本与生产能力不足的机会成本相当时,选择该策略比较合适。

③ 生产能力扩充滞后于市场需求策略。生产能力扩充滞后于市场需求策略,是指决策者将企业的生产能力水平始终保持在低于市场需求的水平,每次生产能力的扩充,都只是将生产能力调整到当前市场需求的水平,如图3.5所示。

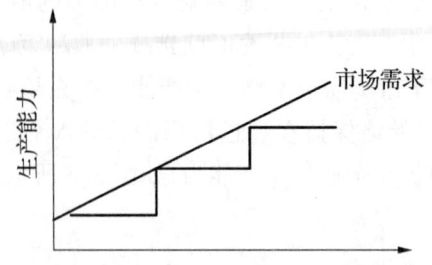

图 3.5 生产能力扩充滞后于市场需求策略

选择生产能力扩充滞后于市场需求策略,生产能力的短缺将会在一个时期不断增加,是一种相对保守的生产能力扩充的时间选择策略。采用这种策略,一般不会出现生产能力闲置现象,但是会造成市场机会的损失,甚至会损害企业的长期市场份额。

2. 提高企业生产能力的途径

① 增加设备和生产面积的数量。增加设备和生产面积的数量的主要措施包括,购置新设备,新建生产线,建设新生产车间或工厂,合理利用生产面积,合理进行设备布局等。

② 增加有效工作时间。增加有效工作时间的方法有:增加工作班次,合理安排用工,加强劳动纪律;加强设备的维护和保养,利用非工作日进行维护和保养等。

③ 提高设备和生产面积的利用强度。提高设备和生产面积的利用强度的措施包括,提高操作技术水平,减少废品率,采用高效的工装设备,实施产品标准化等。

④ 提高生产系统各生产环节的均衡性。提高生产系统各生产环节的均衡性的措施有,合理安排生产任务,调整工艺技术路线,及时进行设备生产能力平衡,加强对外生产协作等。

3. 生产能力和生产任务(负荷)的平衡

生产能力和生产任务的平衡包括3个方面的内容:将生产任务和生产能力进行比较;按比较结果采取措施;计算生产能力指标。

比较生产任务和生产能力有两种方法:用产品数和用台时数。后者用得较多。对于单品种生产企业,可用具体产品数进行比较。

$$设备生产能力 = 设备年有效工作小时数 \div 单位产品台式定额$$

$$设备年有效工作小时数 = 全年工作日数 \times 每天工作小时数 \times (1-设备停修率)$$

取最小的设备生产能力(台数)作为生产线或企业的生产能力,将其同计划年产量比较。

对于多品种生产,可用代表产品或假定产品,但计算较复杂,不如用台时数计算方便。

$$j 设备生产任务 = \sum n_i t_{i,j}(1 + r_i)$$

式中,r_i 为 i 产品补废台时损失系数,由统计确定。

将 j 设备年有效工作小时数和 j 设备生产任务台时数比较,可知能力是否足够。需要说明的是,这是一种能力和任务总量上的比较。由于需求不均匀,即使总量上平衡,某时段时间内负荷仍然可能超过能力。总量平衡还有一个问题是,无论作业计划安排得如何好,机床的空闲是不可避免的。因此,在实际应用时,有的企业将能力再打一个折扣,如任务量达到能力的90%,就算平衡了。

生产能力利用指标有多种,其中有代表性的是生产能力综合利用系数,它等于生产任务和生产能力之比。

(二) 生产能力平衡的计算

对于制造业,编制生产能力计划首要进行需求预测,然后按照预测的产品出产数量计算需投入的设备和劳动力数量,最后合理配置可以获得的设备和劳动力。

例3-4 计算对生产能力的需求。

某企业生产A、B两种产品,其工时定额如表3.3所示。根据需求预测,得出6个月的产品出产计划,如表3.4所示。

表3.3 工时定额小时

A 产品生产		B 产品生产	
加工中心	工时定额	加工中心	工时定额
16	2.1	10	2.8
19	6.8	18	1.3
25	4.1	19	3.6
41	7.2	35	2.1
52	3.9	52	1.7

表3.4 产品出产计划 台

产品\月份	1	2	3	4	5	6
A	400	200	250	350	200	100
B	—	300	350	200	300	300

(1) 计算19号和52号加工中心的工作负荷。

(2) 调整产品出产预计划使生产量更加均衡,并满足条件:1月份结束前至少完成400台A产品,5月份结束前再完成950台A产品,并完成1 100台B产品。

解:(1) (1月份生产400台A产品)×(每台A产品只需要19号加工中心加工6.8小时)=2 720小时

(2月份生产200台A产品)×(每台A产品只需要19号加工中心加工6.8小时)=1 360小时

(2月份生产300台B产品)×(每台B产品只需要19号加工中心加工3.6小时)=

1 080 小时

按照相同的方法,可以计算19号加工中心1至6月生产负荷。将各月19号加工中心加工A、B两种产品的负荷相加,如表3.5所示。

表3.5 19号加工中心的负荷   小时

月份	1	2	3	4	5	6
A产品	2 720	1 360	1 700	2 380	1 360	680
B产品	0	1 080	1 260	720	1 080	1 080
总计	2 720	2 440	2 960	3 100	2 440	1 760

19号加工中心的最高负荷在4月份,达到3 100小时;最低负荷在6月份,负荷为1 760小时。用同样的方法可计算52号加工中心的负荷(见表3.6)及其他各加工中心的工作负荷。

表3.6 52号加工中心的负荷   小时

月份	1	2	3	4	5	6
A产品	1 560	780	975	1 365	780	390
B产品	0	510	595	340	510	510
总计	1 560	1 290	1 570	1 705	1 209	900

52号加工中心的负荷不均衡,也有类似于19号加工中心负荷的情况。

(2) 按照要求调整产品出产预计划,使负荷尽可能均衡,如表3.7所示。结果分别如表3.8和表3.9所示。

表3.7 调整后的产品出产计划   台

月份	1	2	3	4	5	6
A产品	400	210	250	290	200	150
B产品	—	300	300	200	300	350

表3.8 19号加工中心的负荷   小时

月份	1	2	3	4	5	6
A产品	2 720	1 428	1 700	1 972	1 360	1 020
B产品	0	1 080	1 080	720	1 080	1 260
总计	2 720	2 508	2 780	2 692	2 440	2 280

表3.9 52号加工中心的负荷小时

月份	1	2	3	4	5	6
A产品	1560	819	975	1131	780	585

（续表）

月份	1	2	3	4	5	6
B产品	0	520	520	340	595	1 260
总计	1 560	1 339	1 495	1 471	1 375	1 845

产品出产计划调整后，负荷比较均衡。如果负荷不超过生产能力，则不需要采取措施，就能完成任务；如果生产负荷大大超过生产能力，运用加班、加点或转包的办法都不能解决问题，就需扩大生产能力。

扩大生产能力可以采取新建、扩建新设施的办法。要进行扩大能力的决策，可以用决策树作为工具，评价不同的扩大生产能力方案。

二、服务性企业的服务能力

服务业的服务能力计划同制造业的生产能力计划大体类似，但有许多差别。服务能力计划对时间和空间的依赖性更大。在时间上，由于服务不能储存，所以必须提供及时服务。例如，今天酒店客满，如果不能利用昨天的空房，昨天的空房（能力）将永远得不到利用，就永远损失掉了。在空间上，制造业的生产设施可以远离顾客，但服务必须在顾客周围，离服务对象越近越好。例如，一个城市的医院人满为患，另一个城市的医院就算有再多富余的医疗设施和医护人员也无济于事。另外，由于服务不能储存，且是个性化的，造成服务需求极其不稳定，使得服务者常常要在半小时之内做出合理的服务计划。

同样，服务能力需要随着服务需求的增长而扩大。扩大服务能力的方式一般要经历生命周期的4个阶段：创业期、服务地点合理化期、成长期和成熟期。

① 在创业期，服务机构只在一个地区进行单项服务。小零售店、小餐馆永远处于这一阶段。

② 如果所处地区的市场已经饱和，要想进一步发展，可以采取两种方式：在另一个地区设立分支机构从事原来的服务；在同一地区增加新的服务项目。这两种方式也可以同时进行。大学或旅游景点一般是通过在原地扩大业务的形式来扩充经营规模；餐馆、酒店则采取在多地设立分支机构的做法来扩大经营规模。采取不同的扩张方式会有不同的效果：在原地区扩大经营，会获得规模经济效益；建立分支机构，会出现规模而不经济。如果在同一地点提供多种类型的相关服务，则成本低于在多个地点提供单一服务的成本，这是范围经济性。这一阶段是服务地点合理化期。

③ 当服务机构进入成长期，营业额和管理复杂性都会显著上升，服务设施需要更新和重新布置，经营观念和管理模式也需要更新。

④ 到了成熟期，经营效率特别重要，服务机构之间更多的是价格竞争。

三、处理非均匀需求的策略

编制生产计划大纲需要解决的一个基本问题是如何处理非均匀需求。市场需求的起伏和波动是绝对的，而企业的生产能力又是相对稳定的。要解决这个矛盾，就要研究处理非均匀需求的策略。

处理非均匀需求可以通过市场营销的办法，如变动价格、促销、推迟交货等，也可以通过生产运作的办法，如加班加点、改变库存等。

(一) 改变需求的办法

1. 通过改变价格转移需求

通过价格差别使高峰需求转移到低峰时期。例如，平时上班时间电话费率高，节假日、周末和夜间电话费率低；白天飞机票价高，夜间飞机票价低；晚上打保龄球费率高，上午打保龄球费率低；中午12点之前的电影票价低，等等。这些都是通过价差转移需求的例子。这种方法在服务业用得多，且对需求价格弹性大的产品和服务最有效。

2. 推迟交货

推迟交货是指将某期间的订货推迟一段时间交货，同时给顾客一定的价格折扣。能否成功应用这种策略取决于顾客的态度——推迟交货有损失销售额和失去顾客的风险。

(二) 调整生产能力的办法

在同样的设备条件下，加工装配生产的生产能力是可以在一定范围内调节的。

1. 增加或减少劳动力数量

通过增加或减少劳动力数量，可以增加或减少生产能力。但是，合同期未满就解聘人员成本很高，而对于有一定技术水平要求的工种，也不能随时招到可用的工人。这种方法要谨慎采用。

2. 改变工作班次，加班或减少工作时间

结合增加或减少劳动力数量，配合增加工作班次，两班作业变三班作业，甚至四班交叉作业，可以有效扩大生产能力。机器连续运转时，要留出至少1至2个小时的检修时间，以保证生产安全。

3. 利用库存吸收多余产量，等待时机销售

利用库存吸收多余产量是不得已的办法，一般为了迎接季节销售高峰而采用。但是，库存积压导致资金周转时间长，要支付更多的银行利息。此外，有些商品不宜长时间储藏，即使是可以储藏的机械制造品，也占用仓库空间，甚至生锈；冷冻食品储藏时间过长质量会下降，并消耗电能。

4. 委托加工

上述办法如果还不能满足要求，就要采取委托加工的方式。委托加工最大的弊端是质量容易出现问题。为了保证质量，要熟悉所委托加工厂的生产装备水平，同质量有保证的厂家建立长期合作关系。近年来，也有的商家没有工厂，完全委托加工，这更要选择好生产厂商。

5. 利用半时职工

在一天的工作时间内，有时工作负荷很重，有时又很清闲。如果按工作负荷最重的时候确定职工人数，会造成人员过多。利用半时职工可以解决这个问题。例如，饭馆和超级市场，在忙时使用钟点工，可以提高企业的服务能力。

(三)满足需求的典型策略

在编制生产计划时,将上述各种调节生产能力的方法结合起来,形成充分利用现有生产能力,满足需求的生产策略。

1. 跟踪策略

跟踪策略完全按需求的变化来安排生产,需求较低时,产量也调低,需求高产量也调高。这种策略要求预测准确,否则会造成缺货。另外,频繁变动生产水平,要支出增减工人、加班、临时委托加工等方面的额外费用。

2. 均匀策略

均匀策略就是以不变应万变。预测市场需求后,均匀安排生产,以库存应对变化的需求,销售少时制成品进入库存,销售多时减少库存。在储存成本不太高时,可采用储存成品的办法来应对市场需求。

3. 混合策略

跟踪策略生产水平频繁变动,易造成额外变动成本,而均匀策略库存成本比较大。现实中,可以将两者结合起来构成混合策略。例如,一年4个季度的需求是20、30、60、50,采用跟踪策略一年变动4次,采用均匀策略则全年按40组织生产。而采用混合策略,前两个季度按30均匀生产,后两个季度按50生产。这样,变化次数减少了,库存也大大降低。

例 3-5 企业综合生产方案的评价与选择。

1. 问题提出

在一定时期内,企业的生产能力是恒定的,而市场需求是波动的,这是一对矛盾,如图3.6所示。

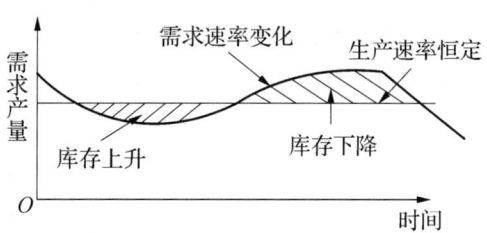

图3.6 生产能力和市场需求的关系

2. 需要解决

解决该矛盾的主要策略包括:① 增加生产能力;② 加班;③ 转包;④ 聘用临时人员,等等。企业需要解决的问题是:应该具体采取哪种合适的生产方案?

3. 解决方案

判断原则:总成本最低综合生产方案就是最佳综合生产方案。

制造几种不同型号拖拉机的某公司正忙于制订历时6周的综合计划。他们搜集了以下信息。

时期/周	1	2	3	4	5	6	总计
预测/台	200	200	300	400	500	200	1 800

(1) 产出成本(工资)

正常人工成本=2美元/台

加班人工成本=3美元/台

转包人工成本=6美元/台

(2) 存货成本=1美元/(台·期)(平均存货水平)

(3) 延迟交货=5美元/(台·期)

假设允许延迟交货,第1期初零库存。

方案1 采用正常生产方案。稳定产出率是每周300台,共用15名工人。

方案2 计划者决定重新制订一份可选方案,利用加班时间的工作来弥补产出损失。正常情况产出定额每周280台,加班工作最大产出则是每周40台。

方案3 利用临时工充实高峰期需求。假设每聘用和培训一名临时工需要耗资100美元,而每名临时工只能以每期15单位的生产率进行生产。

试确定哪种生产方案为最佳。

4. 必备知识

(1) 成本类型

$$正常成本=单位产品正常成本×正常产出量$$

$$加班成本=单位产品加班成本×加班数量$$

$$转包成本=单位产品转包成本×转包数量$$

$$聘用/解聘=单位聘用成本(或解聘成本)×聘用数量(或解聘数量)$$

$$存货成本=单位运送成本×平均存货数量$$

$$延迟成本=单位延迟成本×延迟数量$$

(2) 总成本

$$总成本=产出成本(正常成本+加班成本+转包合同成本)+$$

$$聘用/解聘成本+存货成本+延迟成本$$

(3) 产出

$$总产出量=正常产量+加班产量+转包合同产量$$

$$净产出预测=预测需求-正常产量-加班产量-转包合同产量$$

(4) 库存

$$期末存货=前期期末存货+本期产量-本期产品需求量$$

$$平均存货=(期初存货+期末存货)÷2(假定库存曲线呈线性变动趋势)$$

解:

步骤一 编制方案1生产方案工作表。

台

时期/周	1	2	3	4	5	6	总计
需求预测	200	200	300	400	500	200	1 800
产出量							
正常产量	300	300	300	300	300	300	1 800
加班产量							
转包合同							
净产出预测	100	100	0	(100)	(200)	100	
存货							
期初	0	100	200	200	100	0	
期末	100	200	200	100	0	0	
平均	50	150	200	150	50	0	
延迟交货				100			

根据以上数据,编制方案 1 的生产成本。

美元

时期/周	1	2	3	4	5	6	总计
成本							
产出成本							
正常	600	600	600	600	600	600	3 600
加班							
转包							
存货成本	50	150	200	150	50	0	600
延迟成本					500		500
总计	650	750	800	750	1 150	600	4 700

步骤二 编制方案 2 生产方案工作表。

方案 2 中计划者们决定重新制订一份可选方案,利用加班时间的工作来弥补产出损失。下降后正常情况下的产出是每周 280 台,加班工作的最大产出则是每周 40 台。

台

时期/周	1	2	3	4	5	6	总计
需求预测	200	200	300	400	500	200	1 800
产出量							
正常产量	280	280	280	280	280	280	1 680
加班产量				40	40	40	120

(续表)

时期/周	1	2	3	4	5	6	总计
转包合同							
净产出预测	80	80	20	(80)	(180)	80	
存货							
期初	0	80	160	180	100	0	
期末	80	160	180	100	0	0	
平均	40	120	170	140	50		
延迟交货					80		

根据以上数据,编制方案 2 的生产成本。

美元

时期/周	1	2	3	4	5	6	总计
产出成本							
正常	560	560	560	560	560	560	3 360
加班			120	120	120		360
转包							
存货成本	40	120	170	140	50		520
延迟成本					400		400
总计	600	680	850	820	1 130	560	4 640

步骤三 编制方案 3 生产方案工作表。

方案 3 是利用临时工充实高峰期需求。假设每聘用和培训一名临时工需要耗资 100 美元,而每名临时工只能以每期 15 台的生产率进行生产。把所需单位数分配给产出率为 15 的临时工,需要 8 个工期。

台

时期/周	1	2	3	4	5	6	总计
需求预测	200	200	300	400	500	200	1 800
产出量							
正常产量	280	280	280	340	340	280	1 800
加班产量							
转包合同							
净产出预测	80	80	(20)	(60)	(160)	80	
存货							
期初	0	80	160	140	80	0	

(续表)

时期/周	1	2	3	4	5	6	总计
期末	80	160	140	80	0	0	
平均	40	120	150	120	40	0	
延迟交货					80		

根据以上数据,编制方案 3 的生产成本。

美元

时期/周	1	2	3	4	5	6	总计
成本							
产出成本							
正常	560	560	560	680	680	560	3 600
加班							
聘用/解聘				400	400		800
存货成本	40	120	150	120	40	0	460
延迟成本					400		400
总计	600	680	710	1 190	1 520	560	5 260

结论:方案 2(4 640 美元)最好,方案 1(4 700 美元)次之,方案 3(5 260 美元)最差。

 例 3-6 企业综合生产方案的评价与选择。

任务二:某制造企业正忙于制订自 4 月至第二年 3 月的年度生产组织计划。预计客户订货信息见下表:

(1)月份	(2)预计需求量	(3)累计需求量	(4)月工作日	(5)累计工作日
4	1 600	1 600	21	21
5	1 400	3 000	22	43
6	1 200	4 200	22	65
7	1 000	5 200	21	86
8	1 500	6 700	23	109
9	2 000	8 700	21	130
10	2 500	11 200	21	151
11	2 500	13 700	20	171
12	3 000	16 700	20	191
1	3 000	19 700	20	211

（续表）

（1）月份	（2）预计需求量	（3）累计需求量	（4）月工作日	（5）累计工作日
2	2 500	22 200	19	230
3	2 000	24 200	22	252

目前拟定了三种生产组织方案，具体情况如下：方案1跟踪策略。即根据市场需求组织生产，适时不断调整工人人数。方案2均衡生产策略。即每天工人的生产效率均衡。方案3混合策略。即淡季时（4~8月）不增加人数稳定生产、生产率为80台/天；旺季时（1~3、9~12）增加工人人数、生产效率为108.26台/天。

假设工人每天有效工作时间为8小时，加工每件产品需要人工工时20小时，工资按件计算标准统一。安全库存为1 000件，单位产品库存成本为6元/件/月。招聘成本为300元/人，解聘成本为200元/人。不考虑延迟交货成本。试评估每个方案的成本情况，并确定哪种生产组织方案最佳？

一、解题思路分析

需要掌握以下知识和方法。

1. 生产组织方案评价原则是什么？即总成本最小原则。

2. 总成本包括哪些成本？

根据题目给定信息，在进行生产方案评价与选择时需要计算库存成本、招聘或解聘成本两大类成本。

3. 各类成本的计算方法？

（1）总库存成本=单位产品库存成本*平均库存量，其中：平均库存量=（期初库存+期末库存）/2，本期期末库存=前期期末库存（即本期期初库存）+本期产量−本期需求量。

（2）招聘（解聘）总成本=单位招聘（解聘）成本*招聘（解聘）数量。

二、解题的基本步骤

步骤一：计算各个生产方案的总成本情况。

表3.10　方案1跟踪策略生产方案总成本计算表

（1）月份	（2）需求量	（3）工作天数	（4）需工人数(2)*20/(3)/8	（5）月初增加人数	（6）招聘成本(5)*300	（7）月初解聘人数	（8）解聘成本(7)*200	（9）招、解聘费合计(6)+(8)	（10）库存成本1 000*6	总费用(9)+(10)
4	1 600	21	190			37	7 359	7 359	6 000	13 359
5	1 400	22	159			31	6 277	6 277	6 000	12 277
6	1 200	22	136			23	4 545	4 545	6 000	10 545
7	1 000	21	119			17	3 463	3 463	6 000	9 463
8	1 500	23	163	44	13 199			13 199	6 000	19 199

（续表）

（1）月份	（2）需求量	（3）工作天数	（4）需工人数(2)*20/(3)/8	（5）月初增加人数	（6）招聘成本(5)*300	（7）月初解聘人数	（8）解聘成本(7)*200	（9）招、解聘费合计(6)+(8)	（10）库存成本 1 000*6	总费用(9)+(10)
9	2 000	21	238	75	22 516			22 516	6 000	28 516
10	2 500	21	298	60	17 857			17 857	6 000	23 857
11	2 500	20	313	15	4 464			4 464	6 000	10 464
12	3 000	20	375	63	18 750			18 750	6 000	24 750
1	3 000	20	375	0				0	6 000	6 000
2	2 500	19	329			46	9 211	9 211	6 000	15 211
3	2 000	22	227			102	20 335	20 335	6 000	26 335
合计数	24 200	252		256	76 786	256	51 190	127 976	72 000	199 976

表 3.11 方案 2 均衡生产策略生产方案总成本计算表

（1）月份	（2）需求量	（3）工作天数	（4）产量(3)*96.03	（5）净产出	（6）期初库存	（7）月末库存(5)+(6)	（8）平均库存	（9）库存成本(8)*6
4	1 600	21	2 017	417	1 000	1 417	1 208	7 250
5	1 400	22	2 113	713	1 417	2 129	1 773	10 638
6	1 200	22	2 113	913	2 129	3 042	2 586	15 514
7	1 000	21	2 017	1 017	3 042	4 059	3 550	21 302
8	1 500	23	2 209	709	4 059	4 767	4 413	26 478
9	2 000	21	2 017	17	4 767	4 784	4 776	28 654
10	2 500	21	2 017	-483	4 784	4 301	4 542	27 253
11	2 500	20	1 921	-579	4 301	3 721	4 011	24 065
12	3 000	20	1 921	-1 079	3 721	2 642	3 181	19 089
1	3 000	20	1 921	-1 079	2 642	1 562	2 102	12 612
2	2 500	19	1 825	-675	1 562	1 000	1 281	7 687
3	2 000	22	2 113	113	1 000	1 000	1 000	6 000
合计数	24 200	252	24 200					206 540

表 3.12 方案 3 混合策略生产方案总成本计算表

(1) 月份	(2) 需求量	(3) 工作天数	(4) 日生产率	(5) 产量 (3)*(4)	(6) 需要人数	(7) 月初增加人数	(8) 月初解聘人数	(9) 招聘成本 (5)*300	(10) 解聘成本 (7)*200	(11) 招、解聘费合计 (6)+(8)	(12) 净产量	(13) 期初库存	(14) 期末库存	(15) 平均库存	(16) 库存成本 (14)*6	(17) 总费用 (11)+(16)
4	1 600	21	80	1 680	200		71		14 200	14 200	80	1 000	1 080	1 040	6 240	20 440
5	1 400	22	80	1 760	200						360	1 080	1 440	1 260	7 560	7 560
6	1 200	22	80	1 760	200						560	1 440	2 000	1 720	10 320	10 320
7	1 000	21	80	1 680	200						680	2 000	2 680	2 340	14 040	14 040
8	1 500	23	80	1 840	200						340	2 680	3 020	2 850	17 100	17 100
9	2 000	21	108.26	2 273	271	71		21 300		21 300	273	3 020	3 293	3 157	18 940	40 240
10	2 500	21	108.26	2 273	271						-227	3 293	3 067	3 180	19 081	19 081
11	2 500	20	108.26	2 165	271						-335	3 067	2 732	2 900	17 397	17 397
12	3 000	20	108.26	2 165	271						-835	2 732	1 897	2 315	13 888	13 888
1	3 000	20	108.26	2 165	271						-835	1 897	1 063	1 480	8 880	8 830
2	2 500	19	108.26	2 057	271						-443	1 063	1 000	1 031	6 188	6 188
3	2 000	22	108.26	2 382							382	1 000	1 001	1 001	6 003	6 003
合计	24 200	252		24 201			71	21 300	14 200	35 500	1				145 637	181 137

步骤二:比较各生产组织方案总成本,总成本最小所对应的方案即为最佳方案。
结论:因为方案3混合策略总成本最小,故最佳生产组织方案为方案3。

三、思考

试比较每个方案的特点?

任务二　主生产计划

一、主生产计划概述

(一)主生产计划的含义

简单地说,主生产计划(Master Production Schedule,MPS)是确定每一具体的最终产品在每一具体时间段内生产数量的计划。有时也可能先考虑组件,最后再下达最终装配计划。这里的最终产品是指对于企业来说最终完成、要出厂的完成品,要具体到产品的品种、型号。这里的具体时间段,通常以周为单位,在有些情况下,也可以是日、旬、月。MPS详细规定生产什么、什么时段应该产出,是独立需求计划。MPS根据客户合同和市场预测,把经营计划或生产大纲中的产品系列具体化,使之成为展开物料需求计划(MRP)的主要依据,起到从综合计划向具体计划过渡的承上启下作用。

MPS说明在可用资源条件下,企业在一定时间内生产什么,生产多少,什么时间生产,如表3.13所示。

表3.13　MPS

周次	1	2	3	4	5	6	7	8	9
产品A/台	—	—	—	—	10	—	—	15	—
产品B/台	—	—	—	13	—	—	—	—	—
配件C/件	10	10	10	10	10	10	10	10	10

(二)主生产计划的作用和意义

1. 作用

MPS是按时间分段方法来计划企业将生产的最终产品的数量和交货期。MPS是一种先期生产计划,给出了特定的项目或产品在每个计划周期的生产数量。这是个实际的详细制造计划,力图考虑各种可能的制造要求。

MPS是MRP Ⅱ的一个重要的计划层次,如图3.7所示。粗略地说,MPS是关于"将要生产什么"的一种描述。它根据客户合同和预测,把销售和运作规划中的产品系列具体化,确定出厂产品,使之成为展开MRP和RCC(粗能力需求计划)运算的主要依据,起着承上启下,从宏观计划向微观计划过渡的作用。

MPS是计划系统中的关键环节。一个有效的MPS是生产对客户需求的一种承诺——它充分利用企业资源协调生产和市场,实现生产计划大纲中所表达的企业经营目标。MPS在计划管理中起"龙头"模块作用,决定了后续的所有计划和制造行为的目标。

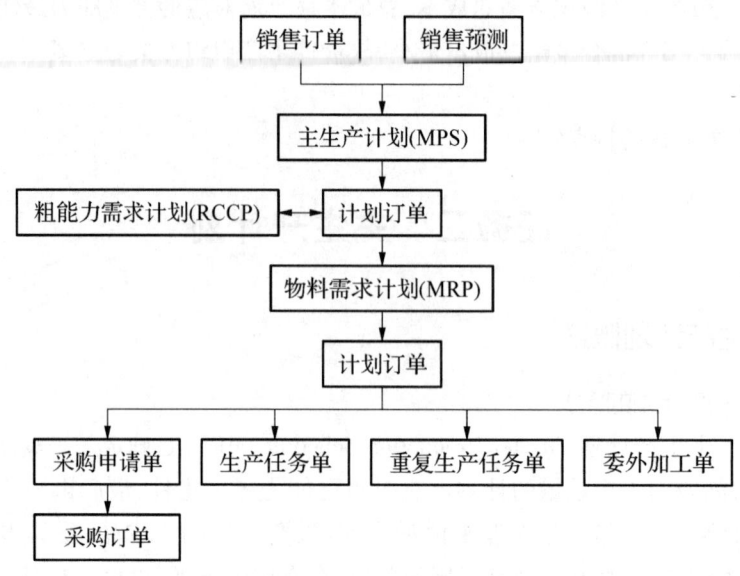

图 3.7　MPS 示意

MPS 在短期内作为 MRP、零件生产计划、订货优先级和短期能力需求计划的依据;在长期内作为估计本厂生产能力、仓储能力、技术人员、资金等资源需求的依据。

2. 意义

为什么要先有 MPS,再根据 MPS 制订 MRP? 直接根据销售预测和客户订单来制订 MPS 不行吗? 产生这样的疑问和想法的原因,在于不了解 MRP 的计划方式。概括地说,MRP 的计划方式就是追踪需求。如果直接根据预测和客户订单的需求来运行 MRP,那么得到的计划将在数量和时间上同预测和订单需求完全匹配。但是,预测和客户订单是不稳定、不均衡的,直接用来安排生产将会出现时而加班加点也不能完成任务,时而设备闲置员工没活干的现象。这将给企业带来灾难性的后果,而且企业的生产能力和其他资源是有限的,这样的安排也不是总能做得到。

再者,MPS 通过人工干预、均衡安排,可以使得在一段时间内 MPS 量和预测及客户订单在时间上相匹配,而不追求在每个具体时刻均同需求相匹配,从而得到一份稳定、均衡的计划。由于在产品或最终项目(独立需求项目)这一级上的 MPS 是稳定和均衡的,据此所得到的关于非独立需求项目的 MRP 也将是稳定和均衡的。因此,制订 MPS 是为了得到一份稳定、均衡的生产计划。

MPS 的输入、输出由预测、订单和生产大纲所驱动,根据能力和产品提前期的限制,来识别生产产品品种,安排生产时间和确定生产数量。从较短的时间来看,MPS 可以作为 MRP、组件的生产、订单优先计划、短期资源的基础;从较长的时间来看,MPS 可以作为各项资源长期计划的基础。

MPS 既是生产部门的工具,又是联系市场销售和生产制造的桥梁,使生产计划和能力计划符合销售计划要求的顺序,并能适应不断变化的市场需求。同时,MPS 又能为销售部门提供生产和库存信息,明确可供销售量的数据,作为同客户洽商的依据,起到沟通内外的作用。MPS 把企业规划同日常的生产作业计划关联起来,为日常作业的管理提供了一个"控制把手",驱动了一体化的生产计划和库存控制系统的运作。

总之,MPS 在 MRP Ⅱ 系统中的位置是一个上下内外交叉的枢纽,地位十分重要。在运行 MPS 时应相伴运行 RCCP,只有经过按时段平衡了供应和需求后的 MPS,才能作为下一个计划层次——MRP 的输入信息。MPS 必须是现实可行的,需求量和需求时间都是符合实际的。MPS 编制和控制是否得当,在相当大的程度上关系到 MRP Ⅱ 系统的成败。这也是它称为"主"生产计划的根本原因。

(三) 主生产计划编制的基本原则

MPS 根据企业的能力确定要做的事情,通过均衡地安排生产实现生产规划的目标,使企业在客户服务水平、库存周转率和生产率方面都能得到提高,并及时更新、保持计划的切实可行和有效性。MPS 中不能有超越可用物料和可能能力的项目。在编制主生产计划时,应遵循以下一些基本原则。

1. 最少项目原则

最少项目原则是指要用最少的项目数进行 MPS 的安排。如果 MPS 中的项目数过多,就会使预测和管理都变得困难。因此,要根据不同的制造环境,选取产品结构不同的级别,进行 MPS 的编制,使得在产品结构这一级的制造和装配过程中,产品(或)部件选型的数目最少,以改进管理评审和控制。

2. 独立具体原则

独立具体原则是指要列出实际的、具体可行的要采购或制造的项目,而不是一些项目组或计划清单项目。这些产品可分解成可识别的零件或组件。

3. 关键项目原则

关键项目原则是指列出对生产能力、财务指标或关键材料有重大影响的项目。对生产能力有重大影响的项目,是指那些对生产和装配过程起决定性作用的项目,如一些大批量项目、会产生生产能力瓶颈环节的项目或通过关键工作中心才能运作的项目;对财务指标而言,指的是同公司的利润效益最为相关的项目,如制造费用高,含有贵重部件、昂贵的原材料、高费用的生产工艺或特殊要求的部件项目等,也包括那些作为公司主要利润来源的、相对不贵的项目;对于关键材料而言,是指那些提前期很长或供应厂商有限的项目。

4. 全面代表原则

全面代表原则是指计划的项目应尽可能全面代表企业生产的产品。MPS 应覆盖被该 MPS 驱动的 MRP 程序中尽可能多的组件,反映关于制造设施,特别是瓶颈资源或关键工作中心尽可能多的信息。

5. 适当裕量原则

适当裕量原则是指留有适当余地,并考虑预防性维修设备的时间。既可以把预防性维修作为一个项目安排在 MPS 中,也可以按预防性维修的时间减少工作中心的能力。

6. 适当稳定原则

适当稳定性原则是指 MPS 制订后在有效的期限内应保持适当稳定,那种按照主观愿望随意改动的做法,会引起系统原有合理的、正常的优先级计划被破坏,从而削弱系统的计划能力。

二、主生产计划方式

(一) 面向库存生产 (Make To Stock, MTS)

采用这种计划方式的公司,其组织生产的依据是需求预测,即在接到客户订单之前就根据需求预测采购原材料、组织生产、完成生产,并把产成品放入库房,一旦接到客户订单就从库房里直接发货。从客户的角度来看,这些产品是现货供应的。例如,铅笔、螺钉、复印纸、相片纸、记事贴和许多其他的商品都属于这一类。

(二) 面向订单设计 (Engineer To Order, ETO)

面向订单设计的产品或者是独特(客户定制的),或者是结构复杂并且生产量很小。例如,飞机、宇宙飞船、卫星、特种机床、流程设备、大型发电机组等都属于面向订单设计的产品。在面向订单设计的公司中,只有在接到合同或者客户订单,或者至少接到一份意向书后,才能开始设计过程,然后才是采购原材料、组织生产和向客户发运。

(三) 面向订单生产 (Make To Order, MTO)

面向订单生产的计划方式可以分为 3 种情况:纯粹的面向订单生产、面向订单完成 (Finish To Order, FTO) 和面向订单装配 (Assemble To Order, ATO)。

在采用纯粹面向订单生产的计划方式的公司中,产品的设计已经完成,但组织生产的依据是客户订单,即在接到客户订单之后,才开始采购原材料、组织生产。高度客户化的产品一般采取这种计划方式。但对于有些采购提前期很长的原材料,也可能在接到客户订单之前根据预测进行采购。

三、主生产计划的对象

MPS 的计划对象主要是把生产规划中的产品系列具体化后的出厂产品,通常称为最终项目。所谓最终项目,通常是独立需求件,对它的需求不依赖于对其他物料的需求而独立存在。但是由于计划范围和销售环境不同,作为计划对象的最终项目,其含义也不完全相同。

从满足最少项目数的原则出发,下面对 3 种制造环境分别考虑 MPS 应选取的计划对象。

① 在为库存而生产(MTS)的公司,用多种原材料和部件制造出少量品种的标准产品,则产品、备品备件等独立需求项目成为 MPS 计划对象的最终项目。对产品系列下有多种具体产品的情况,有时要根据市场分析估计产品占系列产品总产量的比例。此时,生产规划的计划对象是系列产品,而 MPS 的计划对象是按预测比例计算的。产品系列同具体产品的比例结构形式类似一个产品结构图,通常称为计划物料或计划 BOM。

② 在为订单而生产(MTO)的公司,最终项目一般就是标准定型产品或按订货要求设计的产品,MPS 的计划对象可以放在相当于 T 形或 V 形产品结构的底层,以减少计划物料的数量。如果产品是标准设计或专项,最终项目一般就是产品结构中 0 层的最终产品。

③ 在为订单而装配(ATO)的公司,产品是一个系列,结构相同,表现为模块化产品结构,都是由若干基本组件和一些通用部件组成的。每项基本组件又有多种可选件,有多种搭配选择(如轿车等),从而可以形成一系列规格的变型产品。可将 MPS 设立在基本组件

级。在这种情况下,最终项目指的是基本组件和通用部件。这时 MPS 是基本组件(如发动机、车身等)的生产计划。

一般情况下,对于一些由标准模块组合而成的、型号多样的、有多种选择性的产品(如个人),将 MPS 设立在基本零部件这一级——不必预测确切的、最终项目的配置,辅助以成品装配计划(FAS)来简化 MPS 的处理过程。FAS 也是一个实际的生产制造计划,可表达用户对成品项目的特定的多种配置需求,包括从部件和零配件的制造到产品发货这一部分的生产和装配,如产品的最终装配、测试和包装等。对于有多种选择项的项目,采用 FAS 时,可简化 MPS。可用 FAS 安排出厂产品的计划,用多层 MPS 和计划 BOM 制订通用件、基本组件和可选件的计划。这时,MPS 的计划对象相当于 X 形产品结构中"腰部"的物料,顶部物料是 FAS 的计划对象。用 FAS 来组合最终项目,仅根据用户的订单对成品装配制订短期的生产计划。MPS 和 FAS 的协同运行,实现了从原材料的采购、部件的制造到最终产品交货的整个计划过程。

例如,计算生产厂商可用零配件来简化 MPS 的排产。市场需求的计算机型号,可由若干种不同的零部件组合而成,可选择的零配件包括 6 种 CPU、4 种主板、3 种硬盘、1 种软驱、2 种光驱、3 种内存、4 种显示器、3 种显卡、2 种声卡、2 种 Modem、5 种机箱电源。基于这些不同的选择,可装配出的计算机种类有 103 680(6×4×3×…)种,但主要的零配件总共只有 35(6+4+3+…)种,零配件的总数比最终产品的总数少得多。显然,将 MPS 定在比最终产品(计算机)这一层次低的某一级(零配件)比较合理。经过对装配过程的分析,确定只对这些配件进行 MPS 的编制,而对最后生成的 103 680 种可选产品,将根据客户的订单来制订最终装配计划。这种生产计划环境就是面向订单装配。实际编制计划时,先根据历史资料确定各基本组件中各种可选件占需求量的百分比,并以此安排生产或采购,保持一定库存储备。一旦收到正式订单,只要再编制一个 FAS,规定从接到订单开始,核查库存、组装、测试检验、发货的进度,就可以选装出各种变型产品,从而缩短交货期,满足客户需求。

四、主生产计划基本原理和基本流程

(一)基本原理

MPS 是闭环计划系统的一个部分。MPS 的实质是保证销售规划和生产规划对规定的需求(需求什么、需求多少和什么时候需求)同所使用的资源取得一致。MPS 考虑了经营规划和销售规划,使生产规划同它们相协调。它着眼于销售什么和能够制造什么,这样就能为车间制订一个合适的主生产进度计划,并且以粗能力数据调整该计划,直到负荷平衡。

然后,MPS 作为 MRP 的输入,MRP 用来制订所需零件和组件的生产作业计划或物料采购计划。当生产或采购不能满足 MPS 的要求时,采购系统和车间作业系统就要把信息返回给 MPS,形成一个闭环反馈系统。

通过以上流程可以看出,MPS 说明企业计划生产什么,什么时候生产,生产多少。MRP Ⅱ 的其他计划都是围绕 MPS 进行的。正是从这个意义上,可以说 MPS 是 MRP Ⅱ 的起点。

（二）基本流程

主生产计划编制过程包括编制 MPS 项目的初步计划、进行粗能力平衡、评价 MPS 3 个方面，涉及的工作包括搜集需求信息、编制 MPS、编制 RCCP、评估 MPS、下达 MPS 等。制订 MPS 的基本思路可表述为以下程序。

① 根据生产规划和计划清单确定对每个最终项目的生产预测。它反映某产品类的生产规划总生产量中预期分配到该产品的部分，可用于指导 MPS 的编制，使得 MPS 计划员在编制 MPS 时能遵循生产规划的目标。

② 根据生产预测、已收到的客户订单、配件预测及该最终项目的需求数量，计算毛需求量。需求的信息来源主要有：当前库存、期望的安全库存、已存在的客户订单、其他实际需求、预测其他各项综合需求等。某个时段的毛需求量即为本时段的客户订单合同及预测的关系和。"关系和"指的是如何把预测值和实际订单值组合取舍得出的需求。这时，MPS 的毛需求量已不再是预测信息，而是具有指导意义的生产信息。

③ 根据毛需求量和事先确定好的批量规则，以及安全库存量和期初预计可用库存量，自动计算各时段的计划产出量和预计可用库存量。

④ 自动计算可供销售量，供销售部门机动销售选用。

⑤ 自动计算粗能力，用 RCCP 评价 MPS 方案的可行性。RCCP 对生产中所需的关键资源进行计算和分析。RCCP 用于核定主要生产资源的情况，即关键工作中心能否满足 MPS 的需要，以使得 MPS 在需求和能力中取得平衡，关键资源通常指瓶颈工作中心。

⑥ 评估 MPS。一旦初步的 MPS 测算了生产量，测试了关键工作中心的生产能力，并对 MPS 和能力进行了平衡，初步的 MPS 就确定了。下面的工作是对 MPS 进行评估，对存在的问题提出建议，同意 MPS 或否定 MPS。

如果需求和能力基本平衡，则同意 MPS。

如果需求和能力偏差较大，则否定 MPS，并提出修正方案，力求达到平衡。调整的方法如下。

● 改变预计负荷。可以采取的措施主要有：重新安排毛需求量，并通知销售部门拖延订单、中止订单等。

● 改变生产能力。可以采取的措施主要有：申请加班、改变生产工艺、提高生产率等。

⑦ 在 MRP 运算及细能力平衡评估通过后，批准和下达 MPS。

五、影响因素

由于企业经营的复杂性，影响 MPS 的因素非常多。一般来说，可以把影响 MPS 的因素分为四大类，即生产类型因素、计划类因素、预测因素和订单因素。这些因素各有特点，且不同的因素对 MPS 的影响程度也不一样。

（一）生产类型因素

制造企业是多种多样的，为了更好地认识和理解这些企业的特点，通常按生产类型对制造企业进行划分。生产类型是同一类制造企业主要特征的描述。生产类型因素对 MPS 的影响主要表现在对 MPS 计划对象的影响上。

项目三 制造企业生产计划编制

如果按照生产工艺来划分,可以把企业分为离散型企业和流程型企业两种。如果按照生产过程的管理方式来划分,可以把企业划分为备货式生产(Make To Stock,MTS)企业、订货式生产(Make To Order,MTO)企业、装配式生产(Assembly To Order,ATO)企业和工程式生产(Engineer To Order,ETO)。下面介绍不同的管理方式对 MPS 的影响。

① MTS 表示组织生产早于签约订单,企业保存了大量的产品,用户可以根据现有的库存产品进行选择和签单。在 MTS 中,经常采用大量的原材料和零部件生产种类比较少的产品。这种生产方式适用于大众化的普通商品的生产,如电视机、服装、家具和自行车等商品的生产。在这种生产方式中,企业非常重视市场预测、经营战略和生产计划等工作。在 MTS 企业中,MPS 的计划对象往往是企业最终的产品,也就是说,MPS 的计划对象同企业的销售对象是一致的。

② MTO 表示签约订单早于组织生产,企业只是保存了少量的库存产品,用户根据企业的产品目录进行选择和签单,企业在拿到订单后再开始组织生产。在 MTO 中,企业经常使用少量的原材料和零部件生产多品种的产品,这些产品往往价值高、交付期短。例如,大型机床、飞机和轮船等产品的生产往往属于 MTO 方式。在这种生产方式中,企业的制造技术和产品质量显得尤其重要。在 MTO 企业中,MPS 的计划对象往往是价值高、技术复杂、生产提前期长且性能重要的原材料和零部件,企业的销售对象往往是通过最终装配计划完成的。

③ 在 ATO 企业中,产品往往具有多种规格。这些产品的结构基本相同,都是由一些基本的组件和一些通用件组成,每一项基本组件往往有多种不同的选择。例如,计算机、汽车就是这种典型的生产方式。在 ATO 企业中,MPS 的计划对象往往是基本组件或通用件。例如,在计算机企业中,MPS 的计划对象可以是显示器、键盘和鼠标等;在汽车企业中,MPS 的计划对象可以是发动机、仪表盘等。

④ ETO 也称为按订单设计或按项目设计。在这种生产类型下,最终产品往往比较复杂,且在很大程度上是按照特定客户的要求来设计和生产的,支持客户化的设计是这种生产类型的重要组成部分。在这种生产类型下,由于大多数产品都是为特定客户量身定制的,所以可能只生产一次,以后就不会再生产了。例如,楼宇电梯往往是根据具体的环境进行设计和生产的。在 ETO 企业中,MPS 的计划对象往往是最终产品。

需要注意的是,一个具体的企业是非常复杂的,不同的产品往往具有不同的特点。因此,在企业中,MPS 的计划对象一定要具体问题具体分析,其最终确定一定要符合企业生产管理的特点。

(二)计划类因素

计划类因素对 MPS 的影响是全面的,既可能影响到 MPS 的来源,也可能影响到 MPS 的计划对象。计划类因素主要包括经营战略、经营计划和生产计划大纲等内容。

经营战略是重大的、涉及全局性的谋划,是统一的、综合的和一体化的计划,用来实现组织的基本目标。战略专家奎因认为,企业经营战略将企业的主要目的、政策或活动按照一定的顺序组合成一个整体,主要包括 3 个要素:可以达到的最主要的目的和目标;指导或约束经营活动的重要政策;可以在一定条件下实现预定目标的重要活动程序或项目。例如,联想公司收购 IBM 个人电脑业务成功之后,确定将要在 10 年的时间内跨入世界

500强企业,并且成为全球最大的个人电脑制造商。这是联想公司的企业经营战略。当然,这种战略对MPS的影响不是直接的,只是一种指导思想的影响。

经营计划又被称为经营规划、中长期发展计划或销售计划,是企业在经营战略的指导下制订的适应市场环境的对策计划,主要说明企业的销售目标和利润目标。经营计划的作用是协调市场需求和企业制造能力之间的差距。如果市场需求增大,预计销售目标上升,那么,企业应该扩大自身的制造能力。经营计划的展望期一般为5~10年,并且按年制订。经营计划对MPS的影响虽然很大,但不是直接的,只是一种指导性的影响。

生产计划大纲是对企业经营计划或销售计划的细化,用以说明企业在可用资源的条件下、在计划展望期内每一类产品的月生产量,以及每一类产品和所有类型产品的月汇总量与年汇总量。需要注意的是,年汇总量应该同经营计划中的销售目标或销售计划中的销售目标一致。生产计划大纲的计划展望期是1~3年,且按月分解。生产计划大纲的主要作用是协调经营计划对资源需求和企业可用资源之间的差距。

生产计划大纲对MPS的影响是直接的。实际上,生产计划大纲是企业经营战略在特定年度的表现形式,是经营计划的细化。根据生产计划大纲可以推算出MPS的数据。但是,生产计划大纲对MPS的影响是有条件的。这些条件为:第一,生产计划大纲的计划展望期与MPS的计划展望期往往不同;第二,由于生产计划大纲中的数据主要是通过预测得到的,但是预测的结果也往往被直接用于MPS,所以如果把预测作为MPS的一个重要来源,生产计划大纲对MPS的作用就会被削弱。

(三) 预测因素

在ERP系统中,预测是影响MPS的一个重要的直接因素。预测不仅影响MPS,对经营计划和生产计划大纲也有很大影响。事实上,产品预测量通常是MPS的一个重要来源。

所谓预测,是指利用一定的数据和方法对事物的发展趋势进行科学的推断,预测的方法和手段被称作预测技术。在ERP系统中,预测是指对未来产品销售量的科学推断。常用的预测方法包括调查预测方法、主观判断预测方法、客观计量预测方法、概率预测方法和模糊评判预测方法等。

预测需要分阶段、按步骤进行。预测步骤的内容如下。

① 确定预测目标。这一步主要确定预测对象和预测要求。例如,预测电动自行车在2018年上半年的市场需求量和型号。

② 搜集、筛选资料和数据。资料和数据是进行预测的基本依据及成功的保证。资料和数据应该全面、准确、及时、完整和经济。

③ 选定预测方法。应该根据预测目标和所搜集的资料与数据,选择和确定合适的预测方法。

④ 建立预测模型。这一步是定量预测的核心。根据预测对象和影响因素间的关系,预测模型可以分为4种类型:因果关系模型,主要用于研究预测目标和其影响因素之间的因果关系,该模型多采用回归分析预测法;结构关系模型,主要用于预测目标之间的结构关系,不同预测目标之间互为函数,该模型多采用投入产出模型;时间关系模型,该模型主要用于预测目标和时间过程之间的演变关系,多采用时间序列模型;随机性模型,主要研

究预测目标和影响因素为随机变量的演变关系。

⑤ 实施预测。根据预测模型,充分考虑多种影响因素进行预测计算,求出预测的初步结果。

⑥ 分析和评价预测结果。如果预测结果满足了技术、经济和误差等要求,可以选择最佳的预测结果作为决策和制订MPS的依据。如果预测结果无法满足技术、经济和误差等要求,则返回第③步,重新选择预测方法进行预测。

(四) 订单因素

毋庸置疑,订单因素是影响MPS的最主要因素。对于MPS来说,在某种程度上,其他影响因素都可以忽略,唯独不能缺少订单因素。订单因素指的是销售部门签约的产品销售订单信息。销售订单详细描述了产品销售时的相关数据。

在一个典型的销售订单中,主要包括下列字段:订单类型、订单编码、销售组织、销售渠道、产品组、销售部门、售达客户、送达客户(货物最终送达的客户与售达客户不同时需要填写)、付款条件、折扣原因、业务员、物料、物料描述、订单数量、物料计量单位、辅助单位数量、辅助计量单位、币种、不含税单价、税率、含税单价、不含税金额、税额、价税合计金额、交货日期(首次交货日期)、交货库存组织、全部交货(一次性交货或分批次交货)、交货冻结、交货仓库、装运点、承运商、运输方式和运输状态等。在这些字段中,对MPS影响最大的是订单数量。

需要补充说明的是,有的人认为除了上面所列的影响MPS的因素之外,影响因素还应包括客户备品备件、维修用备品备件等。实际上,造成这种现象的主要原因是分类标准不一致。这里提到的其他因素都可以包括到订单因素和预测因素之中。如果客户备品备件是客户订单中要求的,就应该把这一类因素归结为订单因素。对于维修用备品备件,通常通过预测的方式来得到。

六、时间基准

(一) 计划展望期

计划展望期是指MPS起作用的时间范围。计划展望期往往同企业的生产性质密切相关。如果某个企业的主要产品的累计提前期只有几天或几周,则该企业MPS的计划展望期就很短;如果某个企业的主要产品的累计提前期需要几个月甚至超过一年,则该企业MPS的计划展望期就比较长。通常情况下,MPS的计划展望期的范围是3~18个月。可以按照这种方式确定计划展望期的值:计划展望期的最小值等于产品的累计提前期,最大值是在累计提前期的基础上加上3~6个月。

(二) 时段

时段的英文是time bucket,bucket的中文意思是桶、水桶,因此time bucket的直译是"时桶","时段"是意译,表示时间持续的一个长度单位。也有人把时段称为time period,含义是整个时间过程中的一段时间。但是,有些人把时段理解成时间周期,是不合适的。周期对应的英文是cycle,隐含着反复出现的意思。无论是bucket,还是period,其含义是时间持续的一个长度单位,没有反复出现的意思。

因此,可以说时段是描述计划的时间粒度单位。划分时段的目的是准确说明计划在各个时段上的需求量、计划量和产出量。通常采用的时段粒度是天、周、旬、月、季和年等。如果计划的时段粒度是天,则比天时段粒度大的周、旬、月、季和年等时段粒度主要用于对计划工作的监视、统计和输出报表等。

计划中的时段粒度越小,则该计划越容易得到准确的描述、执行和控制。为了阅读上的方便,跨度比较长的计划往往采用近细远粗的汇总方式呈现出来。例如,如果某个产品的累计提前期是9个月,则该产品的计划可以采取当前周按照天时段、当前月按照周时段及计划后期的工作按照月时段的汇总方式提供给有关管理和监控部门。但是,无论如何汇总,该计划的粒度依然是天时段。

(三) 时界和时区

时界对应的英文是time fence,其中fence的中文含义是防卫、防护、栅栏和围墙等,有时time fence也被翻译为时间栏、时间警戒线。因此,时界表示时间界限,是一个时刻点,是MPS中的计划参考点。时界表明了修改计划的难易程度。

在MPS中,有两个时界点,即需求时界(Demand Time Fence,DTF)和计划时界(Planned Time Fence,PTF)。DTF常常同产品的总装提前期是一致的,也可以大于总装提前期;PTF常常同产品的累计提前期是一致的。由于DTF和PTF都是同具体产品的提前期相关联,因此DTF和PTF都是动态的数据,随着产品的不同而不同。

① 在当前时段,如果某个产品的计划加工和装配时间小于DTF,则表明该产品已经处于加工和总装阶段,原材料已经投入。因此,一般情况下,该产品的MPS是不能轻易调整的。

② 在当前时段,如果某个产品的计划加工和装配时间大于DTF且小于PTF,则表明该产品还没有处于加工和总装阶段,但是该产品所需的原材料、毛坯件已经开始采购了。这时,该产品的MPS不能由ERP系统自动调整。如果需要调整,应该由MPS计划员来手工操作。

③ 在当前时段,如果某个产品的计划累计提前期大于PTF,则表明该产品处于没有开始采购和加工的阶段。这时,该产品的MPS可以由ERP系统根据变化自动调整。

时区的英文是time zone,其中zone的中文含义是层、圈、地区和区域等,time zone的直译为时间区间,时区是其简称。时区用于描述在某个时刻,某个产品在其计划展望期中所处的位置。

一般情况下,时区可以分为时区1、时区2和时区3。时区1等于产品的总装提前期,也被称为需求时区。时区1中的订单是下达订单,该订单中的产品已经开始制造,这些产品的计划不能轻易地被调整。时区2等于产品的累计提前期,也被称为计划时区。时区2中的订单是确认订单,表示时区2订单中的产品数量和时段不能由ERP系统自动调整,只有MPS计划员才可以修改。时区3等于总提前期或计划展望期,也被称为预测时区。时区3中的订单是计划订单,这种订单中的数据在情况发生变化时可以由ERP系统自动调整。

需要注意的是,对于时区1中的订单,如果确实需要调整,那么必须在满足特定的条件后,经企业高层管理人员同意,才能调整其MPS。这些特定的条件主要包括以下几点。

① 用户变更或取消了订单。
② 可利用的生产能力发生了变化。例如,工作中心的数控机床发生了故障。
③ 无法提供原计划的材料(如供方失约),不得不停止生产。
④ 出现过多的次品。

在修改 MPS 时,应该着重考虑下列因素。
① 用户的服务水平是否变差。
② 成本是否增加。
③ 所用物料是否增加。
④ MPS 的可信度是否下降。

七、粗能力需求计划

粗能力需求计划(Rough-Cut Capacity Planning, RCCP)是判定 MPS 是否可行的工具。RCCP 的作用是把 MPS 中计划对象的生产计划转成对工作中心的能力需求。在这里,MPS 中的生产计划是生产负荷,关键工作中心能力是生产能力。如果生产能力大于或等于生产负荷,则 MPS 是可行的,否则 MPS 是不可行的。没有经过 RCCP 判定的 MPS 是不可靠的,因为企业可能无法完成 MPS 中的计划任务。

(一) RCCP 的对象和特点

通常情况下,RCCP 的对象是企业中的关键资源。这些关键资源通常包括物、资金和人,有有形和无形之分,如以下的管理约束。
① 瓶颈工作中心。其加工能力可能是有限的。
② 供应商。其供货能力可能是有限的。
③ 自然资源。企业可用的物料可能是有限的。
④ 专门技能。企业必需但是缺乏的人才。
⑤ 不可外协的工作。例如,由于涉及商业机密,本身能力不足但又不能外协扩散的工作。
⑥ 资金。企业可用的资金可能是有限的。
⑦ 运输。企业的运输能力可能是有限的。
⑧ 仓库。企业用于保管物料的仓库空间可能是有限的。

同能力需求计划相比,RCCP 主要是计算关键资源的能力和负荷,使得整个能力平衡的工作得到大大的简化,不涉及工艺路线等基础数据的细节,能力平衡需要的时间也大大缩短,提高了能力平衡的效率,因此便于在早于 MRP 的 MPS 阶段进行能力平衡工作,减轻后期详细能力平衡工作的压力。

但是,由于 RCCP 忽略了很多影响因素,因此经过 RCCP 平衡的计划也存在许多缺点。这些缺点主要表现在:第一,可信度差,因为 RCCP 只考虑关键资源,但在某些情况下,非关键资源也可能变成关键资源,因此经过 RCCP 平衡的计划很难保证总是可行的;第二,同实际生产有偏差,因为 RCCP 不考虑 MPS 计划对象的现有库存量、在制量和实际的提前期等数据,因此 RCCP 的平衡结果肯定同实际生产存在偏差;第三,RCCP 只宜作为中长期计划的能力平衡手段,对企业的生产大纲和 MPS 等的可行性具有指导性意义,但是由于 RCCP 本身不是一种实际的、精细的能力平衡方式,因此无法应用于短期作业计划的平衡。

(二) RCCP 的编制过程

一般情况下,RCCP 的编制方法有两种,即资源清单法和分时间周期的资源清单法。这两种方法的主要区别在于前者比较简单,不考虑各种提前期,往往会过高地估计负荷;后者比较复杂,考虑各种提前期,平衡结果比较准确。但是,资源清单法是分时间周期的资源清单法的基础。下面重点介绍资源清单法。

资源清单法的编写过程如下。

① 定义关键资源。

② 从 MPS 的每种产品系列中选出将要进行 RCCP 的代表产品。

③ 对每个代表产品确定生产单位产品对关键资源的需求量。确定依据主要包括 MPS、BOM、工艺路线、定额工时及在 BOM 中每个零件的平均批量等。

④ 对每个产品系列,确定其 MPS 的计划产量。

⑤ 将 MPS 中的计划产量和能力清单中的资源需求量相乘。

⑥ 将没有产品系列所需要的能力加起来,得到对应计划的总能力需求。

MPS 的编制过程是一个不断循环反复、动态调整的过程。第一,MPS 经过 RCCP 之后,才可以作为可行的 MPS。如果某个 MPS 方案不能通过 RCCP 的平衡,该 MPS 必须进行修改。第二,当接收到没有预测到的新的客户订单时,需重新排定 MPS。只有当编制的 MPS 比较合理时,调整计划的频率才不会太快,否则需要经常进行调整。在 ERP 系统运行之初,可能几天排一次 MPS,系统运行正常后可能一周或几周排一次。MPS 的这种编制过程如图 3.8 所示。

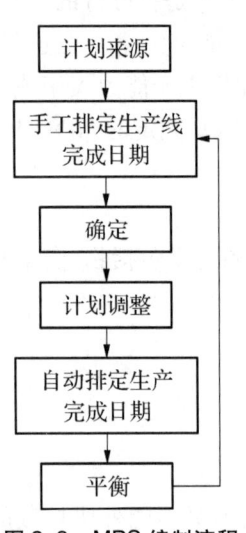

图 3.8 MPS 编制流程

八、基本数量概念和计算过程

(一) 基本数量概念

在 MPS 计算过程中,经常用到九大基本数量的概念。这些数量概念分别是:预测量、毛需求量、订单量、计划接收量、预计可用库存量、净需求量、计划产出量、计划投入量和可供销售量。

① 预测量和订单量。预测量是企业生产计划部门根据企业的经营计划或销售计划,采用合适的预测方法预测的最终产品项目将要生产的数量;订单量是企业已经明确得到的将要为客户提供的最终产品的数量,是企业明确的生产目标。预测量和订单量是企业组织生产管理活动的核心目标。在不同类型的企业中,预测量和订单量所起的作用也不尽相同。

② 毛需求量(gross requirement)。毛需求量是根据预测量和订单量计算得到的初步需求量。毛需求量的计算同时区的确定、企业的生产政策有关。在 MPS 中,毛需求量是

除了预测量和订单量之外的其他量的计算基础。

③ 计划接收量(scheduled receipts)。计划接收量是指正在执行的订单量。在制订 MPS 时,往往把制订计划日期之前的已经发出的将要在本计划期内到达的订单数量作为计划接收量来处理。如果希望手工修改 MPS,也可以把手工添加的接收量作为计划接收量处理。

④ 预计可用库存量(Projected Available Balance,PAB)。预计可用库存量是指现在有库存中扣除了预留给其他用途的已分配量之后,可以用于需求计算的那部分库存量。PAB 的计算公式为:

PAB=前一时段末的 PAB+本时段计划接收量-本时段毛需求量+本时段计划产出量

在 PAB 的计算公式中,如果前 3 项的计算结果是负值,表示如果不进行库存补充,将会出现缺料。因此,需要借助第 4 项,即本时段计划产出量用于库存的补充。

⑤ 净需求量(Net Requirement,NR)。净需求量是根据毛需求量、安全库存量、本期计划产出量和期初结余计算得到的数量。净需求量的计算公式为:

净需求量=本时段毛需求量-前一时段末的 PAB-本时段的计划接收量+安全库存量

⑥ 计划产出量。计划产出量是指在计算 PAB 时,如果出现负值,表示需求不能被满足,需要根据批量政策计算得到的供应数量。计划产出量只是一个计算过程中的数据,并不是真正的计划投入数据。

⑦ 计划投入量(Planned Order Releases,POR)。计划投入量是根据计划产出量、提前期等数据计算得到的计划投入数量。

⑧ 可供销售量(Available To Promise,ATP)。可供销售量是指销售部门可以销售的产品数量。ATP 的计算公式为:

ATP=本时段计划产出量+本时段计划接收量-
下一次出现计划产出量之前各时段订单量之和

(二) 计算过程

① 在计算过程中,首先需要确定系统设置的内容。系统设置包括整个 MPS 计算需要的数据环境。例如,需要明确编制 MPS 的日期、划分时段、时区、确定需求时界、计划时界、生产批量、批量增量、安全库存量和提前期等。

② 系统设置之后,可以计算毛需求量。计算毛需求量的基础数据是预测量和订单量。如何根据预测量和订单量得到毛需求量,取决于企业的类型、时区和生产政策。例如,可以制定这样的政策:在时区 1,毛需求量等于订单量;在时区 2,毛需求量等于订单量和预测量中的较大者;在时区 3,毛需求量等于预测量。

③ 计算计划接收量需要确认在编制计划日期之前已经下达的订单数量。在 ERP 系统中可以由系统自动确认。

④ 计算当期 PAB 往往也是当前数据的一种确认。当期 PAB 是指编制计划日期时可用的库存量。

⑤ 接着逐个时段进行计算。在一个时段中,PAB 有两个值:一个是 PAB 初值;一个

是 PAB 值。这是因为在计算 PAB 值时,如果计算结果为负值,需要借助计划产出量进行调整。

⑥ 计算本时段的净需求量。如果 PAB 初值大于或等于安全库存量,表示不需要补充,因此净需求量为 0;如果 PAB 初值小于安全库存量,则需要补充库存,这时净需求量为安全库存量减去 PAB 初值。如果净需求量为 0,表示不需要补充物料,因此 PAB 等于 PAB 初值;如果净需求量不为 0,则需要计算计划产出量。

⑦ 计算计划产出量需要依据企业的批量政策。计划产出量的计算公式为:

$$计划产出量 = N \text{ 生产批量}$$

$$N \text{ 生产批量} \geq 净需求量 \geq (N-1) \text{ 生产批量}$$

式中,N 为大于或等于 1 的整数。

⑧ 计算计划产出量之后,需要计算 PAB 值。这时,计算 PAB 值要考虑计划产出量的影响。

⑨ 计算 PAB 值之后,需要判断计划期中的各个时段是否已全部计算完毕。如果没有全部计算完毕,需要计算下一个时段的数据。

⑩ 计划期循环完毕之后,可以计算计划投入量和可供销售量。

  例 3-7 编制 MPS。

题 1:某汽车配套阀门制造厂预测该产品 4 月份需求量为 80 个,5 月份为 160 个,并且已确定前 4 周订单量,具体如表 3.14 所示。要求:根据给定条件制订 MPS。

表 3.14 需求及订货信息　　　　　　　　　　个

	4月				5月			
	周次							
期初库存:45 个 生产批量:80 个	1	2	3	4	5	6	7	8
需求预测	20	20	20	20	40	40	40	40
顾客订货	23	15	8	4	0	0	0	0
可用库存量	—	—	—	—	—	—	—	—
MPS 量								

必备知识:

(1) 可用库存量

可用库存量是指每期的需求(取预计需求量和实际订货量中的大数)被满足后剩余的可利用库存量。

(2) 期末库存量 = 期初库存量 + 本期 MPS 量 - max(本期预计需求量,本期订货量)

其中,max 是取预计需求量和实际订货量中的数量为大者,是为了最大限度地满足需求。

解:制订主生产计划的步骤如下。

1) A 型产品 MPS 量的计算,如表 3.15 所示。

表 3.15 MPS 量计算   个

周次	期初库存	需 求 量	是否缺货	MPS 量	期末库存
1	45	−23(20,23)	否	+ 0 =	22
2	22	−20(20,15)	否	+ 0 =	2
3	2	−20(20,8)	是	+ 80 =	62
4	62	−20(20,4)	否	+ 0 =	42
5	42	40	否	+ 0 =	2
6	2	40	是	+ 80 =	42
7	42	40	否	+ 0 =	2
8	2	40	是	+ 80 =	42

2) 根据表 3.11 中的 MPS 量,可以得到 A 型产品 MPS 输出表,如表 3.16 所示。

表 3.16 MPS 输出   个

期初库存:45 个 生产批量:80 个	4 月				5 月			
	周 次							
	1	2	3	4	5	6	7	8
需求预测	20	20	20	20	40	40	40	40
顾客订货	23	15	8	4	0	0	0	0
可用库存量	22	2	62	42	2	42	2	42
MPS 量	0	0	80	0	0	80	0	80

题 2:假设企业又收到客户新订单。

试问:企业能否接收这些订单? 如果不能接收,那么如何调整 MPS?

必备知识:

(1) 可分配库存(Available To Promise Inventory,ATP)是指可以满足顾客临时订货的供货产品数量。营销部门可以根据 ATP 签订临时订单供货合同并确定具体供货日期。

(2) ATP = 期初库存量 + 本期 MPS 量 − 直至下一期(不包括该期)MPS 量到达为止的全部订货量。

解:确定能否接受订货和调整 ATP 的步骤如下。

1) 计算 A 型产品 ATP 量,如表 3.17 所示。

表 3.17　ATP 量计算　　　　　　　　　　　　　　　　　　　　　个

期初库存:45 个 生产批量:80 个	4月				5月			
	周次							
	1	2	3	4	5	6	7	8
需求预测	20	20	20	20	40	40	40	40
顾客订货	23	15	8	4	0	0	0	0
可用库存量	22	2	62	42	2	42	2	42
MPS 量	0	0	80	0	0	80	0	80
ATP 量	7	68		80		80		

结论：因为第一份订单订货量为 5 个,小于 7 个,可以满足,第 2、3、4 订单合并订货量为 77 个,大于 68 个,因此需要调整 MPS。

2) 更新 A 型产品订单量,如表 3.18 所示。

表 3.18　订单更新后信息表　　　　　　　　　　　　　　　　　　个

期初库存:45 个 生产批量:80 个	4月				5月			
	周次							
	1	2	3	4	5	6	7	8
需求预测	20	20	20	20	40	40	40	40
顾客订货	23	20	32	19	38	0	0	0
可用库存量	—	—	—	—	—	—	—	—
MPS 量	—	—	—	—	—	—	—	—
ATP 量	—			—		—		—

可得 A 型产品 MPS 量的计算结果,如表 3.19 所示。

表 3.19　MPS 计算结果　　　　　　　　　　　　　　　　　　　　个

周次	期初库存	需求量	是否缺货	MPS 量	期末库存
1	45	−23(20,23)	否	+ 0 =	22
2	22	−20(20,20)	否	+ 0 =	2
3	2	−32(20,32)	是	+ 80 =	50
4	50	−20(20,19)	否	+ 0 =	30
5	30	−40(40,38)	否	+ 80 =	70
6	70	−40	是	+ 0 =	30
7	30	−40	否	+ 80 =	70
8	70	−40	是	+ 0 =	30

3) 更新 A 型产品 MPS 输出表,如表 3.20 所示。

表 3.20 MPS 输出　　　　　　　　　　　　　　　　　个

期初库存:45 个 生产批量:80 个	4月				5月			
	周次							
	1	2	3	4	5	6	7	8
需求预测	20	20	20	20	40	40	40	40
顾客订货	23	20	32	19	38	0	0	0
可用库存量	22	2	50	30	70	30	70	30
MPS 量	0	0	80	0	80	0	80	0
ATP 量	—		—		—		—	

4) A 型产品 ATP 的更新结果如表 3.21 所示。

表 3.21 ATP 更新后数据表　　　　　　　　　　　　个

期初库存:45 个 生产批量:80 个	4月				5月			
	周次							
	1	2	3	4	5	6	7	8
需求预测	20	20	20	20	40	40	40	40
顾客订货	23	20	32	19	38	0	0	0
可用库存量	22	2	50	30	70	30	70	30
MPS 量	0	0	80	0	80	0	80	0
ATP 量	2		29		42		80	

结论:第 3 周生产量不变,原计划第 6、8 周生产批量分别提前至第 5、7 周生产。

任务三　生产作业计划与作业排序

一、生产作业计划

企业的生产作业计划(scheduling)在生产运作计划系统中属于执行层面的操作计划。它以综合生产计划、主生产计划及物料需求计划为依据,对每个生产单位(车间、工段、班组等),在每个具体的时期(月、旬、班、小时等)内的生产任务作出详细规定,使生产计划得到落实。它是企业日常生产活动的行为指南。本节将介绍生产作业计划的基本内容、期量标准及各种类型的生产作业计划的编制方法。

(一) 生产作业计划概述

1. 生产作业计划的工作内容

生产作业计划需要将综合生产计划、主生产计划及物料需求计划落实到各个生产环节的具体投入和产出的生产进度中。生产作业计划的工作内容包括以下方面。

(1) 制定合理的期量标准

期量标准(standard of scheduled time and quantity)，又称作业计划标准或日历标准，就是为加工对象(产品、部件、零件等)在生产期限和生产数量方面所规定的标准数据。它是编制生产作业计划的重要依据，也是生产作业计划工作的基本内容。企业的生产类型和生产组织形式不同，各生产环节在生产期限和生产数量方面的联系方式也就不同，因而形成了不同的期量标准。

大量流水生产的期量标准有节拍、运送批量和节奏、在制品占用量定额、流水线工作指示图表等。成批生产的期量标准有批量、生产间隔期、生产周期、提前期、在制品定额等。单件生产的期量标准有生产周期、提前期等。在后面各种类型生产作业计划编制中将分别予以介绍。

(2) 编制各级生产作业计划

编制厂级、各车间的生产作业计划，规定各种产品的投入期、出产期、投入量、出产量及生产批量。在此基础上，将车间作业计划任务下达给各工段、小组以及各工作地，规定他们在旬、周、日、轮班甚至各小时内应完成的产品品种、出产量、投入量、出产期、投入期等。

(3) 进行生产能力的核算与平衡

在编制生产作业计划过程中，要对各生产能力(包括各生产设备、生产面积等生产资源)进行核算与平衡，既要保证生产任务得到具体落实，又要使得生产能力得到充分利用。

(4) 检查生产作业准备

生产作业计划的顺利执行需要做好原材料供应、外协件的准备、设备维修、工具准备、技术文件准备、劳动力调配等生产技术准备工作，因此在生产作业计划过程中需要检查其准备工作的完备性。

(5) 生产作业控制

检查和监督生产作业的执行情况，包括生产调度、进度管理、在制品管理等内容。

2. 生产作业计划的目标

生产作业计划的目标主要在于两方面。一是保证生产计划任务能够按质、按量、按期、按品种完成；二是尽可能实现均衡生产，防止出现或减少生产过程中的前紧后松、加班突击等现象，建立良好的生产秩序，避免不必要的在制品积压，缩短生产周期，减少人、财、物的闲置和浪费现象，提高生产效率。

(二) 大量大批生产作业计划

大量大批生产类型企业多采用流水线或自动生产线的生产组织形式。其生产作业计划所要解决的主要问题是保证整个生产过程及其各个生产环节按规定的节拍有计划有组织连续地进行生产。

1. 大量大批生产的期量标准

(1) 节拍

节拍是组织大量流水生产的依据，是大量流水生产期量标准中最基本的标准。节拍是流水线上相邻两件相同制品投产或出产的时间间隔，是流水线最重要的工作参数。它表明流水线生产速度的快慢或生产率的高低。

（2）流水线工作指示图表

在间断流水线中，由于各工序的工序节拍与流水线的节拍不同步，各道工序的生产率不协调，生产中就会出现以下两种情况。第一种情况是，当前道工序生产率低于后道工序时，后道工序将出现停工待料，工人和设备的能力不能充分利用的问题；第二种情况是，当前道工序生产率高于后道工序生产率时，后道工序将出现在制品积压等待加工的问题。为了使间断流水线能有节奏地生产，一般是规定一段时间，使流水线的各道工序能在该段时间内生产相同数量的制品。这一事先规定的能平衡工序间生产率的时间，通常称为间断流水线的看管期。间断流水线的工作指示图表是其重要的期量标准。

（3）在制品占用量定额

在制品占用量定额是指在一定的时间、地点、生产技术组织条件下为保证生产的连续进行而指定的必要的在制品数量标准。在制品是指从原材料投入到产品入库为止，处于生产过程中尚未完工的所有零件、组件部件、产品的总称。在制品占用量按存放地点可分为，流水线（车间）内在制品占用量和流水线（车间）间在制品占用量；按性质和用途可分为，工艺占用量、运输占用量、周转占用量和保险占用量。在制品占用量分类及解释如表3.22所示。

表 3.22 在制品占用量分类及解释

	分　类	解　释
流水线内在制品	工艺占用量	正在各工作地（或设备）上加工、装配和检验的在制品量总和
	运输占用量	流水线内运输过程中或在运输装置中等待运输的在制品量
	周转占用量	流水线上相邻两工序间由于生产率不平衡而形成的在制品量
	保险占用量	当流水线某一环节发生意外事故时，为了保证整条流水线仍能正常工作而设置的在制品量
流水线间在制品	线间运输占用量	处于流水线间运输过程中的在制品量
	库存周转占用量	使流水线间协调工作而占用的在制品量
	库存保险占用量	当流水线因故交货延期时，为保证需求而设置的库存在制品

一定数量的在制品，是保证生产不断进行的必要条件；但是，在制品过多，会使工作场所拥挤，产品生产周期延长，流动资金占用过多，运费保管费用增加。因此，必须合理地确定在制品占用量定额。

2. 厂级生产作业计划编制

厂级生产作业计划主要内容是为各车间分配生产任务，使各车间的任务在时间上和空间上相互衔接，保证按时、按量、配套地完成生产任务。厂级生产作业计划一般由厂级生产管理部门编制。在计划编制前，首先必须选择计划单位。

（1）计划单位的选择

计划单位是编制生产作业计划时规定生产任务所用的计算单位。它反映了生产作业计划的详细程度及各级分工关系。流水线生产企业中，编制厂级生产作业计划时采用的计划单位有产品、部件、零件组、零件，同一个企业中可以同时存在几种计划单位。

(2) 各车间生产任务的分配方法

编制厂级生产作业计划的主要任务是,根据企业的生产计划,为每个车间正确地规定每一种制品(部件、零件)的出产量和出产期。安排车间生产任务的方法随车间的生产类型和生产组织形式不同而不同。如果各车间彼此之间没有依次提供半成品的关系,那么只要将计划期的生产任务根据各车间的产品分工、生产能力和具体的生产条件直接分配给各个车间即可。如果各车间彼此之间有依次提供半成品的关系,在规定生产任务时就应检查各车间在产品品种、数量、出产日期上是否彼此衔接,考虑各车间的生产能力平衡,减少在制品占用。大量流水线生产企业分配车间生产任务的方法有两种,即在制品定额法和订货点法。

在制品定额法也叫连锁计算法。它根据在制品定额来确定各车间的生产任务,保证各车间生产的衔接。大量流水线生产企业生产作业计划的编制,重点在于解决各车间在生产数量上的协调配合。这是因为同一时间各车间都在完成同一产品的不同工序,这就决定了"期"不是最主要的问题,而"量"是重要的。在制品定额法正好适合这种特点。这种方法还可以很好地控制在制品数量。

在制品定额法运用预先制定的在制品占用量定额,按工艺过程相反的次序依次计算各车间的产出量和投入量。它首先根据生产计划的要求规定最后车间的出产量,再以这个出产量为基础计算其投入量,然后根据最后车间的投入量计算前一车间的出产量,依次类推直到第一个车间,计算公式如下:

$$Q_{0i} = Q_{lj} + Q_{si} + (Z_I - Z_{I'})$$

$$Q_{li} = Q_{0i} + Q_{fi} + (Z_L - Z_{L'})$$

式中,Q_{0i} 为 i 车间的计划期出产量;Q_{lj} 为 i 车间的后续 j 车间的计划期投入量;Q_{si} 为 i 车间的外销半成品量;Z_I 为 i 车间库存在制品占用量定额;$Z_{I'}$ 为 i 车间期初预计库存量;Q_{li} 为 i 车间的计划期投入量;Q_{fi} 为 i 车间允许的废品数量;Z_L 为 i 车间内部在制品占用量定额;$Z_{L'}$ 为 i 车间内部期初在制品结存量。

例 3-8 以某冰箱厂为例,计算其计划期各车间 X 零件的出产量和投入量,计算过程如表 3.23 所示。

表3.23 各车间 X 零件的某月计划计算表(单位:件)

部门	编号	项目	数量
总装车间	1	出产量	30 000
	2	废品	
	3	在制品定额	2 000
	4	期初预计在制品占用量	1 000
	5	投入量(1+2+3-4)	31 000
箱体库	6	半成品外销量	400
	7	库存定额	1 000
	8	期初预计占用量	800

（续表）

部门	编号	项目	数量
箱体车间	9	出产量(5+6+7-8)	31 600
	10	废品	1 000
	11	在制品占用量定额	2 000
	12	期初预计在制品占用量	1 000
	13	投入量(9+10+11-12)	33 600
毛坯库	14	半成品外销量	
	15	库存定额	2 000
	16	期初预计占用量	4 000

订货点法是根据库存在制品下降到订货点的时间来确定零件投产时间的一种方法。这种方法用来安排需求量大的标准件和通用件的生产。这类零件品种多，加工量小，占用资金少。因此为简化计划工作量，通常打破产品界限，为每个标准件和通用件规定一个合理的批量，一次几种生产一批，这一批快用完时再生产下一批。所谓订货点就是标准件和通用件库存量的一个限度，当库存量下降到这个限度时，就投入下一批。

3. 车间生产作业计划编制

车间内生产作业计划的编制，主要包括车间生产作业计划日程安排、工段（班、组）生产作业计划的编制、工段（班、组）内部生产作业计划的编制等。具体的编制工作由车间及工段计划人员完成。若厂级生产作业计划采用的计划单位是零件，则对其略加修改就可作为车间内部的生产作业计划，不必再作计算；若采用的计划单位是产品或部件，则首先需要分解，然后再按零件为单位将任务分配到各流水线（工段）。

（三）成批生产作业计划

成批生产介于大量大批生产和单件小批生产之间，是指企业在一定时间间隔内依次成批轮番生产多种制品。成批生产不是单纯的存货生产方式，也不是单纯的订货生产方式，而是两种生产方式的结合。

成批生产的期量标准有批量、生产间隔、生产周期和生产提前期。批量和生产间隔期是成批生产类型的主要期量标准。

1. 批量和生产间隔期

由于成批生产是按一定时间间隔依次成批地生产多种制品，因此成批生产作业计划不仅要进行进度决策，而且还要进行批量决策，而这些决策又相互联系。批量的大小决定了生产间隔期，生产间隔期又进一步影响批量的大小。因此，如何解决成批生产的批量和生产间隔期的关系是编制成批生产作业计划的关键所在。

采用成批生产的企业，由于产品体积大、结构复杂，再加上品种多等因素，不能采取月度计划一次投料生产的方法。否则在制品会充满生产现场，使现场一片混乱，甚至发生生产场地不够用的现象，还会占用大量的流动资金。但成批生产也不能像流水线生产那样每天小批量地投料生产，所以需要确定一个合理的生产批量。

批量是指一次投入生产的同种制品的数量。每投一次需要消耗一次准备结束时间，用于熟悉图纸、领取工卡量具、调整设备工装等。生产间隔期是相邻两批同种工件投入（或产出）的时间间隔。在周期性重复生产条件下批量和生产间隔期有如下关系：

批量=平均日产量×生产间隔期

例3-9 某产品年计划产量为7 650件，年工作时间为306天，若生产间隔期为8天，那么投产批量=(7 650/306)*8=200件。

在生产任务稳定条件下，日产量不变，则批量与生产间隔期成正比。批量大，则间隔期长，相应地在制品数量也大，这样对使用流动资金是不利的；反之，如批量小，会导致频繁变动产品，增加准备结束的次数，多消耗准备结束时间，对提高设备利用率也是不利的。因此确定批量和生产间隔期，需要在这些因素之间进行平衡，达到既有利于流动资金的有效使用，又提高设备利用率的目的。

确定批量和生产间隔期通常有两种方式，即以量定期法与以期定量法。

（1）以量定期法

当平均日产量不变时，批量与生产间隔期互为因果关系，以量定期法的思路为，先根据综合经济效果确定批量，然后推算生产间隔期，对间隔期作适当的修正后，再对批量做调整。具体做法有最小批量法和经济批量法。

■ 最小批量法。此方法从设备利用和生产率方面考虑批量的选择，要使得选定的批量能够保证一次准备结束时间与批量加工时间的比值不大于给定的数值。可用下式表示：

$$n_{最小} = \frac{t_{准备}}{\alpha \cdot t_{单件}}$$

式中，$n_{最小}$：最小批量；$t_{准备}$：一批产品准备结束时间；α：调整时间损失系数；$t_{单件}$：单件工时。

例3-10 某零件经三道工序加工，其加工数据资料如表，设$\alpha=0.05$，求最小批量。

序号	工序名称	单件时间(分)	设备调整时间(分)	t调/ti
1	车	15	30	2
2	铣	20	120	6
3	磨	30	90	3

解：
① 计算 t 调/ti
② 选择第二道工序计算
③ 计算最小批量

$$n_{最小} = \frac{120}{0.05 \times 20} = 120(件)$$

■ 经济批量法。

这是一种根据费用来确定合理批量的方法。批量大小对费用的影响，主要有两个因素,即设备调整费用和库存保管费用。批量越大,设备调整的次数就越少,分摊到每个产品(零件)的调整费用就越小;批量越小,设备调整的次数就越多,分摊到每个产品的调整费用就越大。但是,批量大,库存的保管费用会相应增加;批量小,则保管费用也相应减少。求经济批量的原理就是用数学方法求得这两项费用之和为最小的批量,即为经济批量。可用下式表示:

$$n_0 = \sqrt{\frac{2NA}{C}}$$

式中,n_0:经济批量;N:年产量;A:设备调整一次费用量;C:单件年平均库存费用。

例 3-11 某产品年总产量为 20 000 件,每批产品的设备调整费用为 100 元,每件产品年平均保管费用为 1 元,求经济批量。

解:

$$n_0 = \sqrt{\frac{2 \times 20\,000 \times 100}{1}} = 2\,000(\text{件})$$

(2) 以期定量法

以期定量法的思路为先确定生产间隔期,再推算出批量。按照零件复杂程度、体积大小、价值高低确定各个零件的生产间隔期,然后根据生产数量推算出批量。为了管理上的方便,企业都事先制定好标准生产间隔期,数值通常取月工作日(24 天)的约数,如 1 天、3 天、6 天(1 周)、8 天、12 天、24 天(1 月)等。见下表 3.24。采用这种方法使生产间隔期和相应的批量规范化,便于管理。

表 3.24 生产间隔期、批次、批量关系汇总表

批	生产间隔期	批量	每月批次
日批	1 天	1/24 月产量	24
三日批	3 天	1/8 月产量	8
周批	6 天	1/4 月产量	4
旬批	8 天	1/3 月产量	3
半月批	12 天	1/2 月产量	2
月批	24 天	1 月产量	1
季批	72 天	3 月产量	一季一次
半年批	144 天	6 月产量	半年一次

2. 生产周期

从大的方面看生产周期即产品生产周期,但是构成产品生产周期,落实到各工序的安排还需要考虑零件工序生产周期与零件加工的生产周期。

(1) 产品生产周期

产品生产周期是指从加工对象投产起,到它完工时所经历的日程时间。生产周期这

一期量标准是编制生产作业计划和确定产品及其零件在各工艺阶段投入和产出日期的主要依据,是成批生产作业计划的一项重要期量标准。对产品来说,它的生产周期包括毛坯准备、零件加工、部件装配、成品总装、油漆,直到入库为止的全部时间。

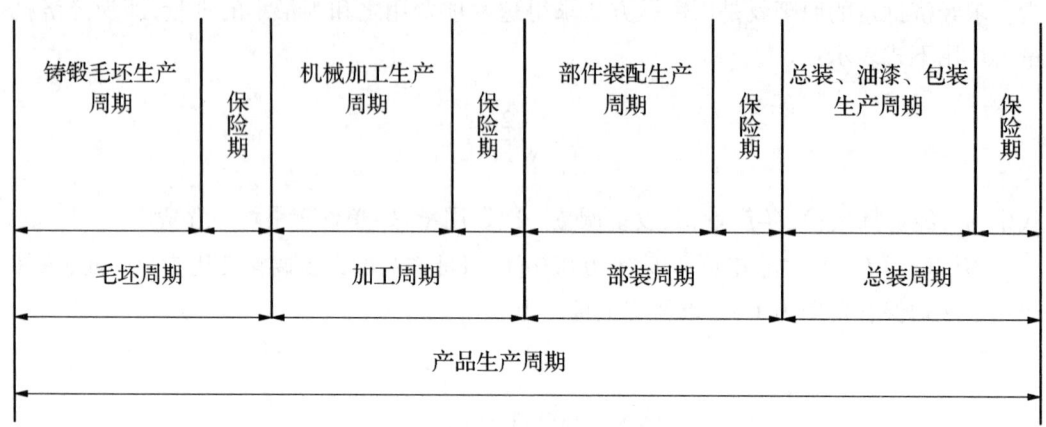

图3.9 机械产品生产周期示意图

(2) 零件工序生产周期

零件工序生产周期是计算产品生产周期的基础。它是指一批零件在某道工序上的作业时间,计算公式为:

$$T_{opi} = \frac{Q \times t_i}{F_e \times s_i \times k_t} + T_{se}$$

式中,T_{opi}:一批零件在i工序的工序生产周期;Q:批量;t_i:零件在第i道工序的单件工时定额;F_e:每日有效工作时间;S_i:执行第i道工序的工作中心数;K_t:工时定额完成系数;T_{se}:准备结束时间。

(3) 零件加工的生产周期

零件加工的生产周期指零件从投入时刻起至加工完毕止的时间长度。生产周期在很大程度上与零件在工序间的移动方式有关。零件在工序间的移动方式有三种,即顺序移动、平行移动、平行顺序移动。

1) 顺序移动方式。顺序移动方式的特点是每批零件在前道工序全部完工后,才整批地传送到后道工序加工。一批零件在顺序移动方式下的加工周期,按下列公式计算:

$$T_o = nt_1 + nt_2 + nt_3 + \cdots + nt_m$$

式中,T_o为零件批在顺序移动方式下的加工周期;n为零件批量;t_i为零件在第i工序的单件工时;m为工序数目。

例3-12 一批制品,批量为4件,须经四道工序加工,各工序时间分别为:$t_1 = 10$,$t_2 = 5$,$t_3 = 15$,$t_4 = 10$。采用顺序移动方式的如下图3.10所示。则$T_o = 4 \times (10+5+15+10) = 160$(分钟)

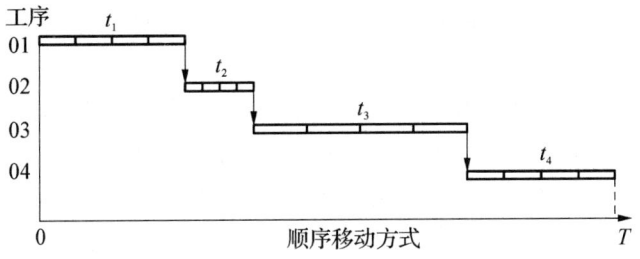

图3.10 一批零件在顺序移动示意图

2)平行移动方式。平行移动是指每个零件在前道工序加工完毕之后,立即转移到后道工序去继续加工,形成各个零件在各道工序平行地进行加工,如图3.11所示。

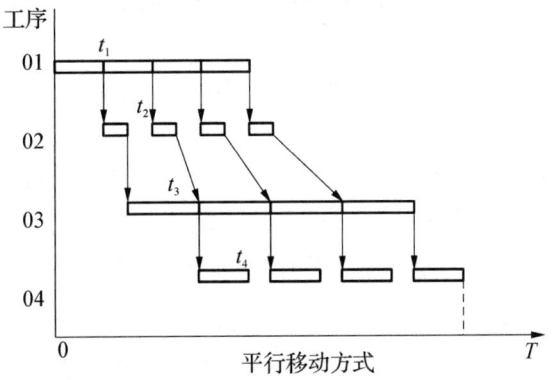

图3.11 一批零件在平行移动示意图

在平行移动方式下,零件批的加工周期(T_P)为:

$$T_p = t_1 + t_2 + \cdots nt_L + \cdots + t_m = t_1 + t_2 + \cdots + t_L \cdots + t_m + (n-1)t_L$$

式中,t_L为最长的单件工序时间。

例 3-13 接上例,则 $T_p = 40 + (4-1) \times 15 = 85$(分钟)

在平行移动方式下,零件批的加工周期最短,但可能发生设备和工人的停歇。

3)平行顺序移动方式。平行顺序移动是在保证各工序的加工时间不间断的条件下,随时传送零件,如图3.12所示。

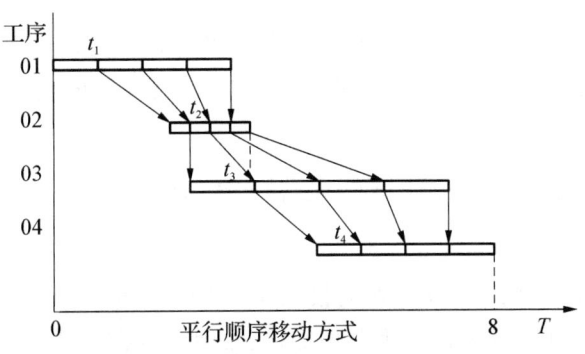

图3.12 一批零件在平行顺序移动示意图

从图 3.12 可知,在平行顺序移动方式下。因长短工序的次序不同,有两种时间安排方法第一,当前道工序的单件时间小于或等于后道工序的单件时间时,加工完的每一个零件应立即转入后道工序去加工,即按平行移动方式转移;第二,当前道工序的加工时间大于后道工序 的加工时间时,只有当前道工序上完工的零件数量足以保证后道工序连续加工时,才开始将完工的零件转入后道工序加工。这样既可以避免后道工序发生工作时断时续的现象,又可以集中利用时间。平行顺序移动方式下的零件批加工周期,可用下式计算:

$$T_{po} = n \sum_{j=1}^{m} t_1 (n-1) \sum_{j=1}^{m-1} t_{sj}$$

式中,T_{po} 为平行顺序移动方式下的零件批加工周期;t_{sj} 为每相邻两工序中较短的工序单件时间。

例 3-14 接上例,则 $T_{po} = 4 \times (10+5+15+10) - 3 \times (5+5+10) = 100$(分钟)

3. 生产提前期

生产提前期是指产品(毛坯、零部件)在各个工艺阶段出产或投入的日期比成品出产的日期应提前的时间。产品装配出产日期是计算提前期的起点,生产周期和生产间隔期是计算提前期的基础。提前期分为投入提前期和出产提前期,如图 3.13 所示。

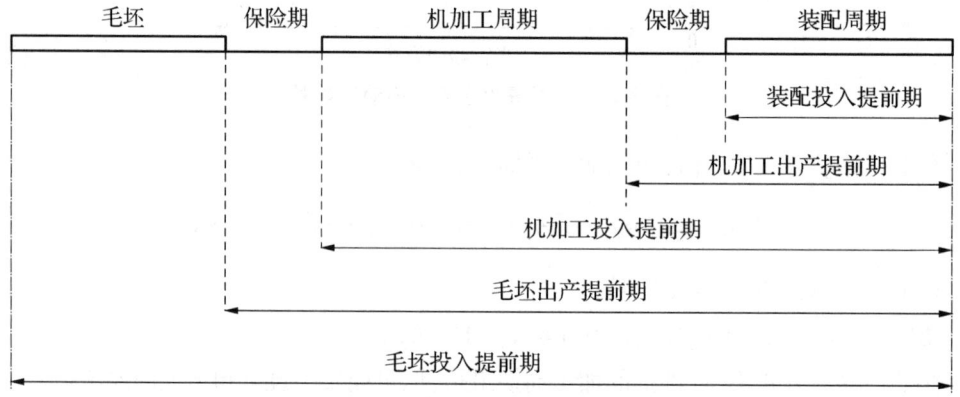

图 3.13 产品生产提前期示意图

(1)投入提前期

投入提前期是指各车间投入的日期比成品出产日期应提前的时间。对装配车间来说,装配投入提前期就等于装配生产周期。无论前后工序车间的生产间隔期是否相等,投入提前期均可按以下公式计算:

某车间的投入提前期 = 该车间的出产提前期 + 该车间的生产周期

(2)出产提前期

某车间的出产提前期,除考虑后车间投入提前期外,还应加上必要的保险期。保险期指为防止可能发生的出产误期以及为办理交库、领用、运输而预留的时间,它一般是根据经验统计数据确定的。计算某车间出产提前期公式如下。

项目三 制造企业生产计划编制

当前后工序车间的生产间隔期相等时，某车间的出产提前期 = 后车间的投入提前期 + 保险期

当前后工序车间的生产间隔期相等时，某车间的出产提前期 = 后车间的投入提前期 + 保险期 + 前后车间生产间隔之差

4. 生产作业计划编制

当生产的批量以及各生产环节的提前期等期量标准确定下来，就可以进行各车间出产量与投入量的确定，由此可编制生产作业计划。在编制的过程中要考虑车间之间在生产时间上的衔接性。

例 3-15 零件 A 的有关期量标准如表 3.25 所示，根据主生产计划，零件 A 的出产计划安排如表 3.26 所示，请安排各车间的投入出产计划。

表 3.25 零件 A 的有关期量标准

车间	投入批量	投入（出产）间隔期	生产周期（天）
装配车间	5	5	5
机加工车间	10	15	15
毛坯车间	20	30	20

表 3.26 零件 A 一季度装配车间的出产计划安排

日历时间		一月					二月					三月				
投入出产		5	10	15	20	25	30	5	10	15	20	25	30	5	10	15	20	25	30
装配	出产	5/5	5/10	5/15	5/20	5/25	5/30	5/35	5/40	5/45	5/50	5/55	5/60	5/65	5/70	5/75	5/80	5/85	5/90
	投入																		

注：表中产出栏的上行数为每日出产值，下行数为累计值。

解：

（1）计算各车间投入出产提前期，见表 3.27。

表 3.27 各车间投入出产提前期

车间	投入提前期（天）	出产提前期（天）
装配车间	0+5=5	0+0+0=0
机加工车间	15+15=30	5+0+(15-5)=15
毛坯车间	45+20=65	30+0+(30-15)=45

（2）安排第一季度各车间的投入出产计划，见表 3.28。

表 3.28　零件 A 的各车间的投入出产计划

日历时间	12月						一月						二月						三月					
投入出产	5	10	15	20	25	30	5	10	15	20	25	30	5	10	15	20	25	30	5	10	15	20	25	30
装配　出产					5/5	5/10	5/15	5/20	5/25	5/30	5/35	5/40	5/45	5/50	5/55	5/60	5/65	5/70	5/75	5/80	5/85	5/90		
装配　投入					5/5	5/10	5/15	5/20	5/25	5/30	5/35	5/40	5/45	5/50	5/55	5/60	5/65	5/70	5/75	5/80	5/85	5/90	5/95	
机加工　出产				10/10			10/20			10/30			10/40			10/50			10/60			10/70		
机加工　投入		10/10			10/20			10/30			10/40			10/50			10/60			10/70			10/80	
毛坯　出产				20/40						20/60						20/80						20/100		
毛坯　投入						20/60						20/80						20/100						20/120

（四）单件小批生产作业计划

单件小批生产都是面向订单的生产，签订了订货合同后才组织生产，生产组织工作难，需要解决的关键问题是：① 保证交货期；② 保证各生产环节之间的相互衔接。为此，单件小批生产作业计划的编制常使用生产周期法和日历进度表来进行编制。目前为了进一步提高生产的应变能力，很多制造企业也采用三日滚动计划法来进行每天的作业计划工作。

1. 生产周期法

生产周期是单件小批生产最基本的期量标准，其构成与成批生产条件下产品生产周期的构成基本相同。实际工作中该数据可以通过实践经验和分析同类产品的相关统计资料信息得到。由于单件小批生产的品种多，因此，通常只确定主要产品和代表产品的生产周期，其他产品的生产周期可以通过类比或重点抽样而得到。安排单件小批生产的作业计划可以通过绘制产品生产周期图表的方式进行，具体步骤如下。

（1）编制产品装配顺序图，反映各种零件装配成最终产品的各项作业顺序；

（2）计算各工艺阶段的生产周期，计算方法与成批生产相同；

（3）根据成品的出产时间要求和各工艺阶段的生产周期，按反工艺顺序编制出产品生产周期图表。可采用甘特图的方式来反映各阶段的进度，也可以根据订货合同为每种产品编制一份出产进度计划表，规定该产品在各车间的投入时间和出产时间，如表 3.29 所示。

表 3.29　产品的生产周期进度表

订货编号	交货期限	成套部件编号	工艺路线	投入期	出产期
2011-15	2011年6月30日	2011-15-1	毛坯车间	5月1日	5月6日
			机加工车间	5月10日	5月18日
			装配车间	5月20日	
		2011-15-2	毛坯车间	6月3日	7月8日
			机加工车间	6月13日	7月25日
			装配车间	6月27日	

二、作业排序

在上节中，主要就各种生产类型的作业计划编制进行了介绍，为了让生产作业计划更具有操作性，不仅要解决各车间、工段、班组等各级工作中心（word center）的投入、出产的时间及量的安排问题，并将其落实到每项作业任务上，还必须解决各项具体操作任务的先后工作顺序问题。本节将介绍作业排序的基本概念、要求和方法。

（一）作业排序的概念和要求

作业排序（sequencing）即确定作业处理的顺序。在生产运作过程中，经常会遇到这样的问题：N项作业任务需要依次经过一个或几个工作中心（如机床、工作地、生产小组、工段等），各项作业任务在每个工作中心耗费的时间不等，如何安排这些作业任务的顺序，才能使全部作业任务完成的时间最短或费用最省，这就是作业排序的问题。作业排序不仅存在于制造业中，也存在于服务业领域。根据不同的生产运作目标的要求，对同一个排序问题会有不同的排序方法。通常来讲，作业排序有四个方面的标准要求。

（1）使完成时间最短。这可由作业的平均流动时间（averaged flow time）来评价。作业的流动时间是指作业从到达车间、工作区或工作中心开始，到离开车间、工作区或工作中心的时间长度。它不仅包括实际加工时间，还包含等待加工时间、各操作之间的运送时间，以及与设备故障、质量等问题有关的等候时间。

作业平均流动时间的公式为＝作业总流动时间/作业的平均流动时间作业数

（2）使用率最大化。这可由该工作系统的有效工作时间占总流动时间的百分比来表示。

（3）使顾客等待时间最少。这可由作业延期时间来表示。作业延期时间是指作业的实际完成时间与预定日期之差。

（4）在制品库存量（inventory on hand）最小化。这可由该系统的平均工作数量来评价，系统中工作数量与在制品库存量高度相关，系统中工作数量越少，在制品库存量也越少。

（二）制造业中的作业排序

在制造业的生产排序中，对于多台机器的排序问题，按工件加工路线的特征，可以分为单件作业排序问题和流水作业排序问题。单件作业排序的基本特征是工件的加工路线不同或不完全相同,而流水作业排序的基本特征则是所有工件的加工路线完全相同。

1. N 项作业在 1 个工作中心的排序

N 项作业在某个工作中心的排序,需要根据生产目标的不同要求,确定优先调度的规则,下面介绍几种在实际中常见的优先规则。

(1) 先到先服务(first come first served,FCFS)规则,即按工件到达车间的先后顺序或者订单的先后顺序进行加工。

(2) 最短作业时间(shortest processing time,SPT)优先规则,即按加工时间大小的次序,加工时间最短者最先加工。

(3) 交货期最早(earliest due date,EDD)优先规则,即优先选择完工期限最紧的工件进行加工。

(4) 最小松弛时间(shortest slack time,SST)优先规则,即根据松弛时间由短到长进行排序。所谓松弛时间(slack time),是指当前时点距离交货期的剩余时间与工件剩余加工时间之差。松弛时间一定程度上反映了任务的紧急、松缓状况。

(5) 紧急性优先规则,即优先安排紧急任务的加工。

(6) 随机(random)规则,即随机安排一个工件。优先规则可分为局部性的和整体性的。局部性规则只考虑一个单独工作区的信息,整体性规则则考虑多个工作区信息。不同工作区的工作系列可能不一样。以上提到的先到先服务、最短作业时间和交货期最早都是局部性规则,而最小松弛时间则是整体性规则。紧急性规则既是局部性规则又是整体性规则。从理论上讲整体规则要优于局部性规则,但整体性规则由于需要较多的信息,而信息的获取是要付出成本的,因此在某些情况下不一定能够提供足够的优势。

另外,优先规则是一种静态的排序规则,它的使用有许多假定条件,包括:① 作业系列已知,即工作开始后不再有新作业加入,作业不会被撤销;② 换产时间独立于加工顺序;③ 换产时间确定;④ 加工时间确定,不可变;⑤ 不存在加工过程的中断,如机器故障、意外事故、工人病休等。这些假定有利于排序问题的管理,使复杂的排序工作变得简单化,但在实践中,作业有可能延迟或撤销,还有可能出现新的工作,这就需要不断修正排序结果。

下面以例 3-16 介绍先到先服务、最短作业时间、交货期最早和最小松弛时间优先规则的应用。

例 3-16 表 3.30 是在某工作中心等待加工的 6 项作业的加工时间(包含换产时间)与预定日期。假设工作的到达顺序与表中顺序相符,根据以下规则来决定其作业顺序,并对它们分别进行评价:① 先到先服务;② 最短作业时间;③ 交货期最早;④ 最小松弛时间。

表 3.30 各项作业的加工时间与预定日期

作业	加工时间(天)	预定日期(天)
A	2	7
B	12	18

(续表)

作业	加工时间（天）	预定日期（天）
C	5	15
D	10	17
E	8	16
F	4	4

解：

（1）按先到先服务规则排序的结果是 A—B—C—D—E—F，如表3.31所示。

表3.31　各项作业的时间分析

顺序	加工时间（天）	流动时间（天）	预定日期（天）	延期天数（如果为负则赋值0）（天）
A	2	2	7	0
B	12	14	18	0
C	5	19	15	4
D	10	29	17	12
E	8	37	16	21
F	4	41	4	37
合计	41	142		74

按前面所介绍的四个标准要求，可做如下分析。① 平均流动时间为120/6＝20（天）；② 平均延期天数为142/6＝23.17（天）；③ 使用率为41/142＝28.8%；④ 工作中心内作业平均数为142/41＝3.46。

（2）按最短作业时间规则，作业顺序是 A—F—C—E—D—B，同理也可作如上的分析，结果如表3.32所示。

（3）按交货期最早规则，作业顺序是 F—A—C—E—D—B，分析结果如表3.32所示。

表3.32　各种排序方法的分析结果

规则	流动时间（天）	平均流动时间（天）	总延期天数	平均延期时间（天）	时间利用率（%）	工作中心的作业平均数
FCFS	142	23.67	74	12.33	28.87	3.46
SPT	108	18.00	40	6.67	37.96	2.63
EDD	110	18.33	38	6.33	37.27	2.68
SST	133	22.17	57	9.50	30.83	3.24

（4）按最小松弛时间规则进行排序，可得顺序：F—A—B—D—E—C。分析结果如表3.32所示。

在例 3-16 中，最短作业时间规则是使作业流动时间最少和工作中心作业平均数（可视为在制品库存量）最少的最好方法。其主要缺点是让耗时长的作业等待，特别当新的时间短的作业不断添加到系统中时，等待时间可能会相当长。为避免这种情况的发生，可以采用各种各样的修正措施。例如，等候一定时间后，剩余作业就自动移到队头，这叫截头最短作业时间规则。

对于交货期最早规则，它在平均延迟天数这个指标上总是最优的，但是因为它没有考虑加工时间，有可能造成这样一种现象，即有的作业等待加工的时间很长，使在加工存货与车间的拥挤程度增加。

对于先到先服务规则，它的主要局限在于加工时间过长，常会使其他作业延期。然而，对于顾客直接参与其中的服务系统来说，先到先服务是迄今为止占据绝对优势的一项规则，这主要是出于固有的公平理念。先到先服务规则最大的优点是使用起来非常简单。

对于最小松弛时间规则，虽然上例显示它的多项指标都最差，但是它考虑到了各项任务在完成过程中的松紧、缓急。

另外，它在使用的过程中融入了下游生产线的信息，任一给定操作结束之后，都要改变原先设计好的作业顺序，因此每项操作结束后对操作序列进行再评价很重要。

在作业排序的过程中，有时运用一个优先规则还不能唯一地确定下一个工作，这时可使用多个优先规则的组合。例如，最短作业时间+先到先服务+随机的含义是，首先按最短作业时间规则选择下一个工作，若有多项工作具有相同的优先权，则运用先到先服务规则再选择，如仍有多项工作满足条件，再运用随机规则随机地选择一个。按照这样的优先调度方法，可赋予不同工作不同的优先权，使排序方案按预定目标优化。

2. N 项作业在 2 个工作中心的流水型排序

N 项作业在 2 个工作中心的流水型排序（简称为 N/2 排序）中，常用的规则是约翰逊-贝尔曼规则。

（1）约翰逊-贝尔曼规则的概念

约翰逊-贝尔曼规则（以下简称约贝规则）是一种管理者用来使一组待加工作业通过两台机器或两个连续工作中心的操作时间最少的技术，它还能使工作中心内的总空闲时间最少。对于 3 台机器上 N 项作业的排序，以及 M 台机器上 N 项作业的排序，也可用约贝规则的扩展方法求得最优解或近似的最优解。

（2）约贝规则的使用条件

约贝规则的使用必须满足以下几项条件。

1）各项作业在各工作中心的作业时间（包含换产与加工）必须已知且固定；

2）作业时间必须独立于作业顺序；

3）所有作业都必须遵循同样的两步式工作顺序；

4）没有工作优先级；

5）在作业被移送到第 2 个工作中心之前，其在第 1 个工作中心的所有工作内容都必须完全结束。

（3）约贝规则的操作步骤　约贝规则的操作步骤如下。

1）列出全部作业及其在各个工作中心的时间；

2) 选取时间最短的作业,如果最短时间在第1个工作中心,就将该作业排在第1位,如果在第2个工作中心,则将其排在序列的最后一位;

3) 消除这项作业及其时间,进行下一步的考虑;

4) 重复第2、3步,直到所有作业都已进入序列。

例 3-17 某冲模工厂有5件特殊的工作需通过两个工作中心(钻机和车床)的操作,各项工作的操作时间如表3.33所示,为这组工作进行排序,使总完成时间最短。

表3.33 各工作操作时间(单位:小时)

工作	生产中心1(钻机)	生产中心2(车床)
A	6	5
B	3	2
C	7	6
D	10	9
E	8	12

解:

(1) 选出操作时间最短的工作,即工作B,时间为2小时,由于这个时间发生在第2工作中心,将其安排在最后,并清除作业B不再考虑。

(2) 工作A的操作时间是次短的(5小时)。由于这个时间发生在第2工作中心,我们将它安排在倒数第2位并画掉它。

(3) 第3短的是工作C(6小时),在第2工作中心,因而放在倒数第3位。

(4) 余下的两项工作中最短的是E(8小时),在第1工作中心,安排在第1位,最后安排D。加工顺序为E—D—C—A—B。排序后各工作中心的作业时间如表3.34所示。

表3.34 排序后各工作中心的作业时间(单位:小时)

生产中心1(钻机)	8	10	7	6	3
生产中心2(车床)	12	9	6	5	2

3. N项作业在3个工作中心的排序

N项作业在3个工作中心的排序问题(简称为N/3排序),如果满足下面的两个条件之一或均满足,可以按约贝规则的扩展方法求得最优解。

(1) 机器1上的作业最小操作时间至少等于机器2上作业的最大操作时间;

(2) 机器3上的作业最小操作时间至少等于机器2上作业的最大操作时间。

求解的方法是,假设两台机器G、H代替这3台机器,零件在假想机器G上的操作时间为机器1与机器2上操作时间之和,在假想机器H上的操作时间为机器2与机器3上操作时间之和。这样,问题就转化为对G、H两台假想机器的作业排序问题,用约贝规则使可求得最优解。即使3台机器上的操作时间不符合上述条件,也可按照这种方法求得近似的最优方案。

例 3-18 有A、B、C、D四项作业需经过3台机器的加工,它们在各机器上的操作时间如表 3.35 所示,试决定它们的作业顺序。

表 3.35 四项作业的工作时间(单位:小时)

作业	机器 1,T1	机器 2,T2	机器 3,T3
A	15	6	10
B	3	3	8
C	6	4	6
D	9	2	7

解:从表中可看出,前面提到的两个条件中满足条件 2,因此可假想两台机器 G、H 代替这 3 台机器,其操作时间见表 3.36,运用约贝规则,可得作业顺序为 B—A—C—D 或 B—C—A—D。

表 3.36 假想机器 G、H 上的作业时间(单位:小时)

作业	机器 G,T1+T2	机器 H,T2+T3
A	21	16
B	6	11
C	10	10
D	11	9

(四) N 项作业在 M 个工作中心的排序

N 项作业在 M 个工作中心的排序(简称为 N/M 排序)是实际中最一般的排序问题,用分支定界法可求得最优解。但随着问题规模的扩大,计算量相当大,甚至连计算机也难以求解,故无法应用于实际生产之中。此外,还需要考虑经济性。如果求最优解所付出的代价超过了这个最优解所带来的好处,则得不偿失。

项目小结

本项目阐述了工时定额和生产能力(production capacity)的问题,工时定额的有关概念和制定工时定额的方法,以及生产能力的概念、种类、查定和计算,为企业实行全面计划管理提供了基础和依据。同时,也阐述了生产作业计划(scheduling)的工作内容,不同生产类型(大量、成批、单件生产)的期量标准(standard of scheduled time and quantity)与作业计划的编制方法;介绍了制造业中作业排序(sequencing)的四个常用的评价指标、N/1 排序问题的优先规则、N/2 排序问题的约贝规则,以及处理 N/3 排序问题的约贝规则的扩展方法。

素质测评领域

实训项目 生产计划编制调研

选择某一生产性或服务性企业,了解其生产运作计划系统,熟悉其生产计划制订的过程和逻辑。

一、实训目的

了解企业综合生产(运作)计划和主生产(运作)计划的主要内容,能够根据市场需求特点和企业能力状况,在综合分析与权衡的基础上科学制订综合计划和主生产计划。

二、实训要求

1. 建立3~5人的小组,深入各自所选择的企业,了解该企业综合生产(运作)计划和主生产(运作)计划的内在逻辑及企业是如何处理两者关系的。
2. 对该企业的顾客需求、销售量或销售收入做出合理预测。
3. 评价该企业的综合生产运作计划,形成评价报告,并重新拟订一份计划方案。
4. 以3个月为时间段,根据小组已经拟订的综合生产计划,在需求预测的基础上做一份主生产运作计划。

练习与思考

一、选择题(有一个或多个正确答案)

1. 综合生产计划制订后紧接着需要做(   )。
   A. 主生产计划   B. 总进度计划
   C. 物料需求计划   D. 粗能力需求计划

2. (   )一般不参加综合生产计划的制订。
   A. 生产经理   B. 销售经理
   C. 车间主管   D. 采购经理

3. (   )不属于主生产计划的输入数据。
   A. 期初存货   B. 计划期内的各期预测需求
   C. 生产人员数量   D. 顾客订单

4. 下述哪项方法将产品生产计划中的具体产品的需求转化为构成产品的零部件和原材料的需求?(   )
   A. 粗略能力计划   B. 物料需求计划
   C. 能力需求计划   D. 库存计划

5. 制定生产大纲需要多项输入,哪项输入来自企业外部?(   )
   A. 现有库存水平   B. 原材料供应能力
   C. 现有员工数量   D. 现有设备能力

6. 制定生产大纲(综合计划)需要多项输入,哪项输入来自企业内部?(   )
   A. 原材料供应能力   B. 市场需求
   C. 现有设备能力和员工数量   D. 竞争者行为

7. 综合生产计划的主要目标包括(   )。
   A. 成本最小化   B. 最大限度地满足顾客需求
   C. 生产变动程度最小化   D. 设备、设施利用率最大化

8. 制订综合生产计划所需要的信息包括(   )。

A. 需求预测信息 B. 计划期内可利用的资源状况
C. 劳动法的有关规定 D. 薪酬水平情况

9. (　　)属于改变生产能力的综合生产计划策略。
   A. 改变库存水平 B. 转包
   C. 使用临时员工 D. 延迟交货

10. 企业生产计划的主要指标有:(　　)。
    A. 产品品种 B. 产品质量
    C. 产品产量 D. 产值指标

11. 不属于生产作业计划的工作内容是(　　)。
    A. 制定期量标准 B. 进行生产能力的核算与平衡
    C. 检查生产技术的准备工作 D. 确定产品质量指标

12. 可以使平均延迟时间最短的规划是(　　)。
    A. 先到先服务 B. 最短作业时间
    C. 交货期最早 D. 最小松弛时间

13. 可以使作业流动时间最短的规划是(　　)。
    A. 先到先服务 B. 最短作业时间
    C. 交货期最早 D. 最小松弛时间

14. 可将生产计划任务落实到操作工人身上的是(　　)。
    A. 综合生产计划 B. 主生产计划
    C. 生产作业计划与作业排序 D. 生产能力计划

15. 在制造业中评价作业排序的效果,常常运用的标准是(　　)。
    A. 工作区的作业流动时间最短化 B. 工作区的使用效率最大化
    C. 作业延期时间最短化 D. 在制品库存量最小化

16. 生产作业计划的目标在于(　　)。
    A. 按质、按量、按期、按品种地完成生产任务
    B. 生产成本最优化
    C. 尽可能实现均衡生产,减少资源闲置和浪费
    D. 提高生产效率

17. 对于N项作业在某个工作中心的排序,以下(　　)规则仅考虑了单个工作区的局部情况,而没有考虑其他工作区的信息。
    A. 先到先服务 B. 最短作业时间
    C. 交货期最早 D. 最小松弛时间

二、问答题

1. 综合生产计划有哪些可供选择的策略？在进行策略选择的过程中需要考虑哪些因素？

2. 服务业的综合生产计划相对于制造业来讲有哪些不同的特点？

三、计算题

1. 某车间生产 A、B、C、D 四种结构和工艺相似的产品。车间铣床组有 6 台铣床,每台铣床的全年有效工作时间为 4 500 小时,相关资料如表 3.37 所示,试计算铣床组的生产能力。

表 3.37　四种相似产品信息表

产品名称	生产计划/台	单位产品总劳动量/台时	单位产品铣床台时消耗/台时
A	2 100	20	3.2
B	1 500	40	5
C	1 000	50	5.6
D	800	60	8

2. 设车床组有 14 台车床,生产 A、B、C、D 四种结构、工艺不相似的产品,每台车床计划期有效工作时间为 4 800 小时,各种产品的计划期产量、单位产品的车床台时消耗定额如表 3.38 所示,试计算车床组的生产能力。

表 3.38　四种不相似产品信息表

产品名称	A	B	C	D
计划产量(台)	1 000	800	1 600	600
单位产品车床台时消耗	16	25	10	20

3. 中储物资公司生产 A、B 两种产品。两种产品都可库存,并且一个单位 A 产品每月平均维持库存费用为 2 元,而 B 产品则为 4 元。表 3.39 给出了该公司今后 6 个月的需求预测。该公司三个加工中心生产 A、B 两种产品的工时定额如表 3.40 所示。

表 3.39　需求预测资料

产品组	月份					
	1	2	3	4	5	6
A	800	650	800	900	800	850
B	425	300	500	500	400	500

表 3.40　工时定额资料

产品组	加工中心		
	X	Y	Z
A	1.4	0.7	1.1
B	1.5	1.3	0.8

(1) 若 X 加工中心按照预测生产 A、B 两种产品,试确定 X 加工中心的工作负荷。
(2) 为制定均衡工作负荷,考虑到 B 产品的单位维持库存费用是 A 产品的两倍,所

以计划者决定按 B 产品的预测量进行生产,并打算合理安排 A 产品的生产,以使 X 加工中心的工作总负荷始终高于 6 个月的平均值,试制定一个生产计划来满足这个目标。

(3) 针对(2)中所制定的计划,计算加工中心 Y 和 Z 的工作负荷。

(4) 为什么计划者要优先选择加工中心 X,而不是另外两个加工中心制定均衡工作负荷,说明理由。

4. 假设零件批量为 3,经三道工序进行加工,各道工序上的单件加工工时分别为 $t_1=5$ 分钟,$t_2=9$ 分钟,$t_3=7$ 分钟,计算该批零件在平行顺序移动方式下的生产周期。

5. 在平行顺序移动方式下,保证第二道工序加工不间断的最小零件在制品周转量为 7,零件的批量为 10,第一道工序上第一个零件加工与它在第二道工序开始加工的时间间隔为 360 分钟,已知第一道工序的单件时间大于第二道工序的单件时间,求两道工序的单件加工时间。

6. 已知某企业成批生产 A 产品,各车间的期量标准数据如表 3.41 所示。请计算各车间生产 A 产品的提前期。

表 3.41　各车间的期量标准数据

车间	批量(件)	生产周期(天)	间隔期(天)	保险期(天)
装配	30	20	15	
机加工	90	40	45	5
毛坯	180	30	90	5

7. 某企业生产甲、乙、丙三种产品,依次在 A、B、C 三台设备上加工,在各台设备上的单件加工时间如表 3.42 所示,请决定最优的加工顺序及最短的加工周期。

表 3.42　不同产品在各设备上的单价加工时间　　　　　　　　(单位:分钟)

加工时间＼产品	甲	乙	丙
t_A	12	20	15
t_B	6	8	10
t_C	18	10	20

四、案例分析题

旺茂陶瓷公仔公司生产计划安排

一、公司简介

旺茂陶瓷公仔公司以生产各种主题陶瓷公仔为主营业务,兼营季节性、节日性玩具。公司产品品位高、质量好、选料精、设计新颖、具有鲜明的历史文化底蕴,一直深受广大消费者的喜爱,产品畅销全国各地。

近年来,公司尝试与文化创意公司、科技公司等合作,与时俱进,生产出既具有鲜明文化特色,同时也具有现代科技元素的陶瓷公仔产品,市场反响良好。

二、生产计划编制现状

公司管理者在处理综合计划时,通常采取改变价格、促销及积压订单待发货等方式平抑波动的需求,采取加班、雇佣兼职员工、外包及积压存货等方式改变生产能力,从而使需求与生产能力相匹配。

1. 平抑需求波动

(1) 歧义性定价。产品需求波动较大的企业通常拥有采取歧义性定价的空间。在产品需求从高峰期划向非高峰期时,歧义性定价极为常见。虽然特定期间内的生产能力不足以满足需求,会带来利润损失,形成机会成本,但对这些季节性需求产品施以歧义性定价,在定价有效的范围内,需求会很快发生变化,并且和生产能力水平取得一致。

(2) 促销。广告和其他形式的促销,有时会对需求的改变产生非常有效的影响,因此就会使需求和生产能力更为一致。该公司属于中小型企业,无力耗巨资做大范围的媒体广告,因此在促销策略上一般采取展览、直销或与其他产品捆绑销售、附赠等方式。与定价政策不同,这种方法对适时需求的控制能力较弱,同时还要冒促销可能恶化原本打算改善的市场条件的风险。

(3) 延迟交货。当公司的生产能力不足以满足需求时,可以通过待发货订单,把需求转移到其他时期。因此,订单在某一时期取得,并许诺将在以后的某个时期交货。这种方法能否成功依赖于顾客对等待运送产品的愿意程度,其成本难以核算。

2. 生产能力的调整

(1) 聘用临时工。当公司生产节日性产品,或某时期产品需求、顾客订单大,而生产能力不足时,公司曾考虑聘用临时工,来增加需求较大时期的生产能力。但此种方法成本较大,因为聘用和解聘都需付出成本。聘用成本包括征募、筛选和培训,同时新工人的熟练程度和工作质量相较原有工人来说,会有所降低。如果新近被解聘的工人重新上岗,成本可以得到一定程度的节约。解聘成本包括违约金、重整其余员工的费用、公司中遭遇解聘的那部分工人的潜在恶劣情绪,以及留下员工的士气损失。

鉴于此种方法成本的提高,同时公司逐渐将员工视为资产而非可变成本,因此今后不再考虑使用这种方法。

(2) 加班。加班是该公司编制生产计划时经常使用的方法。相比聘用解聘方法,利用加班改变生产能力显得没有那么苛刻。它可以运用于公司全体员工,也可以根据需要有选择地运用于部分员工。此外,此种方式贯彻执行较快,可以保证公司维持在一个稳定的员工数量,从而降低员工流动对公司士气的影响。

因此,该公司在应对节日性产品的高峰期需求时,通常采用加班方法,收效较好。因为这样一来公司既不必聘用和培训新员工,也不必在淡季到来时解聘他们。加班不但为公司维持了熟练工人,还为员工增加了收入。

(3) 存货。公司在运用加班方式同时,还依靠产成品存货调整生产能力与需求的缺口。存货能够使工厂在某一时期生产,而在另一时期售出。虽然此种方式会产生存储成本,占用一部分资金,但此法对于平抑需求较为稳定,且由于公司的产品不易变质,因而不存在变质损坏成本。但需注意的是,可能会冒产品过时的风险。

(4) 外包。将一部分不能完成的生产任务外包,能使公司获得临时性的生产能力,也是该公司选择的方法之一。此种方法对于公司来说,控制难度较大。一方面对产出量的控制性较小,可能引发高昂的成本;另一方面,又可能造成质量问题。因此,公司在解决自制还是外购问题时,要考虑可使用的生产能力、相关专门技术、质量、成本、需求数量和稳定性等诸多因素。

三、具体综合计划的编制

某一时期,对于该公司的非节日性产品,公司生产经理做了一份综合预测,如表 3.43 所示:

表 3.43 综合预测表

月份	一月	二月	三月	四月	五月	六月	七月	总计
预测	50	44	55	60	50	40	51	350

该公司生产部门有 10 名全职员工,每月能以每单位 80 元的成本生产 40 单位的产出。每期的存货持有成本为每单位 10 元,每期延迟交货成本为每单位 20 元,期初存货为 0。

生产计划编制者希望在正常时间内保持稳定的产出率,主要依赖存货平抑需求的波动,并且辅以加班和转包方式,但不允许积压订单待交货的情况存在。为此,计划者决定以加班、存货和转包的方式平抑需求的波动。在正常情况下保持每期 40 单位的产出,下降后的正常情况下的产出是每月 38 单位,加班工作的最大产出则是每月以 120 元的成本生产 8 单位的产出。转包情况下,则在每月以 140 元的成本得到 12 单位的产出。具体计划的编制如表 3.44、3.45 所示:

表 3.44 正常生产的生产计划一

月份		一月	二月	三月	四月	五月	六月	七月	总计
预测		50	44	55	60	50	40	51	350
产出									
	正常时间	38	38	38	38	38	38	38	266
	加班时间	8		8	8				24
	转包合同	12		12	12	12		12	60
	产出预测	8	(6)	3	(2)	0	(2)	(1)	0
存货									
	期初	0	8	2	5	3	3	1	
	期末	8	2	5	3	3	1	0	
	平均	4	5	3.5	4	3	2	0.5	22
延迟交货		0	0	0	0	0	0	0	0
成本/美元									

（续表）

月份	一月	二月	三月	四月	五月	六月	七月	总计
产出								
正常时间	3 040	3 040	3 040	3 040	3 040	3 040	3 040	21 280
加班时间	960		960	960				2 880
转包合同	1 680		1 680	1 680	1 680		1 680	8 400
聘用/解聘	—	—	—	—	—	—	—	
存货/美元	40	50	35	40	30	20	5	220
延迟交货/美元	0	0	0	0	0	0	0	0
总计/美元	5 720	3 090	5 715	5 720	4 750	3 060	4 725	32 780

表3.45 正常生产的生产计划二

月份	一月	二月	三月	四月	五月	六月	七月	总计
预测	50	44	55	60	50	40	51	350
产出								
正常时间	38	38	38	38	38	38	38	266
加班时间	8	8	8	8	8	8	8	48
转包合同	12		12	12				36
产出预测	8	2	3	(2)	(4)	(2)	(5)	0
存货								
期初	0	8	10	13	11	7	5	
期末	8	10	13	11	7	5	0	
平均	4	9	11.5	12	9	6	2.5	54
延迟交货	0	0	0	0	0	0	0	0
成本/美元								
产出								
正常时间	3 040	3 040	3 040	3 040	3 040	3 040	3 040	21 280
加班时间	960	960	960	960	960		960	5 760
转包合同	1 680		1 680	1 680				5 040
聘用/解聘	—	—	—	—	—	—	—	—
存货/美元	40	90	115	120	90	60	25	540
延迟交货/美元	0	0	0	0	0	0	0	0
总计/美元	5 720	4 090	5 795	5 800	4 090	3 100	4 025	32 620

上例只是许多可能选项中的两个，也许还存在其他成本更低的选项。你永远也不可

能完全肯定自己找到了成本最低的那种方法,除非每一种可能选项都被试过。因而在计划具体编制过程中,应运用试误法,尽可能多做尝试,选择最优方案。

思考题

1. 思考企业在编制综合计划时应考虑的因素。
2. 如果选择第1、3、4、5月份均采用转包(每月12单位),则应如何编制综合生产计划使得生产总成本最小并计算其结果?

项目四

物料需求计划编制

知识要求
- 了解物料需求计划在生产管理中的地位;
- 掌握物料需求计划的工作流程;
- 掌握物料需求计划的编制;
- 掌握物料需求计划的相关参数;
- 了解制造资源计划的工作流程。

技能要求
- 能够正确识别并绘制 BOM;
- 能够根据前置期、批量标准、库存等信息正确编制 MRP。

任务一 物料需求计划

一、物料需求计划概述

物资需求计划(Material Requirement Planning,MRP)是指根据产品结构各层次物品的从属和数量关系,以每个物品为计划对象,以完工时期为时间基准倒排计划,按提前期长短区别各个物品下达计划时间的先后顺序,是一种工业制造企业内物资计划管理模式。MRP 是根据市场需求预测和顾客订单制订产品的生产计划,然后基于产品生成进度计划,组成产品的材料结构表和库存状况,通过计算机计算所需物资的需求量和需求时间,从而确定材料的加工进度和订货日程的一种实用技术。

(一)含义和内容

MRP 的主要内容包括客户需求管理、产品生产计划、原材料计划和库存记录。其中,客户需求管理包括客户订单管理和销售预测。将实际的客户订单数和科学的客户需求预测相结合就能得出客户需要什么及需要多少。

MRP 是一种推式体系,根据预测和客户订单安排生产计划。因此,它基于不精确的预测建立计划,"推动"物料经过生产流程。也就是说,传统 MRP 方法依靠物料运动经过功能导向的工作中心或生产线(而非精益单元),是为效率最大化和大批量生产来降低单位成本而设计的,计划、调度并管理生产以满足实际和预测的需求组合。生产订单出自主生产计划(MPS),然后经由 MRP 计划出的订单被"推"向工厂车间及仓库。

（二）主要思想

MRP 是由美国库存协会在 20 世纪 60 年代初提出的。之前，企业的库存计划通常采用订货点法，当库存水平低于订货点时，就开始订货。这种管理办法在物资消耗量平稳的情况下适用，不适用于订单生产。由于计算机技术的发展，所以有可能将物资分为相关需求（非独立需求）和独立需求来进行管理。相关需求根据物料清单、库存情况和生产计划制定出物资的相关需求时间表，按所需物资提前采购，这样就可以大大降低库存。

其主要思想有以下几点。

① 打破产品品种台套之间的界线，把企业生产过程中涉及的所有产品、零部件、原材料、中间件等在逻辑上视为相同的物料。

② 把所有物料分成独立需求（independent demand）和相关需求（dependent demand）两种类型。在 MRP 系统中，物料是一个广义的概念，泛指原材料、在制品、外购件和产品。

- 独立需求。如果某种需求同对其他产品或零部件的需求无关，则为独立需求。它来自企业外部，需求量和需求时间由企业外部的需求来决定，如客户订购的产品、售后用的备品备件等。其需求数据一般通过预测和订单来确定，可按订货点方法处理。

- 相关需求。如果对某些项目的需求取决于对另一些项目的需求，则为相关需求。相关需求发生在制造过程中。可以通过计算得到。由于对原材料、毛坯、零件、部件的需求，来自制造过程，所以是相关需求。MRP 处理的正是这类相关需求。

例如，汽车同零部件的关系。汽车产品的零部件和物料就具备非独立性需求，因为任意时刻所需零部件和原材料的总量都是汽车生产量的函数。相反地，产成品汽车的需求则是独立性需求——汽车并非其他任何产品的组成元件。

③ 根据产品的需求时间和需求数量展开，按时间段确定不同时期各种物料的需求。

（三）基本原理

MRP 的基本原理是：由主生产计划（MPS）和主产品的层次结构逐层、逐个地求出主产品所有零部件的出产时间、出产数量，形成的计划就叫作物料需求计划。其中，如果零部件靠企业内部生产，就需要根据各自的生产时间长短来提前安排投产时间，形成零部件投产计划；如果零部件需要从企业外部采购，就要根据各自的订货提前期来确定提前发出各自订货的时间、采购的数量，形成采购计划。按照这些投产计划进行生产和按照采购计划进行采购，就可以实现所有零部件的出产计划，从而不仅能够保证产品的交货期，而且还能够降低原材料的库存，减少流动资金的占用。MRP 的逻辑原理如表 4.1 所示。

表 4.1 MRP 的逻辑原理

处理的问题	所需的信息
生产什么、生产多少	切实可行的主生产计划
要用到什么	准确的物料清单
已具备什么	准确的物料库存数据
还缺什么、何时需要	MRP 的计算结果（生产计划和采购计划）

由图 4.1 可以看出，MRP 是根据主生产计划、主产品结构文件（BOM）和产品库存文件形成的。

① 主产品就是企业用以供应市场需求的产成品。例如，汽车制造厂生产的汽车、电视机厂生产的电视机，都是各自企业的主产品。

② 主产品结构文件（Bill Of Materials，BOM）主要反映主产品的层次结构、所有零部件的结构关系和数量组成。根据这个文件，可以确定主产品及其各个零部件的需要数量、需要时间和相互间的装配关系。

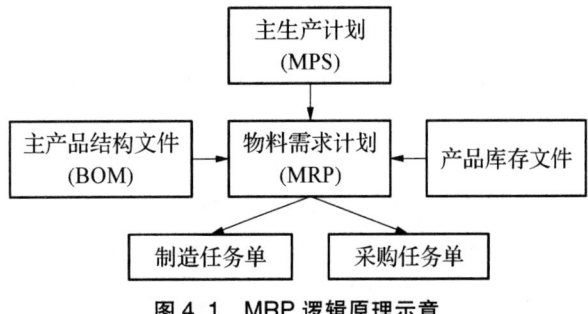

图 4.1　MRP 逻辑原理示意

③ 主生产计划（Master Production Schedule，MPS）主要描述主产品及由主产品结构文件决定的零部件的出产进度。它表现为各时间段内的生产量，包括出产时间、出产数量或装配时间、装配数量等。

④ 产品库存文件包括主产品和其所有的零部件的库存量、已订未到量和已分配但还没有提走的数量。制订 MRP 有一个指导思想，就是要尽可能减少库存。产品优先从库存物资中供应，仓库中有的，就不再安排生产和采购；仓库中有但数量不够的，只安排不够的那一部分数量投产或采购。

⑤ 由 MRP 再产生产品投产计划和产品采购计划，根据产品投产计划和采购计划组织物资的生产和采购，生成制造任务单和采购订货单，交制造部门生产或交采购部门采购。

（四）特点

1. 需求的相关性

在流通企业中，各种需求往往是独立的。而在生产系统中，需求具有相关性。例如，根据订单确定了所需产品的数量之后，由 BOM 即可推算出各种零部件和原材料的数量。这种根据逻辑关系推算出来的物料数量称为相关需求。不但品种数量有相关性，需求时间同生产工艺过程也是相关的。

2. 需求的确定性

MRP 的需求都是根据 MPS、BOM 和产品库存文件精确计算出来的，品种、数量和需求时间都有严格要求，不可改变。

3. 计划的复杂性

MRP 要根据主产品的生产计划、产品结构文件、产品库存文件、产品投产计划和产品采购计划，把主产品的所有零部件需要数量、时间、先后关系等准确计算出来。当产品结构复杂、零部件数量特别多时，其计算工作量非常庞大，人力根本不能胜任，必须依靠计算机实现。

（五）基本数据

制订 MRP 前必须具备以下基本数据。

① 主生产计划。它指明在某一计划时间段内应生产出的各种产品和备件，它是 MRP

制订的一个最重要的数据来源。

② BOM。它指明了物料之间的结构关系,以及每种物料需求的数量,是物料需求计划中最为基础的数据。

③ 库存记录。它把每个物料品目的现有库存量和计划接受量的实际状态反映出来。

④ 提前期。它决定着每种物料何时开工、何时完工。

应该说,这4项数据至关重要、缺一不可,缺少其中任何一项或任何一项中的数据不完整,MRP的制订都将是不准确的。因此,在制订MRP之前,这4项数据必须先完整地建立好,而且要保证是绝对可靠的、可执行的数据。

(六) 计算步骤

一般来说,MRP的制订是遵照先通过主生产计划导出有关物料的需求量和需求时间,然后再根据物料的提前期确定投产或订货时间的计算思路。其基本计算步骤如下。

① 计算物料的毛需求量,即根据主生产计划、BOM得到第一层级物料品目的毛需求量,再通过第一层级物料品目计算出下一层级物料品目的毛需求量,依次一直往下展开计算,直到最低层级原材料毛坯或采购件为止。

② 净需求量计算,即根据毛需求量、可用库存量、已分配量等计算出每种物料的净需求量。

③ 批量计算,即由相关计划人员对物料生产做出批量策略决定,不管采用何种批量规则或不采用批量规则,计算净需求量后都应该表明有否批量要求。

④ 安全库存量、废品率和损耗率等的计算,即由相关计划人员来规划是否要对每个物料的净需求量做这3项计算。

⑤ 下达计划订单,即指通过以上计算后,根据提前期生成计划订单。MRP所生成的计划订单,要通过能力资源平衡确认后才能正式下达。

⑥ 再一次计算。MRP的再次生成大致有两种方式:第1种方式会对库存信息重新计算,同时覆盖原来计算的数据,生成的是全新的MRP;第2种方式则只是在制订、生成MRP的条件发生变化时,才相应地更新MRP有关部分的记录。这两种生成方式都有实际应用的案例,至于选择哪一种要看企业实际的条件和状况。

(七) 实现目标

① 及时取得生产所需的原材料及零部件,保证按时供应用户所需产品。

② 保证尽可能低的库存水平。

③ 计划企业的生产活动和采购活动,使各部门生产的零部件、采购的外购件同装配的要求在时间和数量上精确衔接。

MRP主要用于生产"组装型"产品的制造业。在实施MRP时,同市场需求相适应的销售计划是MRP成功的最基本要素。但MRP也存在局限,即资源仅仅局限于企业内部,以及决策结构化的倾向明显。

(八) 分类

① 再生式MRP。它表示每次计算时,都会覆盖原来的MRP数据,生成全新的MRP。再生式MRP是周期性运算MRP,通常的运算周期是一周。

② 净变式 MRP。它表示只会根据指定条件而变化，如主生产计划变化、BOM 变化等，经过局部运算更新原来 MRP 的部分数据。净变式 MRP 是一种连续性的操作，当指定数据改变时就需要立即运行。

（九）运行步骤

① 根据市场预测和客户订单，正确编制可靠的生产计划和生产作业计划，在计划中规定生产的品种、规格、数量和交货日期。同时，生产计划必须是同现有生产能力相适应的计划。

② 正确编制产品结构图和各种物料、零件的用料明细表。

③ 正确掌握各种物料和零件的实际库存量。

④ 正确规定各种物料和零件的采购交货日期，以及订货周期和订购批量。

⑤ 通过 MRP 逻辑运算确定各种物料和零件的总需要量及实际需要量。

⑥ 向采购部门发出采购通知单或向本企业生产车间发出生产指令。

（十）产生和发展

MRP 的发展大体经历了从订货点法到库存订货计划（最初级的 MRP）、从 MRP 到作为一种生产与控制系统的闭环 MRP、从闭环 MRP 到作为一种生产管理信息系统制造资源计划（MPRⅡ）等几次飞跃。

1. 订货点法

传统的库存控制方法是订货点法，要根据物料的需求情况来确定订货点和订货批量。这类方法适合于需求比较稳定的物料。然而，在实际生产中，随着市场环境发生变化，需求常常是不稳定和不均匀的，在这种情况下使用订货点法便会暴露出一些明显的缺陷。

① 盲目性。由于需求的不均匀和对需求情况的不了解，企业不得不保持一个较大数量的安全库存来应付这种需求。这样盲目地维持一定量的库存会造成资金积压和浪费。

② 高库存和低服务水平。传统的订货点方法使得低库存和高服务水平二者不可兼得。服务水平越高则库存越高，常常造成零件积压和短缺共存的局面。

订货点法之所以有这些缺陷，是因为没有按照各种物料真正需用的时间来确定订货日期。于是，人们便思考：怎样才能在需要的时间按需要的数量得到真正需用的物料，从而消除盲目性，实现低库存和高服务水平并存。

2. 初级 MRP

MRP 是当时库存管理专家们为解决传统库存控制方法的不足，不断探索新的库存控制方法的过程中产生的。它是依据市场需求预测和顾客订单制订产品生产计划，然后基于产品生产进度计划，组织产品的材料结构表和库存状况，通过计算机计算出所需材料的需求量和需求时间，从而确定材料的加工进度和订货日程的一种实用技术。

MRP 要解决的问题有以下几点。

① 要根据产品的需求来确定其组成物料的需求时间和计划库存量，必须掌握这些数据：销售计划或客户订单情况；各种产品的组成结构；物料的现有库存；材料消耗定额；自制零部件的生产周期；外购件和原材料的采购周期等。

② 必须缩短计划编制时间。只有缩短计划编制时间，才能及时调整计划，更好地适应市场的变化。

20 世纪 60 年代初发展起来的 MRP 仅是一种物料需求计算器，根据对产品的需求、产品结构和物料库存数据来计算各种物料的需求，将产品出产计划变成零部件投入出产计划和外购件、原材料的需求计划，从而解决了生产过程中需要什么，何时需要，需要多少的问题。它是开环的，没有信息反馈，也谈不上控制。

3. 闭环 MRP

闭环 MRP 系统是在基本 MRP 系统基础上，把能力需求计划、执行及控制计划的功能也包括进来，形成一个环形回路，如图 4.2 所示。

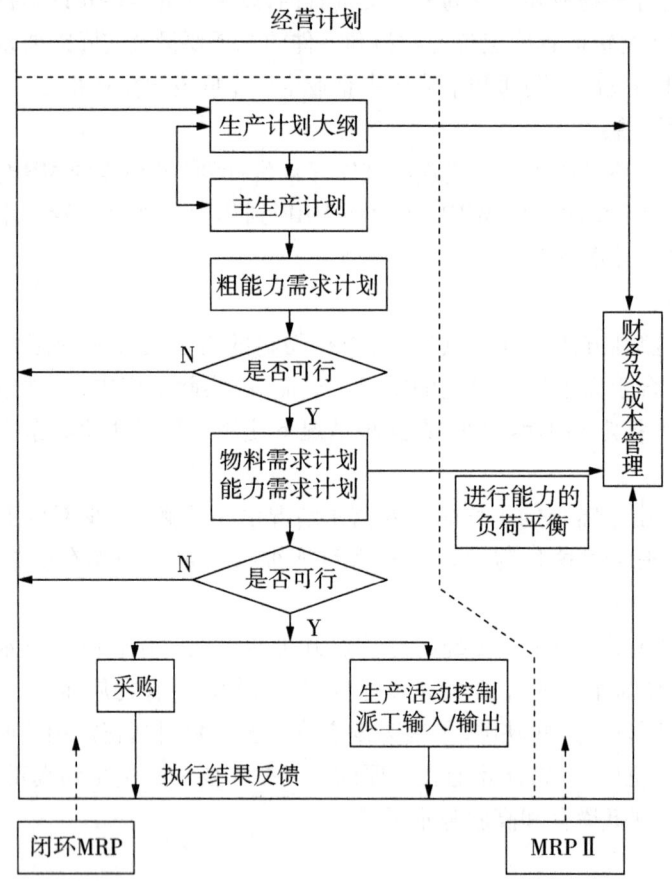

图 4.2　闭环 MRP 与 MRP Ⅱ

二、产品结构文件

（一）产品结构文件的概念

产品结构文件（BOM），又称为物料清单，反映了产品的组成和结构信息，说明了产品是由哪些物料构成的，需要多少物料等。它可以用产品结构树直观地表示，具体包括以下几种形式。

1. 图形式产品结构树（见图 4.3）

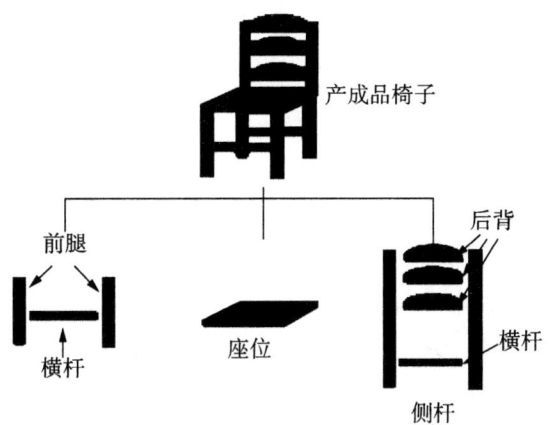

图 4.3　图形式产品结构树

2. 文字描述型产品结构树（见图 4.4）

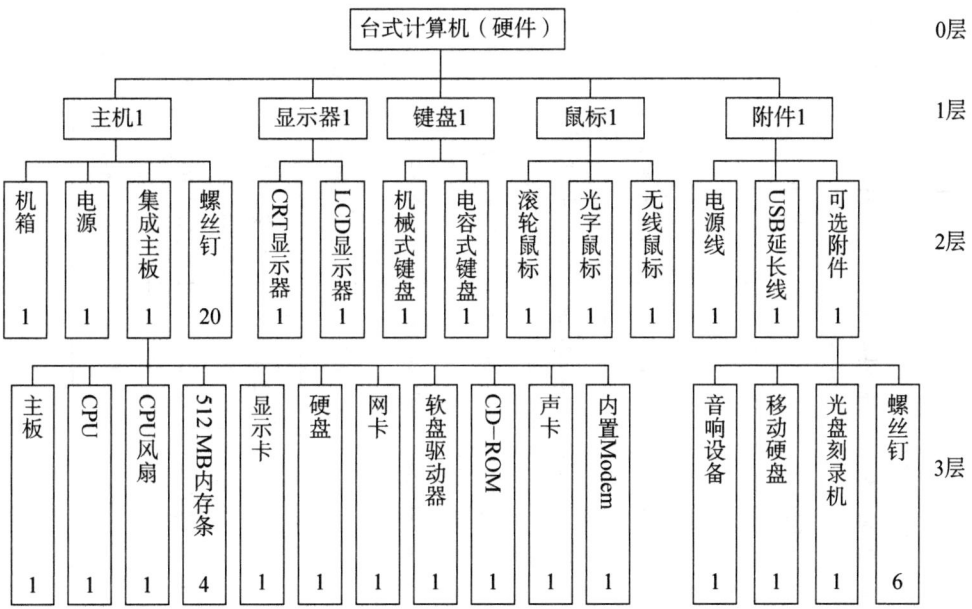

图 4.4　文字描述型产品结构树

3. 字母描述型产品结构树（见图 4.5）

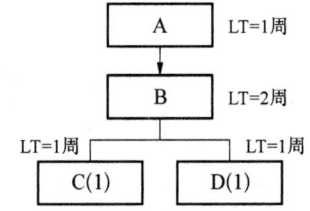

图 4.5　字母描述型产品结构树

4. 表格形式 BOM(见表 4.2)

表 4.2 表格形式 BOM

层次	物料编码	图号	产品名称	材料定额	相关性	生效时间	失效时间	是否虚拟件	废品率	编制期
0层	M012	XD1001	磨机	1个	与成本相关	2017-3-20	2018-5-20	否	—	—
1层	M012001	XD1001-1	筒体部	1个	与成本相关	2017-3-20	2018-5-20	否	—	1天
2层	M012001001	XD1001-1-01	筒体板	1个	与成本相关	2017-3-20	2018-5-20	否	—	—
3层	YGB001	—	钢板(Q235B)	14 240 kg	与成本相关	—	—	否	—	—
3层	YGB001	—	钢板(Q235A)	160 kg,40×2	与成本相关	—	—	否	98%	—
3层	YGB001	—	钢板(Q235A)	40 kg,1×2	与成本相关	—	—	否	98%	—
2层	M012001002	XD1001-1-02	法兰钢	1个	与成本相关	2017-3-20	2018-5-20	否	—	—
3层	G100	—	废钢	2 525 t	与成本相关	—	—	否	—	—
2层	M012001003	XD1001-1-03	端盖	1个	与成本相关	2017-3-20	2018-5-20	否	—	—
3层	T100	—	生铁	4 820 t	与成本相关	—	—	否	—	—

5. ERP 软件系统 BOM(见图 4.6)

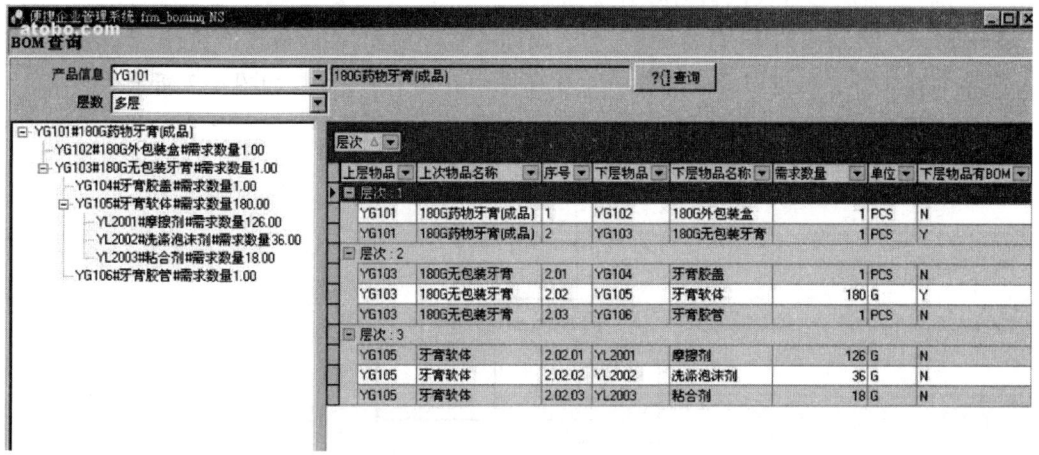

图 4.6　ERP 软件系统 BOM

(二) BOM 的特性

① BOM 是对产品构造的完整描述,不仅包括材料、零件和部件,还包括产品构建的顺序。BOM 文件是 MRP 程序 3 个主要输入之一。

② 唯一标识码。

③ BOM 的唯一性。

(三) BOM 的类型

BOM 的不同构成和表达形式主要是为了 MPS 的预测和计划要求而设立的。

(1) 工程物料清单(Engineering BOM,E-BOM)

工程物料清单主要包括工程 BOM、销售 BOM、制造 BOM、计划 BOM。

(2) 模块物料清单(Modular BOM)

① 可构建的分装件或部件模块。它们是标准的,可用于不同的最终品目,在模块内不存在可选择的零件。

② 超级通用物料清单(Super Common BOM)。在模块 BOM 基础上,将每个模块的通用件分离出来构成通用 BOM,以简化主生产计划工作。

模块物料清单尤其适用于按订单生产生产方式。

(3) 计划物料清单(Planning BOM or Percentage BOM)

① 在模块 BOM 基础上的、一般是单层的,每个子项零部件附带备选件的平均需求百分率,又称为百分比 BOM。

② 模块一般不单独分离出来做计划,都是从属于最终产品的。

计划物料清单适用于销售预测和生产计划。

(四) BOM 识读和绘制

识读信息主要包括以下几项。

① 正确理解产品中模块、部件、零件等构成层次。

② 正确计算产品各模块、部件、零件的数量关系。

③ 正确计算各模块、部件、零件生产和采购提前期。

举例：试确定 E 部件的数量及其提前期。

备注：LT 表示提前期、订货周期、加工周期或装配周期；A 为最终产品；B(2) 指每一件 A 产品中有 2 个 B 部件，E(4) 指每一件 B 部件中有 4 个 E 部件，如图 4.7 所示。

① E 需要的数量 = 1×2×4 = 8

② E 需提前时间 = 1+2+2 = 5

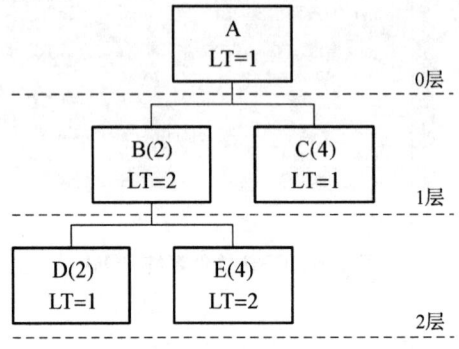

图 4.7　确定 E 部件的数量及其提前期

 互动讨论

1. 物料数量的简易计算办法。
2. 提前期的简易计算办法。

 例 4-1　产品结构图的绘制。

题 1：每个百叶窗包括 4 个木制板条和 2 个框架。木制板条由工厂自制，制作周期为 1 周；框架需要订购，订货提前期为 2 周；组装百叶窗需要 1 周。

要求：绘制产品结构图。

百叶窗产品结构图如图 4.8 所示。

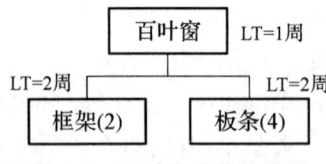

图 4.8　百叶窗产品结构图

提示：

① 需要标注层级之间数量关系（图 4.8 中括号内数字）。

② 需要标明各部件的提前期。

题 2：1 件 A 由 3 件 B、1 件 C 和 2 件 D 组成；B 由 2 件 E 和 1 件 D 组成；C 由 1 件 D 和 2 件 E 组成；E 由 1 件 F 制成。假设 B、C、E、F 的提前期为 1 周，A 和 D 的提前期为 2 周。

要求：绘制产品结构图。

A 产品结构图如图 4.9 所示。

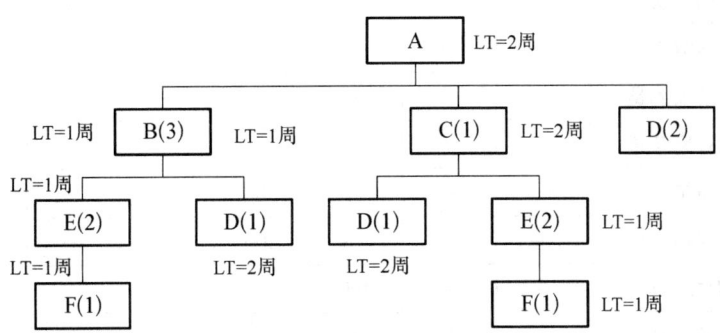

图 4.9　A 产品结构图

三、编制物料需求计划

例 4-2　单品种、无批量标准情形下 MRP 的编制。

① 生产某木制百叶窗工厂收到两份订单——第 1 份要 100 个,第 4 周末交货;第 2 份要 150 个,第 8 周末交货。

② 每个百叶窗包括 4 个板条和 2 个框架。板条由工厂自制,制作周期为 1 周;框架需要订购,订货提前期为 2 周;组装百叶窗需要 1 周。

③ 第 1 周时,板条已有库存 70 个,框架无库存。

要求: 假设不考虑批量标准,试确定物料订货、生产的数量和时间。

解: 1) 根据百叶窗交货计划,确定产品 MPS,如表 4.3 所示。

表 4.3　例 4-2 百叶窗产品 MPS

周数	1	2	3	4	5	6	7	8
数量	—	—	—	100	—	—	—	150

2) 绘制百叶窗的产品结构树,如图 4.10 所示。

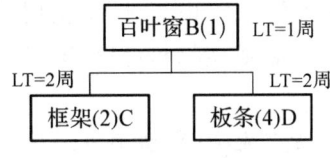

图 4.10　百叶窗的产品结构树

3) 求解净需求量、计划发出订货和计划收到订货数量(因为不考虑批量标准,所以订购量等于净需求量),如表 4.4 所示。

表 4.4　净需求量、计划发出订货和计划收到订货数量

	周次	1	2	3	4	5	6	7	8
百叶窗 LT:1周	总需求	—	—	—	100	—	—	—	150
	计划收到量	—	—	—	—	—	—	—	—
	现有库存量	—	—	—	—	—	—	—	—
	净需求	—	—	—	100	—	—	—	150
	计划收到订货	—	—	—	100	—	—	—	150
	计划发出订货	—	—	100	—	—	—	150	—
	周次	1	2	3	4	5	6	7	8
框架 LT:2周	总需求	—	—	200	—	—	—	300	—
	计划收到量	—	—	—	—	—	—	—	—
	现有库存量	—	—	—	—	—	—	—	—
	净需求	—	—	200	—	—	—	300	—
	计划收到订货	—	—	200	—	—	—	300	—
	计划发出订货	200	—	—	—	300	—	—	—
	周次	1	2	3	4	5	6	7	8
板条 LT:1周	总需求	—	—	400	—	—	—	600	—
	计划收到量	—	—	—	—	—	—	—	—
	现有库存量	70	70	70	—	—	—	—	—
	净需求	—	—	330	—	—	—	600	—
	计划收到订货	—	—	330	—	—	—	600	—
	计划发出订货	—	330	—	—	—	600	—	—

注:净需求量=毛需求量-现有库存量-计划收到量+已分配库存量。

 例 4-3　单品种、有批量标准情形下 MRP 的编制。

承例 4-2,假设框架批量标准为 320 单位,木制部件批量标准为 70 单位。

要求:在考虑批量标准情形下,试确定物料订货、生产的数量和时间。

解:

1)根据百叶窗交货计划,确定产品 MPS,如表 4.5 所示。

表 4.5　例 4-3 百叶窗产品 MPS

周数	1	2	3	4	5	6	7	8
数量	—	—	—	100	—	—	—	150

2)绘制百叶窗的产品结构树,如图 4.11 所示。

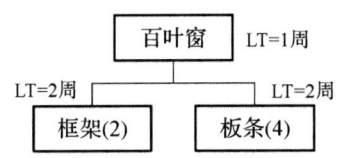

图 4.11　例 4-3 的产品结构树

3) 求解净需求量、计划发出订货和计划收到订货数量(在批量标准订货条件下要求订单数必须是批量的整数倍),如表 4.6 所示。

表 4.6　净需求量、计划发出订货和计划收到订货数量

	周次	1	2	3	4	5	6	7	8
百叶窗 LT:1 周 订货批量标准: 无限制	总需求	—	—	—	100	—	—	—	150
	计划收到量	—	—	—	—	—	—	—	—
	现有库存量	—	—	—	—	—	—	—	—
	净需求	—	—	—	100	—	—	—	150
	计划收到订货	—	—	—	100	—	—	—	150
	计划发出订货	—	—	100	—	—	—	150	—
	周次	1	2	3	4	5	6	7	8
框架 LT:2 周 批量标准:320	总需求	—	—	200	—	—	—	300	—
	计划收到量	—	—	—	—	—	—	—	—
	现有库存量	—	—	—	120	120	120	120	140
	净需求	—	—	200	—	—	—	180	—
	计划收到订货	—	—	320	—	—	—	320	—
	计划发出订货	320	—	—	—	320	—	—	—
	周次	1	2	3	4	5	6	7	8
板条 LT:1 周 批量标准:70	总需求	—	—	400	—	—	—	600	—
	计划收到量	70	—	—	—	—	—	—	—
	现有库存量	70	70	70	20	20	20	20	50
	净需求	—	—	330	—	—	—	580	—
	计划收到订货	—	—	350	—	—	—	630	—
	计划发出订货	—	350	—	—	—	630	—	—

 例 4-4　多品种、有批量标准情形下 MRP 的编制。

1) 某订单中含有 X、Y 两种产品,X、Y 的产品结构树如图 4.12 所示。
2) 订单要求在第 8 周交货 10 台 X 和 15 台 Y,第 11 周交货 15 台 Y,第 12 周交货 12 台 X。产品 X、Y 的装配均系手工装配,可不考虑批量要求。

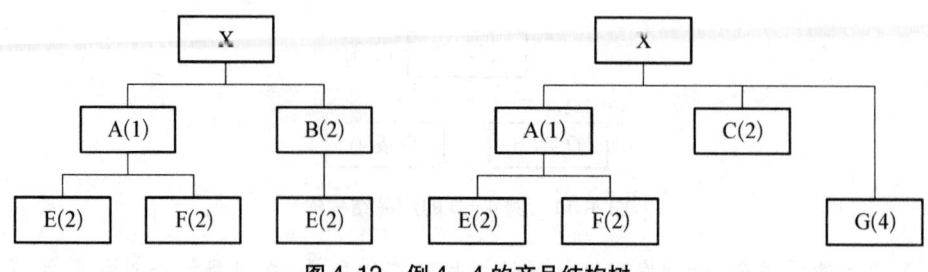

图 4.12 例 4-4 的产品结构树

3）其他零部件按规定的批量投产，产品和零部件的生产周期、生产批量、现有库存量等信息如表 4.7 所示。

表 4.7 物料基本信息

物料代号	X	Y	A	B	C	E	F	G
生产周期/周	2	1	2	1	1	2	1	3
批量标准/件	—	—	20	10	15	30	40	40
现有库存/件	—	—	10	—	15	20	—	20

要求：采用批量标准订货，编制各种零件、组件的 MRP 计划。

解：各物料 MRP 输出结果如表 4.8 所示。

表 4.8 物料 MRP 输出　　　　　　　　件

项目	周期	批量	需 求 量	1	2	3	4	5	6	7	8	9	10	11	12
A	2	20	毛需求量	—	—	—	—	10	15	—	—	27	—	—	
			待分配库存量	10	10	10	10	10	0	0	5	5	—	18	—
			净需求量	—	—	—	—	—	0	15	—	—	22	—	
			订货量	—	—	—	0	20	—	—	40	—	—	—	
B	1	10	毛需求量	—	—	—	—	20	—	—	—	24	—		
			待分配库存量	0	0	0	0	0	0	0	0	0	6	—	
			净需求量	—	—	—	—	20	—	—	—	24	—		
			订货量	—	—	—	20	—	—	—	30	—	—		
C	1	15	毛需求量	—	—	—	—	—	—	30	—	—	30	—	
			待分配库存量	15	15	15	15	15	15	0	0	0	0	—	
			净需求量	—	—	—	—	—	—	15	—	—	30	—	
			订货量	—	—	—	—	—	15	—	—	30	—	—	
E	2	30	毛需求量	—	—	—	—	80	—	—	80	60	—	—	
			待分配库存量	20	20	20	20	0	0	0	0	10	10	—	

（续表）

项目	周期	批量	需求量	1	2	3	4	5	6	7	8	9	10	11	12
			净需求量	—	—	—	—	60	—	—	80	50	—	—	—
			订货量	—	—	60	—	—	90	60	—	—	—	—	—
F	1	40	毛需求量	—	—	—	40	—	—	—	80	—	—	—	—
			待分配库存量	0	0	0	0	0	0	0	0	—	—	—	—
			净需求量	—	—	—	40	—	—	—	80	—	—	—	—
			订货量	—	—	—	40	—	—	—	80	—	—	—	—
G	3	40	毛需求量	—	—	—	—	—	60	—	—	—	60	—	—
			待分配库存量	20	20	20	20	20	0	0	0	0	20	—	—
			净需求量	—	—	—	—	—	40	—	—	—	60	—	—
			订货量	—	—	—	40	—	—	80	—	—	—	—	—

四、绘制 BOM 和编制 MRP

例 4-5 某生产企业生产 1 个 A 需要 1 个 B，组装 1 个 B 需要 1 个 C（外购）和 1 个 D（自制），C 的订货批量为 10 个。现在接到了一个订单：第 6 周需要 60 个 A。

要求：编制产品 BOM 图及各物料需求计划，如表 4.9 所示。

表 4.9 某工厂成品与零件库存情况一览

项目	现有库存	提前期
A	10	1 周
B	20	2 周
C	5	1 周
D	15	1 周

解：

1) 绘制产品结构树，如图 4.13 所示。

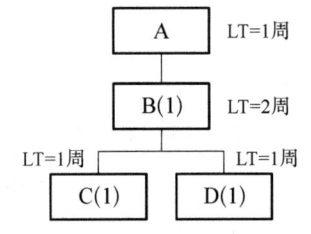

图 4.13 例 4-5 的产品结构树

2) 编制 MPS 和 MRP，如表 4.10 至表 4.14 所示。

表 4.10 MPS

周次	1	2	3	4	5	6
产品 A	—	—	—	—	—	60

表 4.11 MRP 1

项目:A LLC:0 批量:1 LT:1	存量	时期/周					
		1	2	3	4	5	6
总需求							60
现有库存	10						
净需求							50
计划应收到的订货							50
计划应发出的订货量						50	

表 4.12 MRP 2

项目:B LLC:1 批量:1 LT:2	存量	时期/周					
		1	2	3	4	5	6
总需求						50	
现有库存	20						
净需求						30	
计划应收到的订货						30	
计划应发出的订货量				30			

表 4.13 MRP 3

项目:C LLC:2 批量:10 LT:1	存量	时期/周					
		1	2	3	4	5	6
总需求				30			
现有库存	5			5	5	5	5
净需求				25			
计划应收到的订货				30			
计划应发出的订货量			30				

表 4.14 MRP 4

项目:D LLC:2 批量:1 LT:1	存量	时期/周					
		1	2	3	4	5	6
总需求				30			

（续表）

项目:D　　LLC:2 批量:1　　LT:1	存量	时期/周					
		1	2	3	4	5	6
现有库存	15						
净需求				15			
计划应收到的订货				15			
计划应发出的订货量			15				

结论：该企业需要在第2周向生产车间下达D零件的生产订单15个，向供应商下达C零件的采购订单30个；需要在第3周向生产车间下达B半成品的生产订单30个；需要在第5周向生产车间下达A成品的生产订单50个。

任务二　企业资源计划

进入20世纪90年代，MRPⅡ得到了蓬勃发展，其应用也从离散型制造业向流程式制造业扩展，不仅应用于汽车、电子等行业，也能应用于化工、食品等行业。随着信息技术的发展，MRPⅡ系统的功能也在不断地增强、完善和扩大，向企业资源计划（Enterprise Resource Planning，ERP）发展。

ERP是20世纪90年代美国一家IT公司根据当时计算机信息、IT技术发展和企业对供应链管理的需求，预测在今后信息时代企业管理信息系统的发展趋势和即将发生的变革而提出的概念。ERP是集物资资源管理（物流）、人力资源管理（人流）、财务资源管理（财流）、信息资源管理（信息流）于一体的企业管理软件，即将企业的财务、采购、生产、销售、库存和其他业务功能整合到一个信息管理平台上，从而实现信息数据标准化、系统运行集成化、业务流程合理化、绩效监控动态化、管理改善持续化。它包含客户/服务器架构，使用图形用户接口，应用开放系统制作。除了已有的标准功能，它还包括质量、过程运作管理，以及调整报告等。

一、概述

企业资源计划利用计算机技术，把企业的物流、人流、资金流、信息流统一起来进行管理，把客户需要和企业内部的生产经营活动及供应商的资源整合在一起，为决策层解决掌握企业产品成本、提高作业效率及掌握资金的运营情况等一系列问题提供方案，使之能完全按用户需求进行行之有效的经营管理。它是一个以管理会计为核心的信息系统，识别和规划企业资源，从而获取客户订单，完成加工和交付，最后取得款项。以ERP为管理思想的软件产品，综合了客户机和服务器体系结构、关系数据库结构、面向对象技术、图形用户界面、第四代语言、网络通信等信息技术的成果。

换言之，ERP将企业内部所有资源整合在一起，对采购、生产、成本、库存、分销、运输、财务、人力资源进行规划，从而达到最佳资源组合，取得最佳效益。

二、ERP 的产生

20 世纪 90 年代，市场竞争进一步加剧，企业竞争的空间和范围进一步扩大，80 年代主要面向企业内部资源全面管理的思想随之逐步发展为怎样有效利用和管理整体资源的管理思想。1993 年，美国加特纳公司（Gartner Group Inc.）首先提出了 ERP 的概念报告，企业管理的目的是使企业更有效地运作。衡量企业运作效率，目前管理者最常用的 4 个判断工具为：基础信息，如资金信息——现金流量和财务汇率等；生产信息，如成本信息——资源利用率和总体利润等；能力信息，如企业相对于竞争者的专长和弱点；资源分配信息，包括资源和人力等。

在引入 ERP 之前，企业内信息的交流大部分是通过纸张传递的。尽管有的企业已经存在网络系统，但人们还是习惯于通过有形的文件来传达信息，这是由企业内的各个系统各自为政、互相割裂造成的。为了改变这种局面，ERP 应运而生，将组织中的各个功能模块有机地集成起来，共同运作。如今 ERP 已经广泛流行，在世界范围内，ERP/MRPⅡ的供应商主要有 SAP、ORACLE、BAAN 和 Peoplesoft 几家大公司，其中尤以 SAP 公司的 SAP R/3 风头为盛；在国内，用友、金蝶厂商的 ERP 产品，应用极为广泛。

三、业务流程重组

ERP 是面向工作流的，实现了信息的最小冗余和最大共享。传统需要几个步骤或几个部门来完成的任务，在实施 ERP 系统之后可能只需要一次便能完成。因此，企业要让 ERP 系统发挥作用，就必须在业务流程和组织机构方面进行重组，使之符合 ERP 的实施要求。ERP 强调对企业管理的事前控制能力，把设计、制造、销售、运输、仓储和人力资源、工作环境、决策支持等方面的作业看作是一个动态的、可事前控制的有机整体。ERP 系统将上述各个环节整合在一起，核心是管理企业现有资源，合理调配和准确利用现有资源，为企业提供一套能够对产品质量、市场变化、客户满意度等关键问题进行实时分析、判断的决策支持系统。

四、特点

ERP 管理系统的扩充点和主要特点如下。

① ERP 更加面向市场、经营、销售，能够对市场快速做出响应；它将供应链管理功能包含了进来，强调了供应商、制造商和分销商之间的新型伙伴关系，并且支持企业后勤管理。

② 产品数据管理 PDM 功能，增加了对设计数据与过程的管理，并进一步加强了生产管理系统和 CAD、CAM 系统的集成。

③ ERP 管理系统具有服务器分布式结构、面向对象技术、基于 Web 技术的电子数据交换（EDI）、多数据库集成、数据仓库、图形用户界面、第四代语言及辅助工具等。

一般而言，除了 MRPⅡ的主要功能外，ERP 系统还包括以下主要功能：供应链管理、销售与市场、分销、客户服务、财务管理、制造管理、库存管理、工厂与设备维护、人力资源、报表、制造执行系统（Manufacturing Executive System，MES）、工作流服务和企业信息系统等方面。此外，还包括金融投资管理、质量管理、运输管理、项目管理、法规与标准和过程控制等补充功能。

ERP 是信息时代的现代企业向国际化发展的更高层次管理模式，能更好地支持企业各方面的集成，将给企业带来更广泛、更长远的经济效益和社会效益。

五、理念

① 对整个供应链资料进行有效管理的思想，实现了对整个企业供应链上的人、财、物等所有资源及其流程的管理。

② 精益生产、同步工程和敏捷制造的思想。面对激烈的竞争，企业需要运用同步工程组织生产和敏捷制造，保持产品的高质量、多样化、灵活性，实现精益生产。

③ 事先计划和事中控制的思想。ERP 系统中的计划体系主要包括生产计划、物料需求计划、能力需求计划等。

④ 业务流程管理的思想。为提高企业供应链的竞争优势，必然带来企业业务流程的改革，而系统应用程序的使用也必须随业务流程的变化进行相应调整。

六、功能概述

由于各个 ERP 厂商的产品风格和侧重点不尽相同，因此其 ERP 产品的模块结构也相差较大。对于初次了解 ERP 的读者来说，有时可能会弄不清到底哪个才是真正的 ERP 系统。有鉴于此，这里我们撇开实际产品，从企业的角度来简单描述一下 ERP 系统的功能结构，即 ERP 能够为企业做什么，其模块功能到底包含哪些内容。ERP 将企业所有的资源进行整合，集成管理。简单地说，就是将企业的三大流——物流、资金流、信息流进行全面一体化管理的管理信息系统。它的功能模块不同于以往的 MRP 或 MRP Ⅱ 模块，不仅可用于生产企业的管理，而且在一些非生产、公益事业的企业也可导入 ERP 系统进行资源计划和管理。

在生产企业中，一般的管理主要包括三方面的内容：生产控制（计划、制造）、物流管理（分销、采购、库存管理）和财务管理（会计核算、财务管理）。这三大系统本身就是集成体，互相之间有相应的接口，能够很好地整合在一起对企业进行管理。另外，特别值得一提的是，随着企业对人力资源管理重视的加强，已经有越来越多的 ERP 厂商将人力资源管理作为一个重要组成部分纳入 ERP 系统。

七、实施

1. 实施的基本条件

ERP 系统实施成功有两个基本条件：一个是合适的软件；另一个是有效的实施方法。其中，有效的实施方法大致可归纳为 10 个方面的内容。

① 高级管理层的支持和承诺。

② 有一支既懂管理又精通软件的实施和咨询队伍。

③ 管理信息系统项目范围的重申和监督。

④ 管理信息系统项目小组的组成。
⑤ 管理信息系统项目工作的深入程度。
⑥ 详细可行的项目计划。
⑦ 详细可行的项目持续性计划。
⑧ 项目必须有适当的资源。
⑨ 所有有关部门的质量管理评估。
⑩ 项目从建模、测试、试运行到正式投入运行的转换管理。

2. 实施的要点

(1) 知己知彼,选好软件

选择 ERP 软件必须遵循 4 个步骤:理解 ERP 原理;分析企业需求;选择软件;选择硬件平台、操作系统和数据库。前两项是为了做到"知己",后两项是为了做到"知彼",只有知己知彼,才能选好软件。

ERP 系统虽然好用,但企业应用 ERP 系统失败的例子却不在少数,因此,在购买 ERP 软件之前,还需要结合企业自身特点了解应用 ERP 系统是否能解决企业当前迫切需要解决的问题,避免盲目购买造成浪费。

企业选择软件不必追求其是否是真正的 ERP 软件,选择软件功能也不能按企业的大小来区分,而要根据企业的产品特点、生产组织方式、经营管理特点的不同来选择适用的产品。

(2) 选择好的管理咨询公司

企业聘请管理咨询公司,可负责完成总体规划的设计,对企业领导和全体员工进行 ERP 理念的培训,讲解项目的详细实施计划等。

(3) 制订具体的量化目标

谈成功离不开目标,没有目标,成功就无从谈起。安装 ERP 系统之前,如果企业没有统一的目标,或者目标太抽象,就无法在系统实施完后进行对比和评判。在实施 ERP 后,不能再实行粗放式管理,否则会有失败的潜在危机。

在双方合作合同签订前,供求双方一定要在技术协议条款中明确 ERP 的实施目标、具体实施内容、实现的技术、实施的计划、步骤及分阶段项目成果、验收办法。

(4) 做好业务流程重组

业务流程重组是对企业现有业务运行方式的再思考和再设计,应遵循以下基本原则:必须以企业目标为导向调整组织结构;必须让执行者有决策的权力;必须取得高层领导的参与和支持;必须选择适当的流程进行重组;必须建立通畅的沟通渠道;组织结构必须以目标和产出为中心而不是以任务为中心。其具体做法是由管理咨询公司在 ERP 系统实施前进行较长时间的企业管理状况调研,提出适合企业的改进管理模型,同时该管理模型必须考虑到企业的发展,并得到企业管理层的批准。

(5) 有针对性地实施 ERP,解决企业管理瓶颈

一个完整的 ERP 系统是一个十分庞杂的系统:既有管理企业内部的核心软件 MRP Ⅱ,又有扩充至企业关系管理——客户关系管理(CRM)和供应链管理(SCM)的软件;既有管理以物流/资金流为对象的主价值链,又有管理支持性价值链——人力资源、设备资

源、融资等管理,还有对决策性价值链的支持。任何一个企业都不可能一朝一夕就实现这一庞大的系统。每个企业都有自己的特点和要解决的主要矛盾,需要根据自身实际情况确定实施目标和步骤。

ERP 不仅是一种软件,更是一个企业的解决方案。因此,即使是同一套软件,不同企业的实施方法也有所不同。例如,实施哪些模块,如何进行分级培训,ERP 管理到哪一级,管理的细致程度,同手工管理并轨时间,什么时候摒弃手工管理,如何强化 MRP Ⅱ 计划的实施等。这些都要根据企业的需求和管理基础来确定,并制订切实可行的目标和实施计划,确保 ERP 的成功实施。

(6) 通过培训和制定制度,提高员工素质,保证系统的正常运行

企业实施 ERP 是一个循序渐进、不断完善的过程,只有员工素质不断提高,才能确保系统的不断深入。可以通过给企业员工制定规章制度,把员工的经济效益同工作内容结合起来,这样可提高员工的工作积极性,增强其熟悉业务的自觉性。

3. 实施中的常见问题

在企业管理当中应用 ERP 系统的宗旨主要是对企业中财务、物品、人员及时间、空间、信息等综合资源进行优化管理,在企业日常管理中协调企业各个部门围绕市场导向开展一系列业务活动,从而不断提高企业的竞争力。但在应用 ERP 系统中,企业经常会出现以下问题。

(1) 企业对 ERP 系统管理认识不够

ERP 系统是新型的企业管理模式,带给企业极大的挑战和机遇。但是很多企业的管理者不能充分认识到 ERP 系统的管理理念,不了解 ERP 系统的价值所在,并且没有意识到未来竞争的压力,从而导致企业的设计部门和管理部门依然采用传统的管理模式。

(2) 生产管理存在的问题

目前,很多企业在实施 ERP 企业管理系统的调研阶段并没有进行充分论证,只是向 ERP 软件商家提出一些笼统的需求,因此在日常企业管理应用中暴露出很多问题,从而导致企业在实施 ERP 系统时出现不合理现象——很多企业的生产系统和业务流程不规范,基础数据不够完善,以致无法满足 ERP 对基础数据的需求。此外,企业中生产过程的不规范也容易导致企业无法开展 ERP。

(3) 项目实施中培训力度不够

在企业中,很多员工不仅不能正确认识 ERP 系统的应用价值和用途,而且对计算机的操作能力也有待提高。因此,企业在实施 ERP 系统时,应该加强对企业员工的培训力度,让他们充分了解并能够正确操作 ERP。

项目小结

本项目主要介绍了物料需求计划(MRP)与企业资源计划(ERP)。MRP 的运算逻辑基本上遵循如下过程:按照产品结构进行分解,确定不同层次物料的总需求量;根据产品最终交货期和生产工艺关系,反推各零部件的投入出产日期;根据库存状态,确定各物料

的净需求量;根据订货批量与提前期最终确定订货日期与数量。

企业资源计划(Enterprise Resource Planning,ERP)是新一代集成化企业资源管理系统。随着企业管理模式的发展,特别企业过程重组的应用,企业组织结构从传统的递阶组织向网络化、虚拟化发展,ERP 将会出现更多的功能:支持实时、智能化管理;支持供应链的同步化运作;支持企业知识管理;支持电子商务和在线工作流管理;支持动态企业建模。另外,在电子商务的推动下,将会有新的企业资源计划概念与形式出现,比如 e-ERP、企业协同管理系统、协同商务系统、ERP Ⅱ 等,这些新概念说明 ERP 还在不断发展与完善中。

素质测评领域

实训项目　啤酒企业 MRP 编制实训

一、实训目的

(1) 能够正确识别产品 BOM,能够根据前置期、批量标准、库存等信息正确编制 MRP。

(2) 能够进行采购单、验收入库单、领料单、出库单、货位卡等单证的正确填制。

(3) 能够进行团队分工与合作,建立计划、采购和出入库等工作流程的感性认识。

二、人员分工与组织

每组 5~7 人,每组可分为 PMC、采购部、生产车间、仓储部 4 个部门。PMC 负责填制 MRP 输出表,采购部填制采购单,生产车间填制领料单,仓储部负责填制验收入库单、货位卡、出库单。

三、实训时间

4 学时。

四、实训要求

(1) 单证中数量、时间等信息正确。

(2) 填写不要缺项,整洁、无涂改。

(3) 分工合理,工作效率高。

附:基础信息

(1) 物料信息(见表 4.15)

表 4.15　物料信息

序号	物料名称	物料编号	规格型号	供应商名称
1	酒瓶	B1-01	V500	南海狮山振兴玻璃制品厂
2	瓶盖	B1-02	D10	南海小塘汇发五金加工厂
3	商标	B1-03	C001	三水乐平恒达数码印刷厂
4	啤酒花	C1-01	Y001	山水西南良心食品加工厂

（2）单证信息

需要填写 MRP 输出表、采购单、验收入库单、领料单、货位卡、出库单 6 个主要单证。

（3）客户信息

客户名称：佛山职业技术学院；地址：三水乐平工业园职教路 3 号；电话/传真：0757-87268888。

（4）啤酒工厂信息

工厂名称：佛山大学生创业基地 X 工厂（X 为分组号）；地址：佛山高新区三水工业园西乐大道 45 号；电话/传真：0757-87266666。

（5）其他说明

① 假设第 6、7、8 周周末分别为 2017 年 6 月 11 日、18 日、25 日（见表 4.16）。

② 产品结构信息、提前期、库存信息、批量标准等信息参见 MRP 输出表（见表 4.17）。

表 4.16 MPS

产品	周 号											
	1	2	3	4	5	6	7	8	9	10	11	12
啤酒						40箱	50箱	50箱				

表 4.17 MRP 输出

项目：啤酒　LLC：0 批量：1　　　LT：1		时期/周											
	存量	1	2	3	4	5	6	7	8	9	10	11	12
总需求/箱							40	50	50				
已在途的订货/箱													
计划库存/箱	10												
净需求/箱													
计划应收到的订货/箱													
计划应发出的订货/箱													
项目：瓶子+盖子　LLC：1 批量：1　　　　　LT：2		时期/周											
	存量	1	2	3	4	5	6	7	8	9	10	11	12
总需求/个													
已在途的订货/个													
计划库存/个	120												
净需求/个													
计划应收到的订货/个													
计划应发出的订货/个													

(续表)

项目:啤酒　LLC:0 批量:1　　LT:1	存量	时期/周										
		1	2	3	4	5	6	7	8	9	10	11	12

项目:酒　　LLC:1 批量:1　　LT:1	存量	时期/周										
		1	2	3	4	5	6	7	8	9	10	11	12
总需求/mL													
已在途的订货/mL													
计划库存/mL	300 000												
净需求/mL													
计划应收到的订货/mL													
计划应发出的订货/mL													

项目:商标　LLC:1 批量:60个　LT:3	存量	时期/周										
		1	2	3	4	5	6	7	8	9	10	11	12
总需求/个													
已在途的订货/个													

项目:商标　LLC:1 批量:60个　LT:3	存量	时期/周										
		1	2	3	4	5	6	7	8	9	10	11	12
计划库存/个	120												
净需求/个													
计划应收到的订货/个													
计划应发出的订货/个													

项目:啤酒花　LLC:2 批量:12KG　LT:1	存量	时期/周										
		1	2	3	4	5	6	7	8	9	10	11	12
总需求/kg													
已在途的订货/kg													
计划库存/kg	120												
净需求/kg													
计划应收到的订货/kg													
计划应发出的订货/kg													

(6) 工作流程图(见图4.14)

(7) 各部门职责

① PMC 部(4人)

● 对客户的订单集中处理。

● 根据客户订单、BOM 和库存资料编制 MRP(上一次课已经填写完成)。

- 依据 MRP 对采购部门下达采购指令(2 或 3 人)、对生产车间下达生产指令(2 或 3 人)

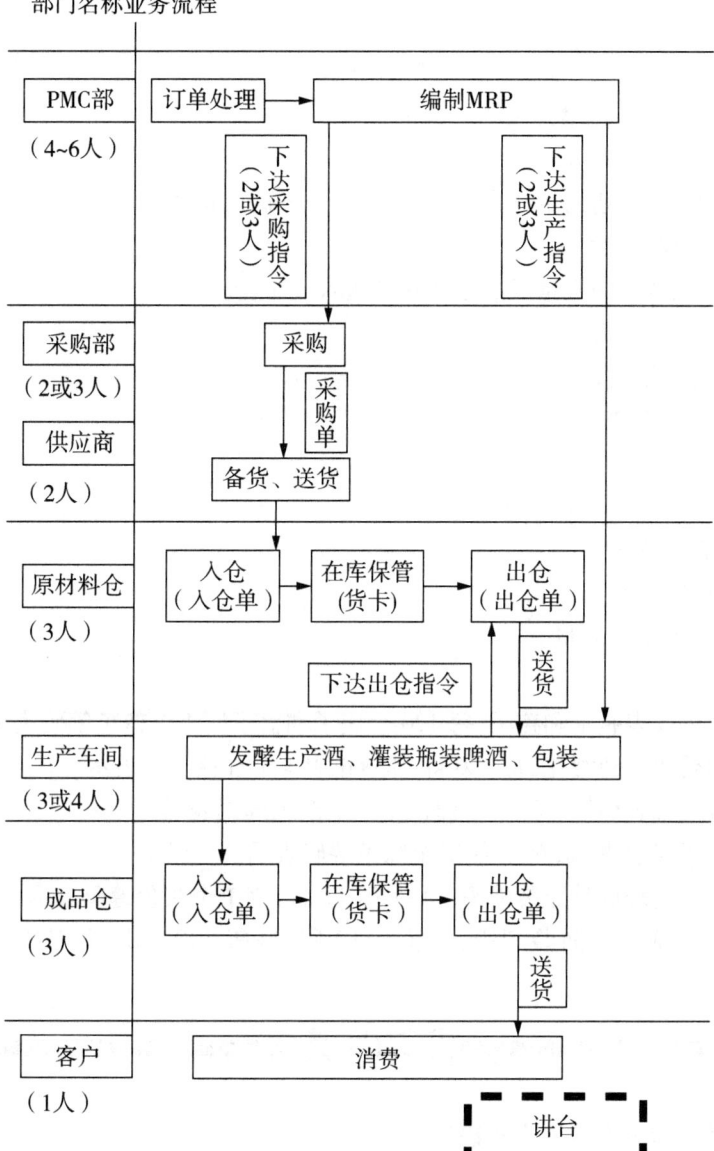

图 4.14 工作流程

② 采购部(2 或 3 人)
- 根据 PMC 部下达的采购指令编制采购单,并将采购单交给供应商(2 人)。
- 跟(采购)单。

③ 供应商(2 或 3 人)
- 根据采购单,将货物准时送到原材料仓。
- 交接货物及单据。

④ 原材料仓(2 或 3 人)

- 清点、抽验供应商交送的货物。
- 填写验收入仓单。
- 刷新货位卡。
- 根据生产车间下达的生产指令填写出仓单。
- 将原材料或半成品配送给生产车间。

⑤ 生产车间(3或4人)
- 根据PMC部下达的生产指令,对原材料仓下达出仓请求。
- 生产瓶装啤酒(筹码)。
- 将生产、包装好的批量成品瓶装啤酒送入成品仓。

⑥ 成品仓(2或3人)
- 抽验成品瓶装啤酒。
- 填写验收入仓单。
- 刷新货位卡。
- 根据客户需求填写出仓单。
- 配送商品给客户。

⑦ 客户(1人)
验收商品的数量与质量。

说明:
① 蓝色筹码代表瓶子和盖子,每120个瓶子和盖子用1个蓝色筹码表示。
② 红色筹码代表啤酒花,每120 kg啤酒花用1个红色筹码表示。
③ 橙色筹码代表商标,每60个商标用1个橙色筹码表示。
④ 绿色筹码代表酒,每60 L用1个绿色筹码表示。
⑤ 灰色筹码代表成品瓶装啤酒,每一箱(12瓶)用1个灰色筹码表示。
⑥ 生产的产成品是瓶装啤酒,一箱有12瓶,每瓶500 mL。每升啤酒需要用啤酒花2 kg。

练习与思考

一、选择题(有一个或多个正确答案)

1. 哪种行业最适合用MRP?( )
   A. 机床厂　　　　B. 医院　　　　C. 造纸厂　　　　D. 炼油厂
2. 以下哪项不是MRP的输入?( )
   A. 生产大纲(综合计划)　　　　B. 产品出产计划
   C. 产品结构文件　　　　　　　D. 库存状态文件
3. 哪项是产品生产计划的输入?( )
   A. 库存状态文件　　　　　　　B. 生产计划大纲
   C. 产品结构文件　　　　　　　D. 车间生产作业计划

4. 哪一项不是相关需求？（　　）
   A. 原材料　　　B. 在制品　　　C. 成品　　　D. 外购零件
5. 使原材料和零部件物流与产品物流连接起来的是（　　）。
   A. MRP　　　B. DRP　　　C. ERP　　　D. LRP
6. 物料需求计划是（　　）产生的存货管理方法。
   A. 20世纪90年代　　　　　　B. 20世纪80年代
   C. 20世纪70年代　　　　　　D. 20世纪60年代
7. MRPⅡ发展（　　）MRP。
   A. 早于　　　　　　　　　　B. 同时期于
   C. 晚于　　　　　　　　　　D. 无任何相关于
8. 假设毛需求量为90，计划接收量为37，可用库存量为18，则净需求量为（　　）。
   A. 37　　　B. 18　　　C. 35　　　D. 55
9. 假设现有库存为79，安全库存量为12，已分配量为15，则可利用库存量为（　　）。
   A. 79　　　B. 12　　　C. 15　　　D. 52
10. DRP是（　　）。
    A. 配送资源计划　　　　　　B. 物料需求计划
    C. 主生产计划　　　　　　　D. 企业资源计划
11. 假设在第10周要生产出400件A产品，产品结构如图所示，设当前库存和计划入库量均为零，试确定部件B第10周的毛需求量。（　　）

    A. 400　　　B. 800　　　C. 1 000　　　D. 1 200
12. 假设在第10周A产品的毛需求量为400件，产品结构如图所示，设当前库存量为100件，安全库存量为50件，试确定部件B的净需求量。（　　）

    A. 400件　　　B. 450件　　　C. 350件　　　D. 700件
13. 假设在第10周A产品的毛需求量为400件，产品结构如图所示，设A当前库存量为100件，安全库存量为50件，B的当前库存为50，试确定部件B的计划产出量。（　　）

    A. 640件　　　B. 650件　　　C. 670件　　　D. 646件
14. 企业某种物资年采购总量3600件，每价每件200元，订购费用每次400元；该企业仓库年平均物资储存额500万元，年总储存货用80万元。则该种物资的经济订购批量

EOQ 为( )。

  A. 100 件   B. 150 件   C. 240 件   D. 300 件

15. 某种物资每月需要 900 件,采用库存定量控制方法,EOQ 为 400 件,最高储备量 550 件,备运时间 6 天,则订购点为( )。

  A. 35 件   B. 150 件   C. 180 件   D. 330 件

16. 假设在第 10 周要生产出 400 件 A 产品,产品结构如图所示,设当前库存和计划入库量均为零,试确定部件 B 的计划订单下达时间。( )

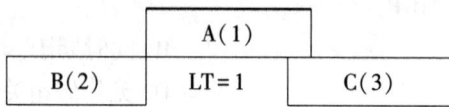

  A. 第 10 周   B. 第 8 周   C. 第 6 周   D. 第 5 周

17. 假设在第 10 周 A 产品的毛需求量为 400 件,产品结构如图所示,设 A 当前库存量为 100 件,安全库存量为 50 件,部件 B 的生产批量为 30 件,试确定部件 B 的计划产出量。( )

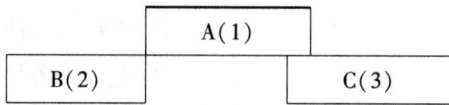

  A. 400 件   B. 720 件   C. 350 件   D. 700 件

18. 假设在第 10 周 A 产品的毛需求量为 400 件,产品结构如图所示,设 A 当前库存量为 100 件,安全库存量为 50 件,C 的库存量为 50 件,试确定部件 C 的计划产出量。( )

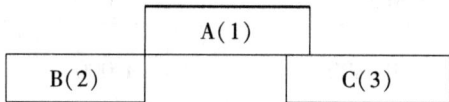

  A. 1 050 件   B. 1 045 件   C. 1 060 件   D. 1 000 件

19. 假设毛需求量为 90,计划接收量为 37,可用库存量为 18,则净需求量为( )。

  A. 37   B. 35   C. 18   D. 55

20. 假设现有库存为 89,安全库存量为 20,已分配量为 5,则可利用库存量为( )。

  A. 89   B. 64   C. 20   D. 5

21. 假设在第 10 周 A 产品的毛需求量为 400 件,产品结构如图所示,图中 LT 为提前期。设 A 当前库存为 100 件,安全库存量为 50 件,B 的当前库存为 50,试确定部件 B 的计划产出量。( )

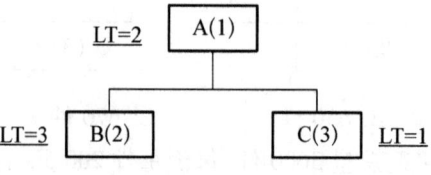

  A. 640 件   B. 650 件   C. 670 件   D. 646 件

二、计算题

雪山冰激凌厂推出新款奶油雪糕。这种类型的雪糕由两根冰糕棍、牛奶和橙味香精做成,并且每个雪糕在包装时需要包装纸一张。在出厂时,需用纸盒再次包装,且每盒装12个包装过的雪糕。试画出物料清单。

三、案例分析题

生产领域 JIT 配送具体应用

某电视机厂整机组装车间,需制定 X、Y 两种零件的生产及送货指令。整机组装生产计划为 B 产品 50 台。基本信息如下:

(1)X、Y 零件是 B 产品的专用零件。X 零件在 B 产品上用量为 2 个/台,在 B 产品组装工序 1 用。Y 零件在 B 产品上用量为 1 个/台,在 B 产品组装工序 15 用。X 零件生产现场到工序 1 送货往返需 10 分钟,Y 零件生产现场到工序 15 送货往返需 16 分钟。

(2)组装生产线:节拍 300 秒(即每 300 秒生产一台电视机),13:30 开始上线组装 B 产品。每次交付数量 10 台用量。

(3)X 零件换模具调试准备及首件检查等需 20 分钟,单件生产周期为 78 秒。Y 零件换模调试准备及首件检查等需 30 分钟,单件生产周期为 252 秒。

(4)X、Y 零件车间 8 小时工作制,每日出勤时间为 8 时~12 时,13 时~17 时。

要求:制定零件 X、Y 的生产计划及送货计划(可以将数据填写在表 4.18 中)

表 4.18 零件 X、Y 的生产计划及送货计划表

交付地点:工序 1,每次:20 个/回(10 台用量)		
今日生产量	生产时间段	送货时间点
交付地点:工序 15,每次:10 个/回(10 台用量)		
今日生产量	生产时间段	送货时间点

项目五

生产物流现场管理

知识要求
- 熟悉项目及项目管理的概念、特点；
- 掌握现场管理的主要内容；
- 掌握库存管理的基本方法；
- 掌握项目计划管理的常用方法；
- 熟悉网络计划技术的特点。

技能要求
- 能够实施 ABC 分类法进行物料管理；
- 能够根据工程项目实际情况，绘制简单的网络图，计算时间参数，确定关键路线；
- 能够利用网络图，进行时间、时间—费用、时间—资源的优化。

一、生产调度表格

（一）单工序工票

机床号：　　　　　　　　　年　月　日　　　　　　　　票号：

产品编号	件号	件名	序号	序号	单件定额	每台件数	投入件数	
							当批	累计

日期	班次	员工	加工时间		完成		检查结果				质检员印	备注
			起	止	工时	件数	定额	合格	回用	退修	工废	料废		

（二）工艺路线单

××厂		车间		工段				填票日期	投料日期	备注
								月 日	月 日	
产品型号		件号	件名	材质	规格	每台件数	投入量		编号	
							件数	累计台份		
工序			计划任务			检查结果				
序号	名称	单件定额	加工日期	机床号	任务件数	合格件数	回用件数	退修件数	废品件数		验收日期	检查员印
									工废	料废		

二、库存管理表格

（一）入库验收单

年　　月　　日　　　　　　　　　　　　编号：

入库名称					
验收部门			验收人员	数量	结果
验收记录					
入库记录	入库：		单位：		
	主管：		经办：		

（二）零件统计台账

仓库车间		零件	零件号		材料	种类	
			规格			规格	
			名称			重量	
供料车间	需料车间	每件台数	一件料数	单价	存放地点		
					区	架	层	位
日期		凭单号	收入		发出		结余	备注	日期		凭单号	收入		发出		结余	累计
月	日		当日	累计	当日	累计			月	日		当日	累计	当日	累计		

三、项目管理工作表单

(一)项目组成员表

一、项目基本情况							
项目名称				项目编号			
制作人				审核人			
项目经理				制作日期			
二、项目组成员							
成员姓名	项目角色	所在部门	职责	项目起止日	投入频度及工作量	联系电话	主管经理
签字				日期			
项目赞助人							
项目经理							

(二)项目策划/任务书

一、项目基本情况			
项目名称		项目编号	
制作人		审核人	
项目经理		制作日期	
二、项目描述			
1. 项目背景与目的(所有的项目均起始于某个商业问题,该部分简要描述这些问题)			
背景:A 国是公司的战略市场,其第二大运营商为 TELECOM 公司,我司于 2017 年 4 月 5 日正式中标一个 100 万线固网项目(N 项目),该项目在 2017 年 6 月份开始实施,在实施过程中,出现了以下 3 个方面的问题: (1)延迟交货; (2)发错货问题严重; (3)初验测试问题层出不穷,客户开始质疑我司软件版本管理和质量控制能力。 这些问题引起了 TELECOM 公司高层的关注,他们对以后与我司的合作开始持观望态度。 目的:改善客户关系,重建客户对与我司合作的信心			
2. 项目目标(包括质量目标、工期目标、费用目标和交付产品特征的主要描述)			
在 2017 年 7 月 31 日前邀请 TELECOM 公司 CTO 带队到我司考察,打消客户关于我司供货能力的疑虑,增强客户对我司研发能力、工程管理能力的信心,项目预算 20 万元。			
三、项目里程碑计划(包含里程碑的时间和成果)			

（续表）

四、评价标准(说明项目成果在何种情况下将被接受)
CTO 在考察人员之列,考察活动如期成行(7月底之前);
考察期间不出现任何内容失误(如没有高层领导接待,样本点无法参观等),后勤事务不超过1次(如因车辆、签证等问题导致的考察不能完全按照计划时间进行);
客户考察之后消除了疑虑,认可我司供货、研发和工程管理能力(客户有明确的正面意见反馈),支持我司后续项目按照双方共同达成的时间表实施;
考察费用不超过预算(20万元);
则项目成功。
五、项目假定与约束条件(说明项目的主要假设条件和限制性条件)
假定:(1) 假定客户能成行;(2) 假定我司内部接待资源都能落实;(3) 假定我司以外的接待资源都能获得(如签证、国际机票等)。
约束:(1) 客户考察必须在7月底之前完成;(2) 必须安排客户住在离公司车程半个小时以内的五星级酒店;(3) 必须安排公司至少一位对等级级别的高层接待。
六、项目主要利益关系人(包括高管、客户、职能部门主管、供应商、项目赞助人、项目经理、项目组成员等关系人)

姓名	类别	部门	职务

（三）WBS 表

一、项目基本情况			
项目名称		项目编号	
制作人		审核人	
项目经理		制作日期	

二、工作分解结构(RS—负责;AS—辅助;I—通知;AP—审批)

分解代码	任务名称	工作估算	人力资源	其他资源	费用估算	工期	张三	李四	周五	黄六	王琦	刘八	邓九

（四）项目进度计划表

一、项目基本情况			
项目名称		项目编号	
制作人		审核人	
项目经理		制作日期	
二、项目进度表			
周			责任人
开始			

（五）项目风险管理表

一、项目基本情况			
项目名称		项目编号	
制作人		审核人	
项目经理		制作日期	

二、项目风险管理

风险发生概率的判断准则
高风险：>60%发生风险的可能性
中风险：>30%~60%发生风险的可能性
低风险：<30%发生风险的可能性

序号	风险描述	发生概率	影响程度	风险等级	风险响应计划	责任人	开放/关闭

学习领域

任务一　生产调度

生产计划表达了管理者对生产运作过程产出的期望目标，但由于生产运作过程非常复杂，制订生产计划时不可能考虑生产运作过程中的所有因素，生产计划的实际执行过程就容易受到各种因素的干扰。如果不加以控制，生产计划就无法完成，从而无法达到预期的目标。广义的生产运作控制（operation control）包括生产调度、质量控制和成本控制，其中最重要的就是生产调度（production scheduling）。

一、生产调度工作的内容

生产调度工作的主要内容包括做好生产准备与生产服务,对生产进度进行控制,对任务进行分配与调整,在制品管理,生产过程统计,调度会议等。

在开始生产之前首先要做好生产准备和生产服务,包括加工设备的检查与保养,将加工图纸等技术文件发放到员工手中,确认将要加工的原材料在规格、品种、数量、质量等方面符合生产需要,准备好生产过程所需要的电力、动力与运输条件,调配好需要的员工,准备好生产过程中需要用的其他工具等。

在制品指停留在车间内,还需要进一步加工的原材料、零部件、半成品。在制品管理包括在制品流转、在制品现场控制、在制品统计、在制品用量控制等方面。生产调度必须组织好厂内运输,保证在制品能按时按量地流转到下一个加工环节。特别是对紧急的任务来说,加快在制品流转是保证交期的重要前提。

在制品在加工、流转的过程中很容易出现各种问题,如次品、废品、数量差异等。这些问题会影响到下一步的加工以及最终生产计划的完成。这就必须明确在制品现场控制的责任人,使具体的车间及个人对在制品的质量与数量负责。同时还应当建立在制品统计报告、异常处理制度,使生产调度及计划人员能及时掌握生产现场情况。在制品控制还包括用量控制。尽可能多地投入在制品能使车间员工及设备总是处于忙碌状态,提高工作效率,保证按期交货,所以对交期负有责任的调度人员倾向于投入更多的在制品。但投入更多的在制品意味着占用了企业更多的资金,生产出不必要的产品。过多的在制品还会导致现场管理的混乱,很容易导致在制品丢失、意外损坏等。在制品用量控制要求调度人员在保证生产计划完成的情况下尽量减少在制品的投放。在大批量生产的情况下采用看板管理能有效控制在制品用量。

生产进度控制是生产调度工作的重要内容。通过投入进度控制、出产进度控制、工序进度控制、任务分配调整来保证生产计划的完成,同时也可以实现在制品用量控制等其他目标。

生产调度通过任务分配来确定各班组、员工及加工设备将要执行的任务。任务分配的指导原则是确保生产计划的按期按量完成,通常在现有生产进度的基础上依靠调度人员的经验进行决策。这要求调度人员必须非常熟悉生产过程,同时密切跟踪生产进度。

由于生产过程可能会出现设备故障、质量不合格、原材料不能如期到货等各种情况而导致原来的任务分配不再可行,这时调度人员应当根据具体情况进行作业调整,确保生产计划按期完成,或者至少保证其重要的部分按期完成。如果情况比较严重,应当向计划部门反馈来调整生产计划,使其更符合实际情况。

在不同生产类型中采用的进度控制方式不同。对于流水线型的大批量生产来说,可以采用出产进度控制来拉动其他生产环节的进度,也可以采用投入进度控制推动其他生产环节的进度。对单件小批生产来说,由于加工过程不确定,必须通过任务分配来使员工明确自己的加工任务,对重点加工环节需要通过工序进度控制。生产过程统计是生产调度与计划人员掌握生产过程情况的重要手段。常见的统计信息包括车间作业进度统计表、投入产出统计表、在制品统计表、工时统计表等。生产过程中的统计信息不仅是生产计划与调度决策的基础,也可以用于成本控制、计算员工工资等。

调度会议有每日、每周、每月、全厂、车间等多种形式,在生产调度中发挥着重要作用。调度会议可以使不同的车间部门了解彼此的进度,做好工作的衔接,了解存在的问题,针对生产过程中的薄弱环节,制定有效措施加以解决。

阅读材料 5.1

科星公司的生产控制过程

科星公司各车间每天上班前都要召开班前会,强调每日工作重点及应注意的事项,主要涉及重点订单的生产进度、质量、安全生产等。班前会结束后,员工自行检查保养自己的设备,借当日所需的图纸工具等。

任务投放是车间调度每天早上的重要工作。进行任务投放时的主要依据是生产计划中对各生产任务的完成时间要求,调度根据自己的经验知道应该何时投放。有时装配、销售及其他部门会给予另外的口头或书面信息通知,从这些信息中车间调度能够识别哪些任务属于紧急任务。然后要综合考虑任务负荷情况和生产计划中的其他任务来进行投放。车间调度需要考虑车间内现有未完成在制品的状况,其他车间可能流转过来的任务,以及生产计划中未来一周或更远的任务负荷情况。如果未来负荷较重而当前负荷较轻,就需要考虑将一部分任务提前投放。如果未来生产计划中的任务有减少的趋势,车间调度就会暂缓投放那些不紧急的任务来实现生产负荷的均衡。任务紧急与否不仅要看生产计划中规定的交期,还要看工序环节的多少。工艺路线上规定的工序环节较多的任务需要很长的加工时间,必须提前投放。如果车间在某个工序环节上产能紧张,也经常把经过该工序的任务提前投放。

对本日要投放的任务,车间调度将工艺路线单打印出来,交给车间转运工去物管部领取原材料并交给首道工序工人。对于紧急任务,一般都事先确认有所需的原材料。当没有原材料可以领取时,车间调度需要和采购部门沟通,尽快安排原材料到货,同时将该任务改为明天投放。有段时间由于钢材价格较高,科星公司严格控制原材料库存,车间调度就经常提前一天确认原材料的到货情况。

接下来车间调度就必须去车间巡视。根据本日车间的任务状况,车间调度会告知各班组、操作工、转运工哪些是紧急任务应当优先加工。对技术要求高的或过去经常出质量问题的任务,车间调度会根据员工技能及设备状况指定负责完成该任务的员工及设备,并对加工过程给予指导。车间调度同时还必须帮助员工解决面临的问题,如报废、不合格品返修、设备的异常、技术上的问题等。针对生产过程中发生的问题以及来自其他部门的催货要求,车间调度会重新安排任务。

成套性是车间调度的难题,产品在装配过程中经常因为缺少某个零件而不得不停工。企业资源计划在运行生产计划时将产品订单转化为所有零件的生产任务,但车间在实际生产过程中很难保证出产的零件恰好能成套。科星公司将零件分为 3 类。第一类为小件,工艺路线短或者富余产能较多,即使缺货也能很快赶工完成,因而不列入成套性检查。第二类被称为大毛坯,工艺路线也短,但经常出现供应商不能及时提供毛坯的情况。对此类零件装配车间调度会在产品装配开始前 5 天和采购部门联系,并在前 3 天向物管部确认毛坯到货。第三类是关键件,工艺路线长,技术要求高而且富余产能较少。每天下午装配车间调度会和各零件车间调度会商,检查各关键件的生产进度,确保明日开始装配的产品能够成套,并提醒零件车间注意以后开工产品所需关键件的进度。每道工序加工完毕后,操作工和质检员都需要在工艺路线单上签字,并由转运工转移到下道工序。当需要转移到其他车间或完工入库时,工艺路线单要先交到车间统计员处登记,作为给员工计算工资的依据。为厘清对在制品的责任,转移到其他车间时双方转运工要过数。加工完成的零件要交到物管部仓库,装配车间需要时再从物管部领取。为了保证在制品物账相符,科星公司对在制品进行月度盘点、季度盘点和年终盘点。月度盘点由车间和物管部自行组织。季度盘点则由财务部负责领导,生产部及车间协助完成,为保证盘点准确要停止跨部门物料转运半天。年终盘点规模更大,所有车间必须停工一天。

科星公司每周二由生产部召开现场调度会,主要讨论具体的产品及零件订单的完成情况,以及与生产进度相关的原材料到货、设备故障与维修等议题。每月有一次生产副总主持的生产质量会,主要讨论整体性的订单及时交货率及产品合格率,找出生产过程中的问题并提出解决办法。

资料来源:淘豆网

二、生产调度常用工具

1. 工票与工艺路线单

为了管理的需要,经常采用工票来记录生产过程的信息。工票是正式的任务分配指令,也是统计并控制生产进度、控制在制品流转交接、反映产品质量、计算工资奖励、分析定额执行与工时利用的依据。工票按每批零件填写一份,在加工过程中必须跟随工件流转。在多数情况下,工件需要经过多道工序的加工,这时的工票称为工艺路线单(process route sheet)。单工序工票和工艺路线单的例子可见前认知领域所列表格,仓库管理部门采用出入库验收单来记录其活动并作为给其他部门或企业的凭证。

2. 台账

统计台账是把原始资料按时间顺序(一般按日)汇集在一起的记录册。逐日登账,逐日汇总可以反映报告期内整个生产单位的作业情况,便于及时掌握生产动态,控制生产进度,为编制统计图表和统计报表提供方便。台账的表式和内容可根据需要设计,应当合理严密而且简单清晰。上述认知领域之(二)的零件统计台账,可用于核算零件生产进度与在制品流转。

3. 统计图表

生产进度也就是计划产量与实际产量之间的关系。考察一段时间内累计的实际产量和计划产量之间的关系有助于生产管理人员掌握生产进度的变化趋势。在实践中经常把计划产量和实际产量通过坐标图来直观地表达两者之间的关系。

例如,根据如表 5.1 所示通过某装配线一旬计划装配产量和实际装配产量表,可以画出如图 5.1 所示的坐标图。

表 5.1　某装配线产量累计　　　　　　　　　　　　　　　　　　件

日期		1	2	3	4	5	6	7	8	9	10
计划	当日	100	120	140	180	250	340	420	500	400	300
	累计	100	220	360	540	790	1 130	1 550	2 050	2 450	2 750
实际	当日	50	150	100	150	200	300	450	600	400	400
	累计	50	200	300	450	650	950	1 400	2 000	2 400	2 800

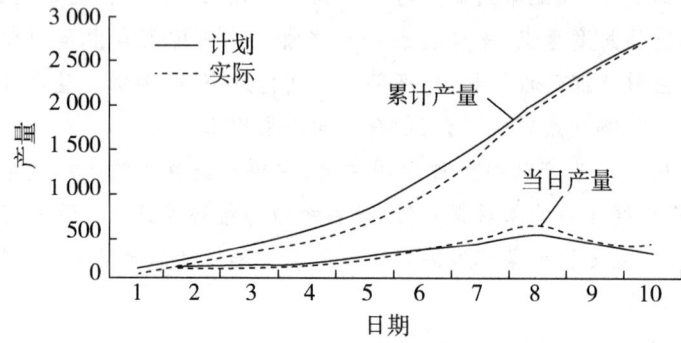

图 5.1　计划与实际的生产进度

三、生产调度常用方法

对于连续均衡生产来说,产品很少变动,生产线专门化程度高,对完工数量的控制就是生产调度核心。坐标图能够很好地描述生产进度的变化趋势及其与生产计划之间的关系,因而可以用作此时控制生产进度的方法。

单件小批生产由于产量低而和工程项目具有相似之处。特别当零件工艺复杂、技术要求高、工序数量多、生产周期长时,经常采用类似项目管理的甘特图来控制生产进度。甘特图控制法采用甘特图来表示零件在各加工阶段的投入与产出,并以此来控制整个产品的生产过程。图 5.2 是采用甘特图来控制生产进度的例子。

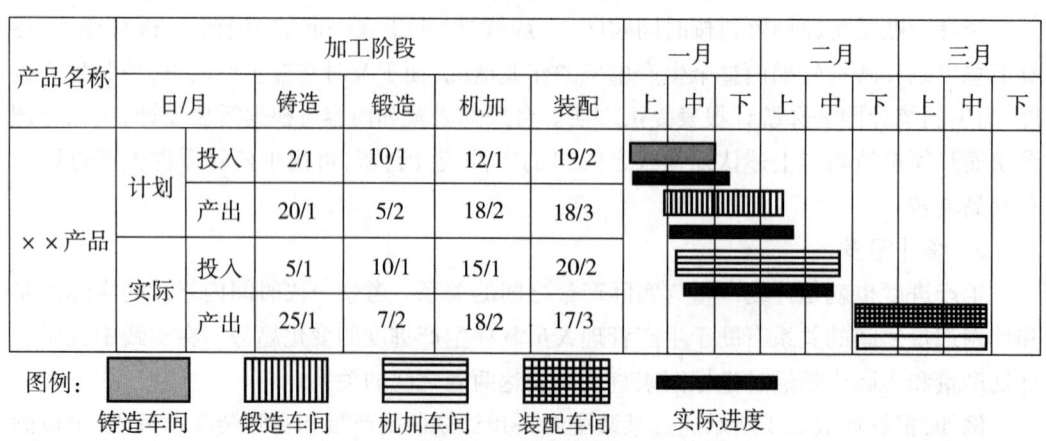

图 5.2　用甘特图控制生产进度

如果产品由许多零件构成,且不同零件所需要的生产周期又不一样,采用坐标图或甘特图就会非常麻烦。推式控制法根据计划产量及零件的生产周期提前投放原材料,各工序把加工好的零件(物料)转移到下道工序,逐步推向最后工序,最终完成产品的生产。由于推式控制法易于和企业资源计划软件结合,所以应用广泛。

在传统的推式方法中,由于前工序不知道后工序何时需要物料,往往倾向于提前生产。结果后工序积压了大量的物料,使生产周期变长。这又反过来刺激了提前投料生产,使生产周期进一步变长。结果是在不需要零件的时候生产出了超量的零件,在整个生产过程中物料90%以上的时间都处于等待的状态。

面向负荷的生产控制方法通过控制任务的投放来避免传统推式方法的弊端。所有到达的任务依据加权平均生产周期算出计划开工日期,并以此为依据先后投放。

通过控制任务投放,面向负荷的生产控制方法降低了生产过程中的在制品,缩短了生产周期。这种以工序负荷为控制目标的方法比较适合没有统一加工路线的多品种小批量生产。加权平均生产周期、加载比等重要变量都必须依据统计分析才能得到,这使得这种方法应用起来比较麻烦。

在类似汽车这种重复性的生产中,加工路线非常明确,多应用丰田汽车首创的准时制(just in time)方式。在准时制方式中,后工序在必要时去前工序领取必要数量的物料,然后前工序开始生产被领走的那部分物料(数量和种类上都相同)。这种生产控制方法是从生产的终点——总装配线开始的,装配线依据生产计划分别向前工序领取所需的零部件,原则是"需要什么取什么,何时需要何时取,需要多少取多少"。零部件(物料)的流动就是由生产的终点开始,逐级向前拉动,直到原材料的投放,所以准时控制也被称为拉式方法。这种一环扣一环的同步衔接方式,使得生产系统中各个工序对自己的工作进度一目了然。只有在物料被领走后,工序才开始生产。这就有效地避免了推式方法中的盲目过量生产,大幅度地减少了生产过程中的在制品量,提高了生产率和生产系统的柔性。

为了保证生产过程中物料需求信息准确、简明、迅速地传递,准时控制采用了称为"看板"的卡片。看板上明确地表示了"哪个工序何时需要多少数量的哪种零件"。后工序员工在向前工序领取物料时,将看板传递给前工序员工,前工序员工按看板上的信息进行生产。

任务二　生产物料的库存管理

一、库存管理概述

所谓库存是指作为今后按预定的目的使用而处于闲置或非生产状态的物料。在生产制造企业,库存品一般包括原材料、产成品、备件、低值易耗品以及在制品;在商品流通企业,库存品一般包括用于销售的商品以及用于管理的低值易耗品。库存是一种闲置资源,不仅不会在生产经营中创造价值,反而还会因占用资金而增加企业成本。但是,在实际的生产经营过程中,库存又是不可避免的,有时还是十分必要的。库存管理的核心是如何在满足对库存需要的前提下,保持合理的库存水平。在企业的总资产中,库存资产一般要占到 20%~40%,库存管理不当会造成大量资金的沉淀,影响资金的正常周转,同时还会因库存过多增加市场风险,给企业经营带来负面影响。因此,必须对库存进行有效管理,消除不必要的库存,提高库存周转率。

库存的类型很多,主要可按以下两种方式进行分类。

1. 按库存的作用分

① 周转库存,是为满足日常生产经营需要而保有的库存。周转库存的大小与采购批量直接有关。企业为了降低物流成本或生产成本,需要批量采购、批量运输和批量生产,这样便形成了周期性的周转库存。这种库存随着每日的消耗而减少,当降低到一定水平时需要补充库存。

② 安全库存(safety stock),是为了防止不确定因素的发生(如供货时间延迟、库存消耗速度突然加快等)而设置的库存。安全库存的大小与库存安全系数或库存服务水平有关。从经济角度看,安全系数应确定在一个合适的水平上。

③ 调节库存,是用于调节需求与供应的不均衡、生产速度与供应的不均衡以及各个生产阶段产出的不均衡而设置的库存。

④ 在途库存,是处于运输以及停放的相邻两个工作地之间或相邻两个组织之间的库存。在途库存的大小取决于运输时间以及该期间内的平均需求。

2. 库存物资的 ABC 分类

库存物资往往存在这样的现象与规律,即少数库存项目占有大部分的库存资金,相反大多数的库存物资仅占全部库存资金的小部分。根据这一特点,可以将库存物资分为 A、B、C 三类。在全部库存中,占库存资金 75% 左右,而其品种数却仅占库存项目总数的 20% 左右的物资被定为 A 类物资;把占库存资金 15% 左右,品种数占 30% 左右的物资定为 B 类物资;把仅占库存资金 10% 左右,而品种数却占 50% 左右的物资定为 C 类物资,如图 5.3 所示。ABC 分类意味着 A 类库存需实行重点管理,对 C 类物资则无须进行精确控制,而对于两者之间的 B 类库存则应视企业的具体情况采用综合控制的方式。需要注意的是,因为 ABC 分类法主要是以库存资金数量为基础进行分类,没有反映库存品种对利润的贡献、供货的紧迫性等其他方面的指标。在某些情况下,因 C 类库存造成的缺货也可能是致命的,因此在应用 ABC 分类法时应给予充分注意。

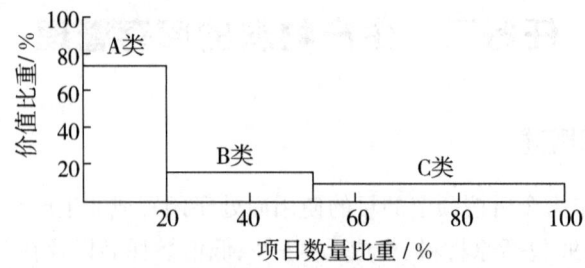

图 5.3 ABC 分类法示意

项目五 生产物流现场管理

3. ABC 分类法应用

（1）ABC 分类步骤

第一步，将物品按年耗用金额从大到小进行排序。

第二步，计算各种物品占用资金额占全部库存占用资金额的百分比进行累计以及品种百分比累计。

第三步，按照分类标准，选择判断点进行分类，确定 A、B、C 三类物品。

第四步，绘制 ABC 曲线图。

（2）具体应用

 例 5-1 ABC 分类法在库存管理中的具体应用。

某工厂加工用物料情况如表 5.2 所示。

表 5.2　工厂物料使用情况

编号	单位成本/（元/千克）	年度使用量/个	年度使用量金额/元	合计年度使用金额百分比/%
1	0.05	50 000	2 500	34.3
2	0.11	2 000	220	3
3	0.16	400	64	0.9
4	0.08	700	56	0.8
5	0.07	4 800	336	4.6
6	0.15	1 300	195	2.7
7	0.2	17 000	3400	46.7
8	0.04	300	12	0.2
9	0.09	5 000	450	6.2
10	0.12	400	48	0.6
合计		81 900	7 281	100

按步骤完成以下任务。

1）按物料使用量的百分比排序列表。

2）编制用料 ABC 类别分析图。

3）绘制 ABC 曲线图。

解：

1）物料使用量的百分比排序列表如表 5.3 所示。

表 5.3　物料使用量的百分比排序

编号	单位成本/（元/千克）	年度使用量/个	合计年度用料百分比/%
1	0.05	50 000	61.1
7	0.2	17 000	20.8

（续表）

编号	单位成本/(元/十克)	年度使用量/个	合计年度用料百分比/%
9	0.09	5 000	6.1
5	0.07	4 800	5.9
2	0.11	2 000	2.4
6	0.15	1 300	1.6
4	0.08	700	0.9
3	0.16	400	0.5
10	0.12	400	0.5
8	0.04	300	0.4
合计		81 900	100.0

2) 编制用料 ABC 类别分析表,如表 5.4 所示。

表 5.4　用料 ABC 类别分析

类别	编号	品种百分比/%	价值百分比/%
A	1、7	20	81
B	5、9	20	12
C	2、3、4、6、8、10	60	7

3) 绘制 ABC 曲线图,如图 5.4 所示。

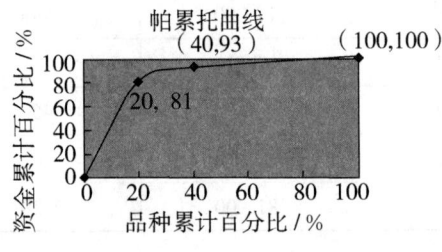

图 5.4　ABC 曲线

小结：

① ABC 分类法基于"关键的少数和次要的多数",即"20/80 法则"。与其说它是公式,不如说它是管理理念,几乎可应用于物流管理所有领域。其应用难点在于分类的角度及百分比的确定。

② 库存管理部门的主要职责是关注存货资金占用、找出资金占用最大库存品类。所以,使用 ABC 分类法时依据的是库存资金占比与品种占比。

③ ABC 分类法的主要目的是降低库存水平或资金占用量。

项目五 生产物流现场管理

例 5-2 ABC 分类法在库位分配中的具体应用(国家高职组物流技能竞赛的内容)。

某配送中心有一批货品需要入库,具体如表 5.5 所示。该配送中心最近半年货物周转信息如表 5.6 所示,该库区货物初始信息如图 5.5 所示。

表 5.5 货物入库任务

序号	货品名称	单价/(元/箱)	数量/箱	重量/(kg/箱)	外包装尺寸/mm
1	好娃娃薯片	196	18	9	330×245×280
2	诚诚花生仁	172	26	10	235×315×200

表 5.6 货物最近半年周转信息

序号	商品名称	物动量/箱					
		1月	2月	3月	4月	5月	6月
1	王老吉凉茶	720	850	920	580	420	100
2	诚诚花生仁	146	56	1 270	450	200	150
3	精灵鼠标	30	30	50	40	27	0
4	创意记事本	21	0	0	100	97	100
5	戴尔台式电脑	342	107	113	269	82	243
6	红牛方便面	397	120	39	25	46	45
7	奥利奥夹心饼干	475	200	25	220	50	217
8	联想便携式电脑	60	25	0	176	97	27
9	休闲黑瓜子	122	41	59	139	227	74
10	联想台式电脑	37	38	25	80	63	17
11	旺旺饼干	80	47	189	125	154	458
12	康师傅矿物质水	150	76	167	250	230	148
13	罗技键盘	400	36	59	26	0	65
14	喜洋洋背包	100	45	25	80	40	44
15	金谷精品杂粮营养粥	0	42	0	45	60	12
16	雅比沙拉酱	88	30	10	50	43	50
17	好娃娃薯片	900	806	655	400	517	1 250

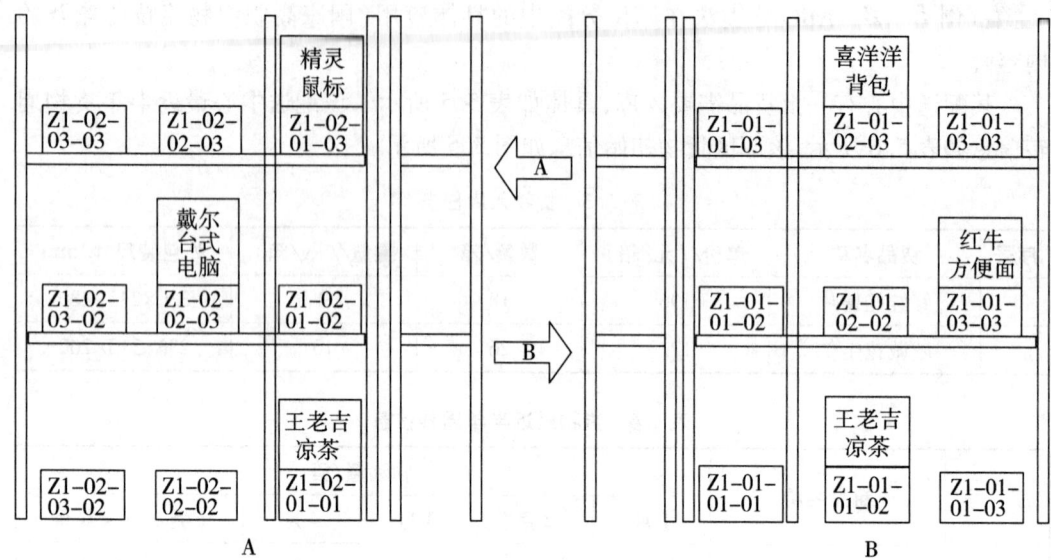

图5.5 库区货物初始信息

要求：制订货物组托计划并合理进行库位分配。

说明：货物限高：800 mm；托盘规格：1 200 mm×1 000 mm×160 mm。

解：

1）根据货物半年内周转量百分比并排序，然后进行 ABC 分类，具体如表5.7所示。

表5.7 货物半年周转量排序及 ABC 分类

序号	商品名称	合计/箱	周转百分比	累计周转百分比	品种百分比	累计品种百分比	分类
17	好娃娃薯片	4 528	24.30%	24.30%	5.88%	5.88%	A
1	王老吉凉茶	3 590	19.27%	43.57%	5.88%	11.76%	A
2	诚诚花生仁	2 272	12.19%	55.77%	5.88%	17.65%	A
7	奥利奥夹心饼干	1 187	6.37%	62.14%	5.88%	23.53%	B
5	戴尔台式电脑	1 156	6.20%	68.34%	5.88%	29.41%	B
11	旺旺饼干	1 053	5.65%	73.99%	5.88%	35.29%	B
12	康师傅矿物质水	1 021	5.48%	79.48%	5.88%	41.18%	B
6	红牛方便面	672	3.61%	83.08%	5.88%	47.06%	B
9	休闲黑瓜子	662	3.55%	86.64%	5.88%	52.94%	C
13	罗技键盘	586	3.15%	89.78%	5.88%	58.82%	C
8	联想便携式电脑	385	2.07%	91.85%	5.88%	64.71%	C
14	喜洋洋背包	334	1.79%	93.64%	5.88%	70.59%	C
4	创意记事本	318	1.71%	95.35%	5.88%	76.47%	C

(续表)

序号	商品名称	合计/箱	周转百分比	累计周转百分比	品种百分比	累计品种百分比	分类
16	雅比沙拉酱	271	1.45%	96.80%	5.88%	82.35%	
10	联想台式电脑	260	1.40%	98.20%	5.88%	88.24%	
3	精灵鼠标	177	0.95%	99.15%	5.88%	94.12%	
15	金谷精品杂粮营养粥	159	0.85%	100.00%	5.88%	100.00%	

2) 制定库位分配策略,如表 5.8 所示。

表 5.8 库位分配策略

产品序号	品种占比/%	物动量占比/%	ABC 分类	库位分配策略
17/1/2	18	56	A 类	优先放置在第一层
7/5/11/12/6	23	23	B 类	放置在第二层
其他	59	21	C 类	放置在第三层

3) 根据组托规则,待入库货物分别需要分配一个组托。具体库位分配如图 5.6 所示。

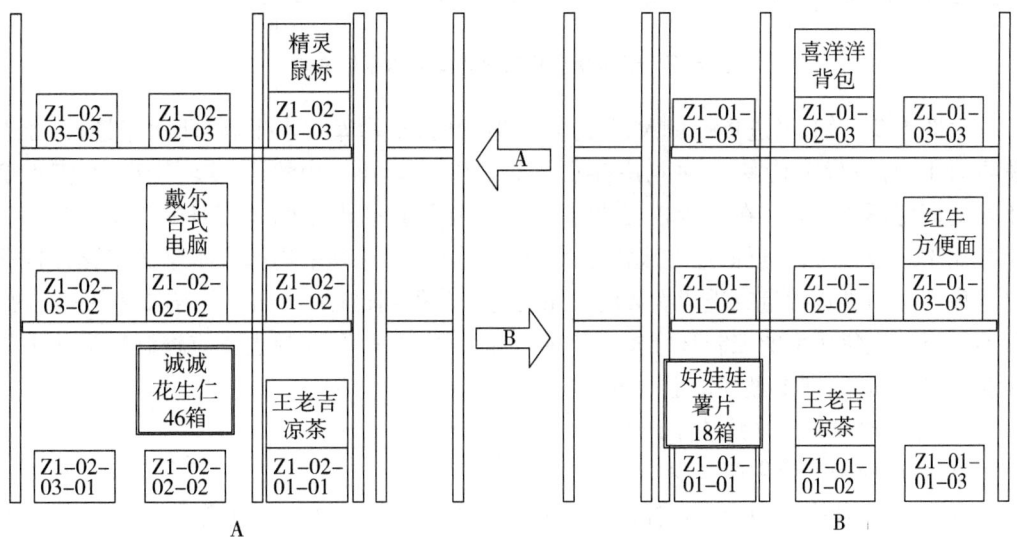

图 5.6 库位分配示意

小结:

① 仓储管理部门主要关注仓库运营效率,需要找出货物周转或流速最快的品类。

② ABC 分类法用于库位分配时,货物分类分别从物动量占比及品种占比两个维度进行。

二、库存控制决策

(一)库存控制决策的目标与内容

库存控制(inventory control)的决策目标是保证生产需要而又不积压过多的物资和资金。为此,必须对物资的库存加以控制,而库存中的物资是在不断地消耗,又不断地补充,这时要用平均库存水平代表库存量的多少。因此,物资的库存控制就是将物资的库存维持在预期库存水平上的一套管理技术。它的核心是如何确定这个预期的库存水平,以及如何经济而有效地保持这个库存水平。平均储备又称平均库存水平,它是衡量物资库存量的一种标志。因为物资的库存量是在不断变动着的,需要按平均储备量来比较物资库存量的多少。平均库存水平,在需求率一定时,是由进货批量的大小或进货次数的多少决定的。图5.7清楚地说明了这两者之间的关系。

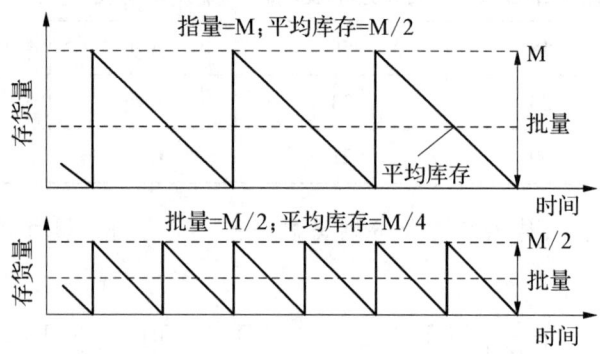

图5.7 进货量变化对平均库存水平的影响

由图5.7可知,当进货批量大,且进货次数少时,平均库存水平高,即库存量大;当进货批量小,且进货次数多时,平均库存水平低,即库存量小。当然,在实际生产中,需求率不可能固定不变,不过,在一段较短的时间内,只要需求零星发生,即每日的耗用量与库存量相比不是很大时,可近似地看成需求均匀变化而用来计算平均库存水平的变化。根据平均库存量与进货批量或进货次数的关系可进一步得到这样的推论:当需求速率一定时,只有通过对进货速率的控制来维持平均库存量。因此,库存控制主要应控制物资的进货批量和进货时间,即要做好以下决策。

① 什么时候提出采购或生产?
② 每次应采购或生产多少?
③ 应采用什么类型的库存控制系统来维护预期的库存决策?决策的目标是,在现实的资源(资金、仓库面积、供应者的政策等)约束下满足预期的需求而又使库存成本达到最低。

(二)库存控制决策的影响因素

要做好上述的库存控制决策,需考虑多方面的因素。

1. 需求性质

需求性质的不同对库存控制决策有着决定性的影响,主要表现为如下几种情况。

① 需求确定或不确定。若需求是确定的,则可只在需求发生时准备库存,库存的数

量根据给定的计划确定;若需求是不确定的,则需要保持经常的库存量,以供应随时发生的需求。

② 需求有规律变化或随机变动。需求虽有变动但其变动存在规律性,如季节性变动,则有计划地根据变动规律准备库存。如在旺季到来之前,准备较多的库存储备以备销售增长的需要。若需求变动没有一定规律,呈现为随机性变化,就需设置经常性库存,甚至准备一定的保险库存量来预防突然发生的需求。

③ 独立性需求或相关性需求。所谓需求的独立性或相关性指的是某种物资的需求与其他物资的需求互不相关或相互依赖。相关性需求来自企业内部,一般根据其母项的需求计划直接推算得到,而且着重考虑产品生产的成套性和生产安排的均衡性来确定供货的数量和时间。独立性需求却是企业所不能控制的,如对产品及销售备件的需求。它们随机发生,只能用预测的方法而无法精确计算,在确定供货数量和时间时主要考虑成本上的经济性。

④ 需求的可代用性。有些物资可由其他物资代用,平时的库存储备可适当少些,万一发生缺货也能用代用物资来满足需求。对于没有代用材料的物资,则必须确保有较多的库存才能保证预期的供应要求。

2. 提前期

提前期是指从订购或下达生产指令开始,到物资入库的时间周期。提前期是确定订购的时间或下达生产指令时间的主要考虑因素。在库存控制中,都是根据库存储备将要消耗完时提前一个提前期提出订货,以避免在订货到达之前发生缺货。在提前期内应储备多少存货也是库存控制的一项重要内容。

3. 自制或外购

所需要的物资是自制还是外购,也影响对库存的决策。若从外部采购,应着重从经济性,即节约成本的要求来确定它们的供货数量和供货次数。若属本厂自制,则不但要考虑成本的经济性,还需要考虑生产能力的约束、生产各阶段的节奏性等来确定供货数量和时间。

4. 服务水平

服务水平指的是由库存满足用户需求的百分比。如果库存能满足全部用户的订货需要,则其服务水平为100%。若100次订货只能满足95次,则服务水平为95%,相应地,这时的缺货概率为5%。服务水平一般是由企业领导部门根据经营的目标和战略而定的。服务水平的高低影响到库存储备水平的选择。服务水平要求高,就需要有较多的库存来保证。服务水平的计量方式有若干种,如用户的百分数、订货数量的百分数等,但最常用的是按满足订货次数的百分比来规定服务水平。

(三) 库存成本

库存控制的目标之一就是对生产成本进行控制,因此,库存成本是库存控制决策时应主要考虑的内容,与库存控制有关的成本有以下几项。

1. 订购成本或调整成本

为补充库存而订购物资发生的各种费用,属于订购成本(ordering cost)。它包括办理订购手续、物资运输与装卸、验收入库等的费用,以及采购人员的差旅费等。如果库存物资是由本厂自行生产的,则生产中发生的设备调整成本也相当于每次订购时的订购成本。

调整成本包括调整工人的工资,设备在调整时间内的停工损失,以及在调整中的材料与废品损失等。另外,在更换品种后初期,生产效率低于正常水平或废品量超出正常水平的损失费用,也都归入调整成本。这部分成本在每次订购或调整过程中基本上是相同的,它们的多少与订购批量或生产批量无关,可以看作是固定成本。

2. 保管成本

保管成本(holding cost or carrying cost)即物资在仓库内存放期间发生的成本。它包括仓库管理费用,存放过程中发生变质、损坏、丢失、陈旧、报废等的损失费用,保险金、税金,以及占用资金的利息支出等。这部分成本随库存储备的数量与时间的增加而增加,一般先核算出单件的保管成本,再按平均储备量计算出总保管成本。还有一种办法是用保管费率代表单位保管成本。保管费率是年保管成本与全年占用资金之比。保管费率与物资单价的乘积就是该物资的单件保管成本。

3. 购置成本

购置成本即购置物资所花费的成本,按物资的单价与需求量计算。一般物资的购置成本不受批量大小的影响。因此,在库存控制决策中可不考虑这项成本。但当采购批量影响物资价格时,如供应商对购货量大的物资给予价格优惠,则要考虑此项成本。

4. 缺货成本

缺货成本(shortage cost)是指由于不能满足用户需要而产生的成本。它主要来自两方面的费用,一是由于赶工处理这些误期任务而追加的生产与采购费用;二是由于丧失用户而对企业的销售与信誉所造成的损失,也包括误期的赔偿费用损失。显然,缺货成本随缺货量的增加而增加。在确定订购批量或生产批量时,需要考虑在不同批量下上述几项成本的变化关系,从而找到能使库存总成本最低的适当批量。

(四)经济订货批量模型

订货批量的确定是库存控制决策的重要内容,下面介绍两种使库存总成本最小的订货批量的决定方法,即经济订货批量(Economic Order Quantity, EOQ)模型。

1. 瞬时供货、均匀消耗、不允许缺货模型

本模型可用来计算经济订货批量和经济生产批量。

在不允许缺货,且没有价格折扣的情况下,每年维持库存的总费用可用下式表示:

$$年总费用 = 购置成本 + 订购成本 + 保管成本$$

$$TC = C \times D + (D \div Q) \times S + (Q \div 2) \times H \tag{5.1}$$

式中,TC 为总费用;C 为购买单位货物的成本;D 为年总需求量;Q 为批量或订货量;S 为每次订货发生的费用;H 为单位货物每年的保管成本($H = C \times h$,h 即单位库存保管费用率)。

为求出使得总成本(TC)最小的订货量(Q),只需对式(5.1)两边的 Q 求一阶导数,并令导数等于0,即

$$d(TC)/dQ = 0 - D \times S/Q^2 + H/2 = 0$$

解方程得:$Q = \sqrt{2D \times S/H}$,也就是经济订货批量为

$$EOQ = \sqrt{2D \times S / H} \qquad (5.2)$$

经济订货批量及库存年总成本曲线如图 5.8 所示。

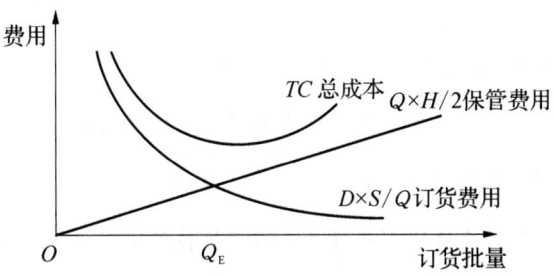

图 5.8 经济订货批量及库存年总成本曲线

从式(5.2)可以看出,单价 C 高的物资应按较小的数量订货,单价 C 低的物资则相反。在已知经济订货批量和提前期的情况下,其他有关变量,如年平均订货次数、两次订货时间间隔、订货点库存量都可以求出。

2. 按时均匀供货、均匀消耗、不允许缺货模型

上述计算的经济订货批量是整批同时入库的。如果是每天生产出来,陆续入库,而每天仍逐次耗用,这种订货批量称为经济生产批量。其计算公式如下:

$$EPQ = \sqrt{\frac{2D \times S}{C \times h}} \times \sqrt{\frac{R}{R-r}}$$

式中,EPQ 为经济生产批量;R 为每天生产量,即每天入库数量;r 为每天需用量,这里的条件必须是 $R > r$。

例 5-3 设某厂预计某产品的年销售量为 8 000 件,每次调整品种费用(订货成本)为 450 元,每件成本价为 200 元,成品库存保管费用率为 0.1 元/件。

假定每日销售量是固定的,则每次的经济订货批量计算如下:

$EPQ = [(2 \times 8\,000 \times 450) \div (200 \times 0.1)]^{1/2}$

　　　$= 600$(件)

它的年库存总成本为:

$TC = (8\,000 \div 600) \times 450 + (600 \div 2) \times 0.1 \times 200$

　　　$= 6\,000 + 6\,000$

　　　$= 12\,000$(元)

本例中,如果 $R = 100$(件),$r = 25$(件),则

$EPQ = [(2 \times 8\,000 \times 450)/(200 \times 0.1)]^{1/2} \times [100/(100-25)]^{1/2}$

　　　$= 692.8$

　　　≈ 693(件)

(五)定量控制模式的应用

定量控制模式就是订货点(reorder point)和订货批量固定,当实际库存降到订货点

时,向供应商发出订货单。从发出订单到货物入库所经时间为订货提前期,提前期一般为随机变量。

订货点的确定。订货点是指当库存量降低到某一数量点时就要发出订货通知。订货点的确定有以下两种情况。

① 需求和订货提前期稳定(不需要安全库存量):

$$订货点 = 日平均需要量 \times 订货提前期$$

② 需求和订货提前期不稳定(需要安全库存量):

$$订货点 = 日平均需要量 \times 平均订货提前期 + 安全库存量$$

$$安全库存\ SS = Z\sigma\sqrt{L}$$

式中,SS 为安全库存量,L 为提前期,Z 为客户服务系数或安全系数,σ 为需求标准。

例 5-4 无安全库存情况下订货点的确定。

三水科勒卫浴主要采用按订单生产模式(MTO)生产,企业根据历史数据并运用大数据(big data)分析技术预测未来销售数据,市场部门预测该分公司 2017 年将生产多少产品,并结合物料清单文件(BOM)(取决于产品的具体配方,由技术部提供),由采购部门制订生产物料需求计划(MRP)。生产部门预计黑黏土全年需求量为 1 800 吨。黑黏土、石英砂交货期 4 天。由于陶瓷窑炉生产的持续性,生产过程不允许发生原料缺货。

要求:确定在没有安全库存情况境下的订货点(一年以 360 天计算)。

正确理解订货点(见图 5.9)。

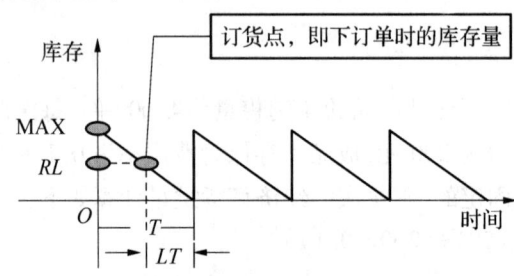

图 5.9 无安全库存情况下的订货点

解:订货点 RL = 日平均需要量 × 订货提前期
　　　　　　 = 1 800 / 360 × 4 = 20(吨)

小结:
① 正确理解订货点概念是关键。
② 常见的错误是将订货点理解为时间点。订货点是数量单位而非时间单位。

例 5-5 有安全库存情况下订货点的确定。

题 1:承例 5-4,三水科勒卫浴物流中心根据重要性、价值等指标对生产用物料运用 ABC 分类,黑黏土属于重要的 A 类物资。同时,该企业针对物料可得性、供货稳定性、物料类别等情况设置安全库存(SS)系数。其中,黑黏土夏季需要设置安全库存,要求原料供货及时率达 95%(客户服务系数取 2)。日需求量变动标准差为 3 吨/天。其他时间不需设定安全库存。

要求:确定在需要安全库存情况下的订货点,并合理确定黑黏土的安全库存量。

应用模型:

安全库存量

$$SS = Z\sigma\sqrt{LT}$$

订货点

$$RL = SS + LT \times R$$

式中,SS 为安全库存量,LT 为提前期,R 为需求量,Z 为客户服务系数或安全系数,σ 为需求标准差。

正确理解订货点(见图 5.10)

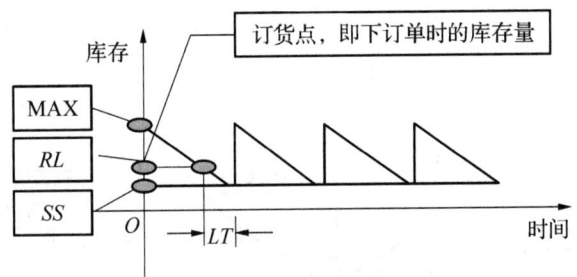

图 5.10　需要安全库存情况下的订货点

解:

1)计算 SS。

$$\begin{aligned} SS &= Z\sigma\sqrt{LT} \\ &= 2 \times 3 \times 2 \\ &= 12(吨) \end{aligned}$$

2)根据安全库存量,可得:

$$\begin{aligned} RL &= SS + LT \times R \\ &= 12 + 4 \times (1\,800 \div 360) \\ &= 32(吨) \end{aligned}$$

小结:

① 本题中要求增加安全库存,因此正确确定安全库存量是关键。

② 安全库存量同提货提前期(交货期)、需求变动标准差及供货及时率有关,实践中如何调研出该数据是解决问题的关键。

题 2:生产用石英砂需求量为 2 吨/天,属于企业 A 类管控物资。储存费为 200 元/(吨·年),每次订购费用为 20 元。需要长年保持 3 天安全库存水平。

要求:确定石英砂的订货点和经济订货批量。

解：
1) 计算订货点

$$RL = SS + LT \times R$$
$$= 3 \times 2 + 4 \times 2$$
$$= 14(吨)$$

2) 计算经济订货批量

$$EOQ = (2D \times S/H)^{1/2}$$
$$= (2 \times 2 \times 360 \times 20/200)^{1/2}$$
$$= 12(吨)$$

小结：

① 安全库存正常情况不使用。安全库存的存在通常会增加企业库存水平。

② 定量库存控制模型需要确定订货费、保管费、需求量等基础数据，因此，需要清楚企业库存成本基础数据。

③ 实践中经济订货批量通常只是一个参考指标，多数情况下是在经济订购批量区间内寻求满意解实施采购作业，如图5.11所示。

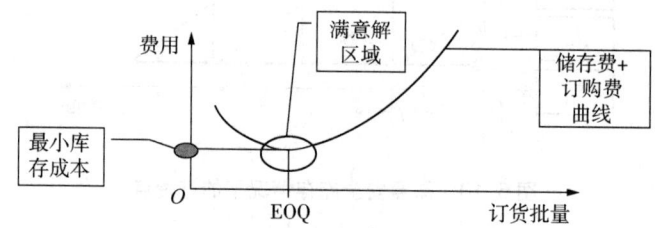

图5.11 经济订货批量在实践中的应用

（六）定期控制模式的应用

定期订货方式：按照固定的时间间隔组织订货，如图5.12所示。该方式主要适用于生产稳定、供货稳定、货源充足的生产单位。

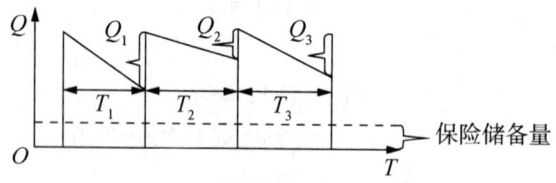

图5.12 定期订货方式

图5.12中：$T_1 = T_2 = T_3$，$Q_1 \neq Q_2 \neq Q_3$

即：订货数量=（订货间隔时间+提前期）×平均每日需用量+保险储备量-实际库存剩余量。

订货间隔期及提前期固定、需求波动情形下，安全库存及订货批量的计算公式如下：

$$安全库存量\ SS = z\sigma\sqrt{L+T}$$

订货批量 $Q = D(T+L) + SS - K$

式中,Z 为安全系数;T 为订货间隔期;L 为订货提前期(交货期);K 为订货时盘点库存量;D 为平均日需量;SS 为安全库存量。

例 5-6 订货间隔期及提前期固定、需求波动情形下安全库存量、订货批量的确定。

题1:某陶瓷生产企业对 A 材料采用定期订货方式,订货间隔期为 30 天,提前期为 5 天,该次订货时盘点库存量为 55 kg,平均日需量为 10 kg,需求标准差 $\sigma = 3$ kg,以短缺率为 5%时(查表安全系数取 1.65),求该次订货数量。

解:已知 $T = 30(天)$,$L = 5(天)$,$D = 10(kg)$,$\sigma = 3(kg)$,$K = 55(kg)$。

该题属于需求存在波动、提前期与订货间隔期固定的情形,因此:

安全库存量 $SS = Z\sigma\sqrt{L+T}$
$= 1.65 \times (3 \times 3 \times 35)^{1/2}$
$= 17.7(kg)$

订货数量 $Q = D(T+L) + SS - K$
$= 10 \times 35 + 17.7 - 55$
$= 312.7(kg)$

题2:某汽车销售公司为实施定期订货法策略,对某个商品的销售量进行分析,发现用户需求服从正态分布。过去 9 个月的销售量分别是 11、13、12、15、14、16、18、17、19(辆),如果组织资源进货,则订货提前期为 1 个月,一次订货费用为 30 元,单件物资一个月的保管费用为 1 元。如果要求库存满足率达到 90%(安全系数取 1.28),则应当如何制定定期订货法策略?

假定实施定期订货法策略后,第一次订货检查时,发现现有库存量为 21 件,已订未到物资 5 件,已经售出但尚未提货的物资 3 件,试问第一次订货时应该订多少?

可以采用 Excel 软件求解,需要使用如表 5.9 所示的基本函数。

表 5.9 要使用的基本函数

项 目	描 述
算术平均值	AVERAGE
标准差	STDEV
平方根	SQRT
安全库存量	Z * SQRT[STDEV(D) * STDEV(D) * (L+T)]
订货数量	D(T+L)+SS-K
安全系数	Z=1.28
订货时盘点库存量	K=21-3+5=23(现有可用库存量)

解：

1) 可利用 AVERAGE 函数计算需求平均值。

平均值 $=(11+13+12+15+14+16+18+17+19)\div 9$

$\qquad =15$（辆）

2) 计算订货间隔期。

订货间隔期 $=\sqrt{\dfrac{2\times 一次率货数}{年需求量\times 单价\times 保管费用率}}$

$\qquad =[2\times 30/12\times 15\times 12\times 1]^{1/2}$

$\qquad =1/6$（年）

$\qquad =2$（月）

3) 可以利用 STDEV 函数计算需求标准差。

需求标准差 $=2.74$

4) 计算安全库存量 SS。

安全库存量 $SS=z\sigma\sqrt{L+T}$

$\qquad =1.28\times[2.74\times 2.74\times(1+1)]^{1/2}$

$\qquad =6.07$（取大于其的最小整数）

安全库存量 $=7$（件）

5) 计算订货批量。

$Q=D(T+L)+SS-K$

$\quad =15\times(1+2)+7-23$

$\quad =29$（件）

三、库存管理策略

库存管理策略有很多，其中最常用的有 4 种，即 (B,Q) 策略、(B,E) 策略、(T,E) 策略和 (T,B,E) 策略。这里 B 为订货点，E 为最大库存量（包括在途库存量），T 为检查期。

1. (B,Q) 库存管理策略

(B,Q) 库存管理策略是订货点、订货量策略，属于连续检查型 ($T=0$) 控制方法，又称连续库存策略或永续盘点策略。当库存量降到订货点 B 或 B 以下时，发出订单，订货量为 Q。此策略中订货点 B 和订货量 Q 是固定不变的，而订货周期和最大库存量是变化的。(B,Q) 策略库存量变化如图 5.13 所示（图中 SS 表示安全库存量，也称保险库存量，LT 为订货提前期）。

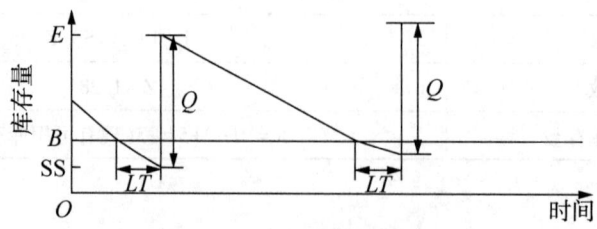

图 5.13　(B,Q) 策略库存量变化

(B,Q)库存管理策略具有下列优点。

① 订货量固定不变,不容易出错。

② 安全库存量较少,仅需满足提前期内需求量的变化,因而储存费用较低。

③ 由于随时注意各种库存品的库存量,当接连发生大量需求时可立即订货,从而避免缺货。

但这种策略也存在下列一些缺点。

① 检查和记录的工作量大,所需的人力较多。

② 各种物资独立订货,订货次数多,订货费用和运输费用较高,享受数量折扣的机会较少。

③ 由于订货量固定不变,在订货时,若实际库存量大大低于订货点 B,则可能补充进货后需立即再订货,这就增加了订货费用和工作量。

(B,Q)策略适用于下列情况。

① A 类物资的库存。

② 缺货费用高的物资。

③ 需求量波动大且难以预测的物资。

此策略可变化为双仓策略,即将全部库存分两仓存放,第一仓的库存量为总库存量减 B,第二仓的库存量为 B,当第一仓的库存用完后,立即发出订单,订货量为 Q,双仓策略使检查和记录的工作量大大减少。

2. (B,E)库存管理策略

此策略是最大库存水平不变策略,也属于连续检查型($T=0$)控制方法。当库存量降到订货点 B 或 B 以下时,发出订单,若发出订单时实际库存量为 I,则订货量为$(E-I)$。此策略中,订货点 B 和最大库存量是固定不变的,而订货时间和订货量则是变化的。(B,E)策略库存量的变化如图 5.14 所示。

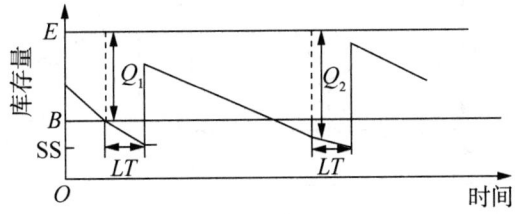

图 5.14 (B,E)策略库存量变化

此策略不同于(B,Q)策略之处在于,订货量按实际库存量确定,能避免(B,Q)策略中提到的第 3 条缺点,其他同(B,Q)策略的应用范围相似,也可采用双仓策略。

3. (T,E)库存管理策略

此策略被称为定期检查库存策略,每隔一段时间(T)检查一次库存,并发出订单,若检查时实际库存量为 i,则订货量为$(E-I)$。此策略中,检查周期即订货周期 T 和最大库存量 E 是固定不变的,而订货点和订货量是变化的。(T,E)策略库存量的变化如图 5.15 所示。

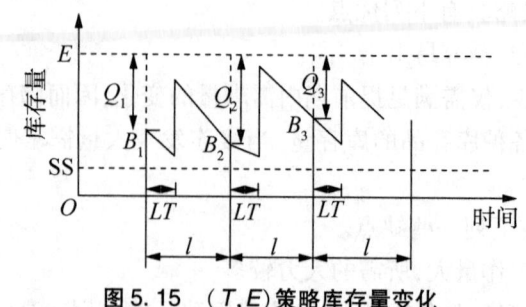

图 5.15 (T,E) 策略库存量变化

此策略具有下列优点:定期检查,检查和记录的工作量少,所需的人力较少;各种库存品能同时定期订货,订货次数较少,订货费用和运输费用可降低,有较多的获得数量折扣的机会;订货时间和订货次数固定不变,便于组织。

(T,E) 策略存在的缺点是:安全库存较多,需要满足订货周期和提前期内需求的变化,因而储存费用较高;不能随时掌握库存动态,当遇到需求量异常高时,有可能发生缺货;若在订货周期内库存下降很少,也要订货,无形中增加了订货工作量。

(T,E) 策略适用于下列情况:C 类物资的库存;可从同一物资供应处订购多种物资,能使订货费用和运输费用有较大下降空间;物资的储存费和缺货费较低。

4. (T,B,E) 库存管理策略

此策略是 (B,E) 策略和 (T,E) 策略的综合,又称为综合库存策略。每隔一段时间 (T) 检查一次库存,若库存量为 B 或低于 B,则发出订单,若检查时库存量为 I,则订货量为 $(E-I)$;若检查时库存量大于 B,则不发出订单。此策略中,检查时间 T、订货点 B 和最大库存量 E 是固定不变的,而订货时间和订货量是变化的。此策略兼有 (B,E) 策略和 (T,E) 策略的优缺点,主要适用于 B 类物资的库存。其库存量变化如图 5.16 所示。

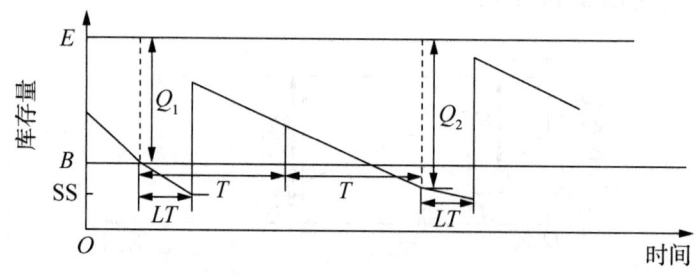

图 5.16 (T,B,E) 策略库存量变化

任务三 生产现场管理

生产现场是指进行生产运作过程的场所。它不仅指制造企业的生产车间仓库及露天加工场地,服务业的营业场所及进行后台准备的场所,建筑业的工地、科技服务业的办公室都是生产运作现场。餐饮企业的厨房、铁路系统的车厢与候车室、医院的病房与门诊室、零售企业的卖场与仓库也是生产运作现场的例子。

项目五 生产物流现场管理

企业几乎所有的生产活动都发生在生产现场,这些活动包括加工、检验、储存、运输、分类标记等。企业的大多数员工在生产现场工作。企业几乎所有的实物与能源也放置于生产现场,如设备、物料、辅助工具等。企业生产管理所需的各种信息也大多产生于生产现场。如果不能对生产现场进行有效的组织管理,这些生产要素就无法进行合理的配置和优化组合,企业就难以实现高效的生产过程,从而无法提高企业的劳动生产率以及经济效益。

整洁有序的工作环境还能够提高员工的工作满意度,激发他们的工作热情,同时也有利于提升企业的声誉和形象。正如美国人在评价日本企业时所说的:"日本能形成世界一流的企业,主要在于企业对生产现场的严密组织和每个雇员神奇般的劳动热情以及惊人的创造力。"

一、5S 管理

5S 指整理(seiri)、整顿(seiton)、清扫(seiso)、清洁(seiketsu)、素养(shitsuke)。5S 活动最早起源于日本企业,目前已在世界范围内成为生产现场管理(bottom-round management)的主要方法。

1. 整理

生产过程中经常有一些残余物料、待修品、返修品、报废品等滞留在生产现场,还会有一些生产过程已经不再需要的工具、量具、设备配件、工位器具,甚至是机器设备。这些物品既占据了非常有限的车间空间,又使现场变得凌乱不堪,员工在寻找自己真正需要的工具时必须花费更多的时间。物料堆积太多还可能发生误用误送等事故,如残次品不小心被放到合格品里。整理是指将生产现场的所有物品明确区分为必要的和不必要的,并将不必要的物品尽快处理掉。应当依据物品的使用价值而不是购买价值来判断物品是否必要,即要考虑物品是否有用。通过实施整理可以合理腾出空间,将有限的空间应用于扩大生产规模;还可以防止发生误用误送事故,塑造有序、整治的工作场所,避免现场物品过多降低员工工作效率。

在实施整理时,应当明确要用和不用的标准。对于那些经常需要使用的工具、正常生产所需的物料应作为有用物品;而那些尽管不常用,但未来也许会用到的物品应当另外设置专门的位置存放;对残次品、待修物料等可回收物及废品、工作垃圾等废弃物也要制订处理办法。在进行整理时每个员工必须对自己的工作场所做全面的检查,做到不留卫生死角。

2. 整顿

降低员工工作效率的不仅是无用的物品,有用物品的过量存放部分也是无用的物品。即使是必需的物品,如果随意摆放也会使员工难以找到自己当下需要的工具。特别是一些需要许多工具、量具的工作岗位,能否快捷地找到所需的工具会在很大程度上影响生产效率。工具物料的随意放置还容易导致它们的损坏。

整顿就是明确有用物品所需的数量,确定它们各自的存放地点及合理的存放装置。对留在工作岗位的物品,必须分门别类放置并排列整齐。应当依据工具物料的特点设计专用的存放装置,以保证存放时不被损坏,需要时可以方便地拿取及放回。

在实施整顿时,必须将现场所有物品都设定存放位置。不仅要定点,还要定量。必须考虑生产所必需的产品数量,并将多余的物品作为无用物品。常用的物品放在离员工更近的地方,非常用物品放在易于看到的地方。应当尽可能地对物品的放置位置进行标识,以防止放错。

为了实现工作场所的良好整顿,应当为工作场所画出规划图,将大件物品的存放位置标识出来,小件物品的存放位置也应记录。对仓库来说,应该有明确的存放区域划分,不同区域及物料架应该明确标识。对车间来说,不同的生产线、工序、工位应设牌标识,设备、工具应摆放整齐,可能的话也应该标识。对办公室来说,办公桌、档案柜应定位摆放,各种文件资料存放位置明确,常用文件放在顺手的位置,抽屉内的物品不能杂乱放置。

经过整理、整顿后,生产现场应该成为一个整齐有序、一目了然的工作场所。由于各种有用物品的存放位置具有规律性并且固定,员工可以立刻取到自己所需要的物品,缩短寻找物品的时间;在用完后不仅能方便地放回,还不容易放错,实现工作效率的提高。即使新员工也能够很快地熟悉各种物品的存放位置,对工作容易上手。

3. 清扫

清扫是指将生产现场清扫干净,保持生产现场的干净整洁。清扫的目的是消除生产过程产生的油污、水渍、尘埃,保持生产现场的干净明亮。

必须通过责任制来使清扫制度化。对室内及室外生产现场划分清扫责任区,一般采用员工负责工作岗位附近区域的办法。每位员工都必须有自己的清扫责任区,必须每天对责任区进行例行清扫,清除脏污。还可以实行定期的企业范围的全面大扫除。为了保证清扫效果,企业可以确定清扫标准。对特别脏的地方,应寻找污染源并采取措施解决。

清扫可消除垃圾和油污,使工作场所变得干净、明亮。干净明亮的生产现场能够防止工业污染对员工健康的损害,还有助于保证员工在工作时保持愉悦的心情,提高工作满意度。对于一些高精密的生产来说,干净明亮的工作环境还是保证产品质量的必要条件。

4. 清洁

清洁是指将整理、整顿、清扫的做法制度化、规范化、长期化,维持和巩固通过整理、整顿、清扫获得的成果,使生产现场长期保持清洁卫生、整齐有序、宽敞明亮。

长期保持生产现场的干净整洁必须动员所有员工参与。为了保证所有员工都清楚如何进行整理、整顿、清扫、清洁,有必要将应做的事情及应保持的状态制作成专门的清洁手册。清洁手册的内容包括各责任区清洁程序、方法及清洁后应达到并保持的状态,各种标识的摆放位置与方式,机器设备的检查、润滑、保养方法,清扫计划的执行者,清扫的定期检查制度等。

通过清洁,不仅应达到地面、墙面、设备、物料、工作台等处的干净整齐,还应当使卫生死角同样保持干净整齐。例如,灯管、空调、电风扇上应该没有积尘,设备工作台下面应该定期打扫,员工着装应该整洁等。清洁活动使得整理、整顿、清扫的成果得到长期保持,使生产现场始终处于有利于各项工作开展的良好状态。

5. 素养

素养指人所应具有的教养、礼貌和行为准则。在现场管理中,素养的含义是员工具有良好的文明礼貌水准、工作习惯和综合素质,具有较强的团队意识,能自觉遵守并执行企业的各项规章制度。

素养的目的是通过提高员工的综合素质,使员工对工作能够做到认真、主动、热情,着装整洁、语言礼貌、举止文明、积极开朗,在人际交往上讲究文明礼貌,使企业的各项工作能够更好地完成,最终实现提高产品质量及工作效率的目的。

实施素养管理时,企业应当为员工的着装、工作帽等制定标准,许多企业要求包括总经理在内的全体员工统一着装。制订公司的礼仪守则并通过培训来贯彻实施,将公司的规定及要求提炼为简单的标语并张贴。企业领导人应带头遵守并执行这些规章制度。为使员工养成遵规守章的习惯,企业还可以给予适当的奖励措施,及推行各种精神文明活动。

5S之间的关系可如图5.17所示。

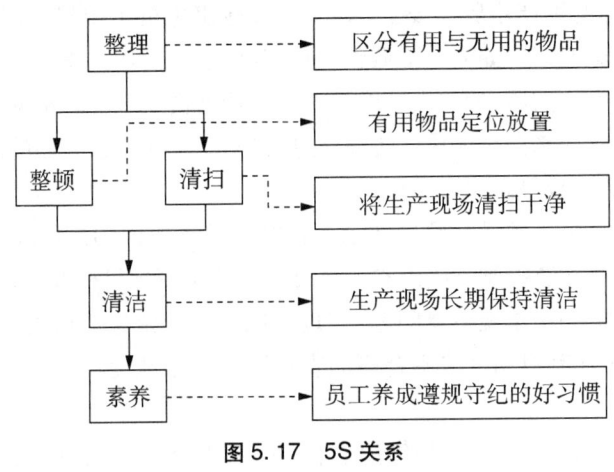

图5.17　5S关系

二、目视管理

生产现场存在大量的设备、物料、员工及信息。纷繁复杂的生产现场会使员工及生产管理人员很难发现存在的问题,无法进行正常生产及实施正确的生产决策。目视管理(visual management)在生产现场设置各种信号装置和不同颜色的标志,用形象直观的视觉信号来表示生产过程的状态,使员工和生产管理人员能够对生产过程一目了然,如各种机器设备(尤其是关键设备)是否运行正常,产品质量的变化趋势等。员工和生产管理人员能够通过目视快速地发现当前生产过程中存在的问题,迅速采取措施,使生产过程恢复到正常状态。

为了满足生产管理的多方面需要,目视管理有多种实现形式。企业可以依本企业的具体实际及管理需要设计开发新的形式。例如,将物料流动转换为生产指令的看板就是其中一种;现在出产的许多设备上已经附带了信号灯来表示设备的运转状态;车间的地面上经常采用不同颜色的线条和方框来区分通道、作业区域、原材料存放区、半成品存放区等;现场经常设置各种安全标志提醒员工注意安全生产;危险作业区域设置警告灯提醒进入的员工小心谨慎;岗位定置图被用来保持5S管理的成果,特别是整理整顿的成果;岗位定置图明确地规定了各种物料、工具的数量与摆放位置,如果工作过程中位置或数量发生错误,对照定置图就能很快发现。

采购部门为了掌握材料进货情况可以采用催料板。尚未到货的采购单被挂在相应的日期上,已逾期或紧急需要的材料挂在急件栏,材料到货后将采购单取下归档。通过催料板,采购人员立刻明白应该跟催哪些材料的采购。仓库管理中经常采用存放位置图。在存放位置总图上标明了各类物品存放的区域,各区域的存放位置详图标明各物体的具体存放位置。即使是新手也能很快地存取物品。仓库管理中还经常采用不同颜色的标签、打包带来区分容易混淆的物品,如用以标识不同生产日期的同一种物品。仓库中还使用物流图来标明物品的取送数量、路线、目的地、运输工具等。

为了激励员工尽力完成生产计划,可将生产计划及完成情况的图表张贴出来。有些企业采用显示屏来实时显示当日计划与实际完成数,更为快捷。工作岗位旁可以设置作业指示板,简洁地标明生产步骤与要点,可以有效地避免员工出错。岗位上可以设置缺料、设备、质量等求救按钮。如果员工遇到质量问题,按下质量按钮,质量管理部门的显示屏就会显示该岗位发生问题,相关人员能很快赶到帮助员工解决。根据生产管理的需要,可以设置相应的展示板来向全体员工传递信息,提醒员工注意这方面的问题,如安全生产展示板、设备故障展示板等。

质量问题展示板最为常见。通过展示不合格品及其成因的发展变化趋势,能够提醒员工及生产管理人员注意控制这些因素。通过展示质量管理目标及实现状况能够警醒员工及生产管理人员进一步重视质量问题,实现共同督促。常见错误展示板能使员工避免重复犯错,对新员工尤其有用。将不合格品直接展示出来能使员工更直观深刻地认识到操作错误的后果。

目视管理用形象直观的手段来传递信息,保证了现场信息传递的快速准确。形象直观的信息表示方式在纷繁复杂的生产现场具有不易失真、信息传递快的优点,保证了员工和生产管理人员能快速准确地掌握生产过程的状态。目视管理能快速暴露生产过程中存在的问题,有助于员工及生产管理者采取正确的措施保证生产过程的正常进行。通过目视管理,对生产作业的要求及其具体实现公开化,有利于员工和生产管理人员互相监督,使违规现象无法隐藏。

三、安全生产管理

在生产现场存在着各种危险因素,如高速运转的机器、高压电、高温、易燃易爆的化学品、有毒有害的物质等。这些危险因素可能对员工的健康、生产现场的产品设备等物料造成损害,但又是生产过程所不可或缺的。因此,在生产现场管理中必须注重对安全生产的管理。安全生产的方针是"安全第一,预防为主"。安全生产管理(safety management)中主要的工作内容包括安全生产责任制、安全检查、安全培训和安全事故管理。

1. 安全生产责任制

要实现生产现场的安全,首先就必须使员工明确自己对安全生产的责任。安全生产责任制以制度的形式,明确规定企业的每一位员工在生产活动中应负的安全责任。由于只有明确了责任才能够使安全管理工作得到落实,可以说安全生产责任制是企业实现安全生产的基础。

安全生产责任制应该"横向到边,纵向到底"。横向到边是指对企业的所有职能部门,特别是对生产过程起到辅助支持作用的财务、人力资源等部门的安全责任也必须明确;纵向到底是指从企业的最高领导层开始,到一般干部、技术人员,直至生产工人的安全生产责任都有明确规定。

2. 安全检查

由于生产现场处于不断的变化之中,再加上很难保证所有员工都能认真执行安全生产制度,生产现场就可能存在安全隐患。现场员工由于习以为常以及顾及自身利益,往往很难发现或不愿意报告安全隐患。安全检查的目的就是发现生产现场的隐患及安全工作中的问题,评价企业的安全生产状况,督促责任人整改,提升安全管理水平。安全检查的形式包括综合性安全大检查、专业性安全检查、季节性安全检查和日常安全检查。安全检查表是进行安全检查的常用工具。

3. 安全培训

为了实现安全生产,就必须使所有员工都有实现安全生产的积极性和主动性,了解认识生产现场的危险因素,明确知道自己肩负的安全生产责任,并且知道如何去履行自己的安全生产责任。通过安全培训,可以提高员工的安全意识,使广大员工认识安全生产的重要性,变员工"要我安全"为"我要安全""我会安全",使员工能够认真负责地对待工作,在工作过程中自觉遵守企业制定的规章制度,从而减少安全事故,杜绝火灾、死亡等重大安全事故的发生,提高企业应对自然灾害和人为事故的能力。通过安全培训,企业还可以宣传贯彻安全生产责任制,使全体员工真正明确自己的安全生产责任,使安全生产责任制能真正发挥作用。通过安全培训企业还可以提高员工的安全知识水平,掌握安全操作方法,提升紧急状态应变能力,从而避免事故发生。

4. 安全事故管理

安全事故管理是指在安全事故发生后,对事故进行报告、统计、调查分析、处理等一系列管理工作。安全事故报告是安全事故发生后的紧急报告制度,它规定了由谁报告、向谁报告、报告程序、报告方式、报告时间及内容要求。安全事故统计是指在安全事故发生后对其造成的损失,特别是人身伤亡进行统计,确定损失的种类和规模。安全事故调查的目的是还原事故发生过程,掌握事故发生的事实,进行正确的原因分析及责任分析,对事故责任者提出处理意见,对事故的预防提出恰当的防范措施。安全事故处理就是在安全事故调查的基础上对责任者予以追究。

任务四　设备管理

一、设备管理概述

设备是固定资产的重要组成部分。企业中的设备,包括各种加工机械或装置(铸、锻设备与各种金属切削机床)、辅助生产设备(电力、蒸气、压缩空气等动力供应设备,吊车、传送装置、起重机械、各种运输工具、搬运设备)、内部设施中的设备(照明、通风、调温、调湿等设备)、研究实验设备和计量设备等。设备管理(equipment management)是以企业生产经营目标为依据,以设备为研究对象,以设备寿命周期费用最经济和设备效能最高为目标,应用一系列理论、方法,通过一系列技术、经济组织措施,对设备的物质运动和价值运动进行从规划、设计、制造、选型、购置、安装、使用、维护、修理直至报废的全过程的科学管理。

设备在运动过程中,存在着两种状态:一是设备的物质运动状态,包括设备的选购、进厂验收、安装、调试、使用、维护、修理,以及设备的革新、改造、更新等;二是设备运动的价值状态,包括设备的最初投资,维修费用支出,折旧、更新、改造资金的筹措、积累、支出等。前者叫设备的技术管理,后者叫设备的经济管理,这两种状态是相对应的。

1. 设备管理的意义

加强设备管理,对提高产品质量有重要的意义。产品的质量在很大程度上取决于机器设备的精度,设备管理工作做得好,就能保证机床的精度,从而能保证产品的质量。在实际生产中,凡在产品质量上取得显著成绩者,都是十分重视机器设备的维护、保养工作,爱护机器设备的。设备管理工作也直接影响企业的经济效益。如果设备管理工作做得好,机械设备得到正确合理的使用,不仅能保证产品质量,而且能不断提高劳动生产率,延长机器设备修理周期和使用寿命,从而降低设备的折旧费、维修费、税金和利息等,使企业获得良好的经济效益。

机器设备是企业固定资产的重要组成部分,是进行物质生产的技术基础,应该管好、用好、修好,使其在生产中发挥更大作用。因此要充分利用现有设备,进一步搞好设备的维护、改造,最大限度地发挥设备的效能,同时也要注意设备的更新,加速企业实现生产手段的现代化。

2. 设备管理的任务

设备管理的任务简单地讲,就是管好、用好和修好设备,使机器设备始终处于良好的技术状态,同时,能获得良好的经济效益。要管好、用好、修好设备,就必须探索研究设备运转的规律性,例如,一台设备从投产起到严重磨损的发展变化规律等。生产是企业的中心活动,设备管理的任务就是保证为生产提供良好的技术装备。具体地说,设备管理的任务有以下几个方面。

① 要以设备的寿命周期作为设备管理的对象,力求设备在使用中消耗的费用最少,产生的综合效率最高。

② 设备的设计和制造应运用系统论的观点,力求在使用中达到准确、安全、可靠,在维修中便于检查与修理,使设备达到较高的利用率。

③ 按照技术先进、经济合理、技术服务好的原则,正确选购机器设备,为企业提供优良的技术装备。

④ 在节省设备管理费用和维修费用的前提下,保证机器设备始终处于良好的技术状态。

⑤ 搞好设备的更新与改造,提高设备的现代化水平,使企业生产活动建立在最佳的物质技术基础上。

二、设备的选择和评价

设备选型是设备管理的一个重要环节。新建企业的建设、老企业的更新改造,都要进行设备选型。自行设计、制造专用设备,也要进行方案审定。从国外引进设备,选型就更为重要。除少数自制的专门设备外,组成设备系统的各个设备单元都是通过市场外购获得的。设备选型就是对企业所需的设备进行品种、型号和规格的选择决策,是一项技术经济性质的系统工程。

1. 设备选型的一般考虑因素

设备选型的依据是企业对生产产品的工艺要求。设备选型重点要考虑设备的使用性能、价格、可靠性、使用寿命、使用成本、易操作性、安全性、可维修性等。设备的使用性能包括设备要满足产品生产工艺的技术要求,设备的生产率,与其他系统的配套性、灵活性,及其对环境的污染情况等。

2. 设备选择的评价标准

设备的选择方案一经提出,就同时出现了对此方案的评价问题。

在众多方案中优选出来的方案,应当是能充分体现设备的基本功能,兼顾辅助功能和美学功能。重点要考虑下列三方面的问题。

① 寿命周期费用最少是设备技术规划的总目标。设备的寿命周期费用由两大部分组成。一部分是购置费用,它由设备研究、设计、制造成本与销售利税组成。另一部分是役龄期使用维护费,由使用费、维修费和停机损失费等构成。

② 正确处理创新与继承的关系。在设备技术方案规划过程中,应尽可能地采用新的工艺方法和新的科学原理,推广新技术,提高设备的工作质量和生产效率。由于设备是长期使用的工具,它要经得起相当长时期内因技术进步带来的影响,所以在做技术方案规划时,除折旧期和投资回收期要求较短的设备外,一般应留有一定的功能余裕度,以适应企业的长远发展。

③ 技术设计中标准化的意义和内容。标准化是生产社会化的条件下必然产生的一种技术经济政策。它是在国家的主持下,经过有关产、供、销各方共同协商,对社会产品在规格、参数、水平、实验和工作方法等方面做出的统一规定,使之简化,以利于获得更大的技术经济效果的手段。标准化的对象和范围,通常包括概念、实物形态、方法和程序等的标准化。对于机械设备来说,标准化的形式主要表现为产品系列化、部件通用化、零件标准化和设计方法、工艺过程的典型化。在设备规划的技术设计中,若不注意标准化的政策,则将大大地增加设备的研究和制造成本,并给今后的安装、使用维护造成极大的困难。反之,则将极大地降低设备寿命周期费用。人们通常用标准化系数来评价一台设备的标准化程度,即

$$标准化系数 = 设备中标准件数量 \div 全部零件数$$

我国实行三级标准制,即国家标准、部标准和企业标准。标准在生产过程中具有法律约束力,它是产品质量、生产技术和组织管理行为的规范。设备管理中的标准管理内容有:设备及其零部件的名称、性能的标准化;设备主要技术方法的标准化;零部件设计方法

的标准化;制造、安装工艺方法的标准化;设备测试方法的标准化,设备使用维修标准化;包装、运输方法标准化;人员操作、维修培训标准化等。

三、设备的使用、维护与更新

设备的使用维护阶段,通常占设备寿命周期的绝大部分,这段时间过程又称作设备的服役期,服役期的年限长短称为设备的役龄。设备在其规划的寿命周期内,必须进行良好的保养与维护,如果维护不力或不当,则很难或无法满足设备预期的使用要求。

(一)设备的使用

设备在使用过程中,由于受到各种力的作用和环境条件、使用方法、工作规范、工作持续时间长短等因素的影响,其技术状态会发生变化而逐渐降低工作能力。要控制设备技术状态的变化,延缓设备工作能力下降进程,最重要的措施之一就是合理正确地使用设备。具体包括以下内容。

① 合理地安排生产任务。

② 配备合格的设备操作人员,加强对设备操作者的基本功能培训,包括"三好""四会"和操作的"五项纪律"等。

对设备使用者的"三好"要求:一是管好设备,操作者负责保养和管理好自己使用的设备,未经领导同意,不准其他人上机操作使用;二是用好设备,严格贯彻操作维护规程和工艺规程,严禁超负荷使用设备,杜绝不文明操作;三是修好设备,设备操作人员要配合维修工人修好设备,及时排除设备故障,按计划交修设备。

对操作工人基本功的"四会"要求:一是会使用,操作者应先学会设备操作维护规程,熟悉设备性能、结构、传动原理;弄懂加工工艺和工装刀具,正确使用设备;二是会维护,学习和执行设备维护、润滑规定,上班加油,下班清扫,经常保持;三是会检查,了解自己所用设备的结构、性能及易损零件部位,熟悉日常点检,掌握检查的项目、标准和方法,并能按规定要求进行日常点检;四是会排除故障,熟悉所用的设备特点,懂得拆装注意事项及鉴别设备正常与异常现象,会做一般的调整和简单故障的排除,自己不能解决的问题要及时报告,并协同维修人员进行排除。

设备操作者的"五项纪律":一是实行定人定机,凭操作证使用设备,遵守安全操作规程;二是经常保持设备整洁,按规定加油,保证合理润滑;三是遵守交接班制度,设备本班使用情况应记录在案并告知下一班操作人员;四是管好工具、附件,不得遗失;五是发现异常应立即停车检查,自己不能处理的问题,应及时通知有关人员检查处理。

③ 建立健全的设备使用管理规章制度。设备使用管理规章制度,主要包括设备使用规程、设备维护规程、操作人员岗位责任制、交接班制度和操作工巡回检查制度等。正确、严格地执行这些规章制度,是合理使用设备的重要措施。设备管理人员应该在规章制度的制定、完善,以及执行情况的落实方面多下功夫。

④ 为设备创造良好的工作环境。要使设备能长期地正常运转,保持良好的性能、精度,延长寿命,保证安全生产,还需使设备在良好的工作环境下工作。也就是要求周围环境整齐、清洁,并根据设备本身的结构、性能、精度等特性,安装有防振、防腐、防潮、防尘、防冻、恒温、保暖等防护装置。此外,还须配备必要的测量、检测、控制、分析以及保险用的

项目五 生产物流现场管理

仪器、仪表、安全保护装置。这对精密、稀有、复杂的进口贵重设备尤为重要。

(二) 设备的维护

设备维护(Equipment Maintenance)工作是设备管理中的一个重要环节,是操作者的主要工作内容之一,因此要负一定责任。一台精心维护的设备往往可以长期保持良好的性能而不进行大修,如忽略维护,就可能在短期内夭折,甚至发生事故。因此,要使设备保持良好的性能和精度,确保正常运转,延长使用寿命,减少修理和使用费用,提高产品质量,保证生产的顺利进行,就必须经常注意维护工作。特别是对关键设备的科学维护,直接关系到企业的经济效益和生产安全,因而对维护管理工作提出了更高的要求。

1. 设备维护的4项规定要求

① 整齐。工具、工件、附件放置整齐,工具箱、料架应摆放合理整齐,设备零部件及安全防护装置齐全,各种标牌应完整、清洁;线路、管道应安装整齐、安全可靠。

② 清洁。设备内外清洁,无黄油、油垢、锈蚀,无铁屑物;各滑动面、齿轮无碰伤;各部位不漏油、不漏水、不漏气、不漏电;设备周围地面经常保持清洁。

③ 润滑。按时按质按量加油和换油,保持油标醒目;油箱、油池和冷却箱应清洁,无铁屑杂物;油壶、油枪、油标、油嘴齐全,油毡、油线清洁;液压泵压力正常,油路畅通,轴承润滑良好。

④ 安全。实行定人定机和交接班制度;掌握"三好四会"的基本功,熟悉设备结构,遵守操作维护规程和"五项纪律";合理使用,精心维护,监测异常状况,不出人身和设备事故,确保安全使用。

2. 设备维护的类别和内容

设备维护工作有日常维护保养和定期维护保养两类。

① 日常维护保养。设备日常维护包括每班维护保养、周末和节假日维护保养两种,均由操作者负责进行。每班维护保养,要求操作者在每班生产中必须做到:班前对设备各个部位进行检查,按规定加润滑油;班中要严格按照操作维护规程使用设备,时刻注意其使用情况,发现异常要及时处理,不能排除的故障应通知维修人员进行检修,维修人员应在"故障维修单"上做好检修记录;下班前应对设备进行认真清扫擦拭,并将设备状况记录在交接班记录本上,办理交接班手续。周末和节假日维护保养,主要是指在周末和节假日前对设备进行较为彻底的清扫、擦拭和涂油,并按设备维护"整齐、清洁、润滑、安全"的4项要求对机床、工件工装进行全面整理,并彻底做好周围环境卫生工作。日常维护是设备维护的基础工作,因此必须做到经常化、制度化和规范化。

② 定期维护保养。它是在维修人员配合辅导之下,由操作人员进行的定期性工作。这是由设备主管部门以计划形式下达执行的任务。定期维护近似于小修,维护周期视不同设备而异,一般为1~2个月,或实际开动时达到500小时。定期维护的内容包括保养部位和重点部位的拆卸检查,对油路和润滑系统的清洗和疏通,调整各检查部位的间隙,紧固各部件和零件,以及对电器部件的保养维护等。定期维护保养可分为一级保养、二级保养、三级保养,如表5.10所示。操作维护制度是设备管理中一项重要的软件工程,因行业、企业和设备而异,没有通用的、一成不变的模式。

表5.10　3种保养级别的定期维护

级　别	频　率	主要内容
一级保养	两班制连续生产的一般设备每3个月进行一次	对设备进行清洗、润滑,检查零部件和油路状况,调整某些部位可能产生的间隙,紧固已松动的螺丝,清洗或更换滤油器、油毡,清洗冷却液箱,更换冷却液,清洁、检修、调整电气线路及装置
二级保养	两班制连续生产的一般设备每年进行一次	进行内部清洗,更换润滑油,对设备进行局部解体和调整,检修油路、气路、水路等系统,更换某些零件、元器件,更换易损件
三级保养	两班制连续生产的一般设备每3年进行一次	对设备主体部分进行解体,检查和调整零部件,更换一些磨损零件,对主要零部件的磨损情况进行测量、鉴定,排除故障,消除隐患

3. 大、精、稀、关键设备的维护与保养

由于大、精、稀、关键设备的价格一般都比较昂贵,而且是企业组织生产经营的重要物质技术基础,因此,对这些设备的使用和维护保养除保证一般设备的各项要求外,还应有以下特殊要求:实行定人定机制度,挑选本工种责任心强、技术水平高且实践经验丰富的操作工;专门配备大、精、稀、关键设备的设备检修人员;选用最合适的维修方式,包括定期检查、状态检测、精度调整及修理等,根据供应情况确定备件储存定额,优先库存;严格按照使用说明书上的规定安装调试设备,并要求每半年检查调整一次安装水平与精度,并做好详细记录,存档备查;对环境有特殊要求(恒温、恒湿、防振、防尘等)的设备,应采取相应措施,确保设备的性能和精度不受影响;要严格按使用说明书上的加工工艺进行加工操作;严禁超负荷使用;附件和专用工具应有专用柜架搁置,保持整洁,不能损坏和丢失。

(三) 设备的技术改造和更新

1. 设备技术改造的意义

设备技术改造是指应用新的技术和先进经验,改变设备的原有结构,给旧设备装上新部件、新装置、新附件,或者将单机组成流水线、自动线所采取的比较重大的技术措施。通过技术改造能改善现有设备的技术性能,提高设备工作能力,使其主要输出参数接近或达到新型设备的技术水平,而所需费用通常低于设备更新的费用。

设备技术改造能充分利用设备原有技术物质基础,充分挖掘企业的潜力,发挥企业对原设备性能比较熟悉这一长处,以克服原有设备的技术陈旧状态。这是提高设备能力,采用新技术既现实又合理的途径。

设备技术改造有时比更新设备具有更大的技术经济效果。特别是目前我国装备工业暂时还不能充分提供某些特殊的、高精度、高自动化的先进设备或成套的系统设备,若从国外引进这类设备,所耗外汇量很大。如果对某些现有设备采用新的技术进行改造,可使主要技术指标接近或达到国际同类设备的水平,那就会减少昂贵设备的进口,从而为国家节约外汇。

2. 设备技术改造的基本方向

① 提高机械设备的生产率。采用新的科学技术成就,使设备的机械化、自动化程度得以提高,减轻劳动强度,提高设备效率。产品品种稳定并批量较大时,可进行设备的专

业化改造,设备效率可大大提高。

② 提高设备的产品质量。采用新结构、新材料提高设备精度、性能及其持久性,保证产品质量的进一步提高。

③ 扩大设备的工艺可能性。增设新部件、新装置,以适应不同工艺产品的开发生产。

④ 改善设备操作条件和维修条件。增设安保装置使操作者的工作环境得以改善,推广诊断技术和状态监测,实现设备可诊断化,并改进设备可靠性和维修性,以改善设备维修人员的维修条件。

⑤ 采用节能新技术改造老设备。我国能源资源并不丰富,通过节能技术改造可取得可喜的经济效果。

3. 设备更新

设备更新(renewal of facility)是指用技术性能更完善、经济效果更显著的新型设备来替换原有技术上不能继续使用或经济上不宜再使用的陈旧设备。进行设备更新的目的是提高企业技术装备的现代化水平,以提高产品质量及设备生产率,降低消耗和迅速适应企业生产经营目标,加强企业在国内外市场生存和竞争能力。

通过对国际上一些工业发达国家的发展过程进行分析,可以发现,国家经济兴衰与本国采取的设备更新政策有着密切的关系,如美国、日本等国都是采取鼓励企业设备更新的政策,使企业技术装备水平不断提高,并大大领先于一般发达国家,因而才取得目前经济发展的成果。但除了国家政策之外,设备更新自然要受到国家和企业财力限制。企业如果没有足够的设备更新资金,国家又不给贷款,那么企业是无法进行设备更新的。积极开展设备更新工作,可以充分挖掘现有企业潜力,不断加速企业技术进步的步伐,比新建一个企业具有投资少、见效快等优点。

四、全员设备管理及其内容

全员设备管理(Total Productive Maintenance,TPM),又叫全员设备维修或全面生产维修。它是日本在学习美国设备预防维修的基础上,吸收英国设备综合工程学的主要观点,继承本国传统管理经验,逐步形成和发展起来的一种设备管理和维修制度。

1. 全员设备管理的指导思想

全员设备管理的指导思想是"三全",即全效率、全系统、全员参与。全效率指设备寿命周期费用评价和设备综合效率最优;全系统指生产维修系统的各种方法都要包括在内,如表5.11所示;全员参加指设备的计划、使用、维修等活动需要所有部门参加,尤其注重操作者的自主小组活动。

表5.11 全员设备管理强调的全系统维修方式

设备维修方式	解 释
日常维修	设备的检查(日常点检和定期点检)、清扫、调整、润滑、更换、整理等活动
事后维修	设备出了故障后进行的维修活动

(续表)

设备维修方式	解　释
预防维修	以检查为基础的维修,利用状态监测和故障诊断技术对设备进行预测,有针对性地对故障隐患加以排除,从而避免和减少停机损失,分定期维修和预知维修两种方式
改善维修	不断利用先进的工艺方法和技术,改进设备的某些缺陷和不足,提高设备的先进性、可靠性、维修性及利用率
维修预防	是指可维修性设计,提倡在设计阶段就认真考虑设备的可靠性和维修性。从设计、生产上提高设备素质,从根本上防止故障和事故的发生,尽量减少和避免维修

2. 全员设备管理的目标

全员设备管理的目标可以概括为 4 个零,即停机为零、废品为零、事故为零、速度损失为零。

① 停机为零,指计划外的设备停机时间为零。计划外的停机对生产造成的冲击相当大,使整个生产品配发生困难,造成资源闲置浪费。但计划时间也要有一个合理值,不能为了满足非计划停机为零而使计划停机时间值达到很高。

② 废品为零,指由设备原因造成的废品为零。"完美的质量需要完善的机器",机器是保证产品质量的关键,而人是保证机器好坏的关键。

③ 事故为零,指设备运行过程中事故为零。设备事故的危害非常大,影响生产不说,可能还会造成人身伤害,严重的可能会"机毁人亡"。

④ 速度损失为零,指设备速度降低造成的产量损失为零。由于设备保养不好,设备精度降低而不能按高速度使用设备,等于降低了设备性能。

3. 全员设备管理的实施

在开始应用全员设备管理之前,应首先让全体员工确信企业高级管理层也将参与全员设备管理作业。实施全员设备管理的第一步则是聘请或任命一位全员设备管理协调员,由他负责培训企业全体员工全员设备管理知识,并通过教育和说服工作,使员工们笃信全员设备管理不是一个短期作业,不是短时间内就能完成的事情,而是要在几年甚至更长时间内进行的作业。

一旦全员设备管理协调员认为员工已经掌握有关知识并坚信全员设备管理能够带来利益,就可以认为第一批全员设备管理的研究和行动团队已经形成。这些团队通常由能对生产中存在的问题有直接影响的人员组成,包括操作人员、维修人员、值班主管、调度员乃至高层管理人员。团队中的每个人都是这一过程的中坚力量,应鼓励他们尽其最大努力以确保自己的团队成功地完成任务。通常这些团队的领导一开始应由全员设备管理协调员担任,直到团队的其他成员对全员设备管理过程完全熟悉为止。

行动团队的职责是对问题进行准确定位,启动并细化修复作业程序。对一些团队成员来说,发现问题并启动解决方案一开始可能并不容易,这需要一个过程。在全员设备管理中,鼓励这些团队从简单问题开始,并保存其工作过程的详细记录。这是因为团队开始工作时的成功通常会加强管理层对团队的认可,而工作程序及其结果的推广是全员设备管理过程成功的要诀之一。一旦团队成员完全熟悉了全员设备管理过程,并有了一定的解决问题的经验后,就可以尝试解决一些重要的和复杂的问题。

任务五　项目管理概述

项目管理是第二次世界大战后期发展起来的管理技术之一。美国在20世纪60年代只有航空、航天、国防和建筑工业等领域采用了项目管理。20世纪70年代初期,项目管理在新产品开发领域扩展到了复杂性略低、变化迅速、环境比较稳定的中型企业中。到20世纪70年代后期,越来越多的中小企业也开始注重项目管理,并将其灵活地运用于企业活动的管理中,项目管理技术及其方法本身也在此过程中逐步发展和完善。到20世纪80年代,项目管理已经被公认为一种有生命力并能实现复杂企业目标的良好方法。

但是,项目管理并非万能,项目和项目管理有其明确的范围和特点。开始一项新的事业之前,首先需要判断是否适合使用项目管理;项目开始后,在项目管理中的组织、计划和控制等诸多方面只有遵循项目管理的基本原则和方法,才有可能取得项目的成功。

一、项目及项目管理

(一)项目的定义及特点

随着社会的发展,有组织的活动逐步分化为两种类型:一类是连续不断、周而复始的活动,如企业日常生产产品的活动;另一类则具有临时性、一次性的特点,人们称为"项目"。典型的项目如建造一座大楼、工厂或水库;举办各种活动,如会议、晚宴、庆典等;新企业、新产品、新工程的开发;演出、影视剧的拍摄;进行一个组织的规划、规划实施一项活动;进行一次旅行,解决某个研究课题,开发一套软件等。上述活动的内容可谓千差万别,但都具有项目的典型特征,都可以称为项目。

1. 项目的定义

项目是组织为实现自己既定的目标,在一定的时间、人员和资源约束条件下,所开展的一项具有独特性的一次性工作。

2. 项目的特点

① 一次性。项目必须是完成的、临时的、一次性的、有限的、有始有终的任务,这是区别于其他常规"活动和任务"的关键特征。项目的一次性并不意味着项目历时短,有时一个项目历时可达几年,甚至更长。例如,电影《少年派》的摄制工作花了4年时间,参与者达3 000人,为了拍好老虎这个关键角色,一个特效小组飞往巴黎,在那里待了两年,观察老虎的动作和习性,全方位地拍摄了大量原始视频。而用电脑动画进行后期制作,又花费了工作室一年多的时间。

② 独特性。即使有些项目提供的产品或服务相类似,但由于它们的时间和地点、内部和外部环境、自然和社会条件有所差别,因此项目过程总具有自身的独特性;另外,即使是相类似的项目产品或服务也总是在不断地更新和完善,例如,这些年全国各地盖了不少住宅楼,这些住宅在功能上有共性,但又都各具特性,这是因为业主、开发商、设计者的不同以及项目所处位置和景观的不同、要求标准的不同从而形成多种形式的住宅。

③ 目标的特定性。任何一个项目都必须预先设定组织目标和项目目标,不同的项目有不同的目标,目标不明确,必然导致项目管理的混乱。这些目标包括两个方面:一是项目工作目标,也叫过程目标;二是项目产出物目标,也叫产品目标。例如,对一个软件开发项目,项目的工作目标包括软件的开发周期、成本、质量、文档化程度等,对项目产出物(软件产品)的目标则包括软件的功能、可靠性、可扩展性、可移植性等。

④ 制约性。项目在一定程度上受到各种客观条件的制约,其中主要的制约是时间、费用、质量、人力、技术、信息、物资以及环境等方面。因此,项目管理者必须在一定条件制约下实现既定目标。

⑤ 不确定性。项目的不确定性主要是由项目的独特性造成的,因为项目的独特之处,往往需要在不同方面进行不同程度的创新,而创新就包含着各种不确定性。项目的一次性也是造成项目不确定性的原因,因为项目活动的一次性使得人们没有改进的机会,使项目的不确定性增大。另外,还由于项目所处的环境多是开放的且相对变动较大,这也是造成项目不确定性的主要原因之一。

⑥ 项目组织的临时性和开放性。项目开始时要组建项目班子,项目执行过程中成员和职能在不断变化,甚至项目的某些成员是借调来的。项目结束时,项目班子要解散,人员要转移。参与项目的组织少则一两个,多则几十个,甚至上百个,它们通过协议、合同等方式组合在一起。项目没有严格的边界,有时甚至是模糊的和开放的。

⑦ 成果的不可挽回性。项目不像其他事情做坏了可以重来,也不可以试着做。项目结果具有不可逆性,一旦出现失误,很难有纠正机会。为此,必须严密管理项目的每个环节。

(二) 项目管理及其特点

与项目概念相对应,项目管理可以说是在一个确定的时间范围内,为了完成一个既定的目标,并通过特殊形式的临时性组织运行机制,通过有效的计划、组织、领导与控制,充分利用既定有限资源的一种系统管理方法。项目管理具有以下基本特点。

1. 项目管理是一项复杂的工作

项目管理一般由多个部分组成,工作跨越多个组织,需要运用多种学科的知识来解决问题;项目工作通常没有或很少有经验可以借鉴,执行中有许多未知因素,每个因素又常常带有不确定性;项目管理还需要将具有不同经历、来自不同团队的人员聚集在一个临时性的组织内,在技术性能、成本、进度等较为严格的约束条件下实现项目目标等。这些因素都决定了项目管理是一项很复杂的工作,而且与一般的生产管理有很大不同。

2. 项目管理具有创造性

由于项目具有一次性的特点,因而既要承担风险又必须发挥创造性。这也是与一般重复性管理的主要区别。项目的创造性依赖于科学技术的发展和支持,而近代科学技术的发展有两个明显的特点:一是继承积累性,体现在人类可以沿用前人的经验,继承前人的知识、经验和成果,在此基础上向前发展;二是综合性,即要解决复杂的项目,往往要依靠和综合多种学科的成果,将多种技术结合起来,才能实现科学技术的飞跃或更快的发展。因此,在项目管理的前期构思中,要十分重视科学技术情报工作和信息的组织管理,这是产生新构思和解决问题的首要途径。

3. 项目的生命周期

项目管理的本质是计划和控制一次性的工作,在规定期限内达到预定目标。一旦目标满足,项目就失去了其存在的意义而解体。因此项目的生命周期可预知。项目在其生命周期中,通常有一个较明确的阶段顺序。这些阶段可通过任务的类型加以区分,或通过关键的决策点加以区分。根据项目内容的不同,阶段的划分和定义也有所区别。但一般认为项目的生命周期可分为启动、规划、实施和收尾4个阶段。

4. 项目管理需要集权领导和建立专门的项目组织

项目的复杂性随其范围不同变化很大。项目越大越复杂,其所包括或涉及的学科、技术种类也越多。项目进行过程中可能出现的各种问题多半是贯穿于各组织部门的,它们要求这些不同的部门做出迅速而且相互关联、相互依存的反应。但传统的职能组织不能尽快与横向协调的需求相配合,因此需要建立围绕专一任务进行决策的机制和相应的专门组织。

5. 项目负责人(或称项目经理)在项目管理中起着非常重要的作用

项目管理的主要原理之一是把一个时间有限和预算有限的事业委托给一个人,即项目负责人,他有权独立进行计划、资源分配、指挥和控制。项目负责人的位置是由特殊需要形成的,因为他行使着大部分传统职能组织以外的职能。项目负责人必须能够了解、利用和管理项目的技术逻辑方面的复杂性,必须能够综合各种不同专业观点来考虑问题。但只有这些技术知识和专业知识仍是不够的,成功的管理还取决于预测和控制人的行为的能力。因此,项目负责人还必须通过人来熟练地运用技术,以达到其项目目标。也就是说,项目负责人必须使他的组织成员成为一支真正的队伍,一个工作配合默契、具有积极性和责任心的高效率群体。

(三) 项目管理的目标

应用项目管理方法,首先要制定合理的项目管理目标。所谓项目管理目标,是将完成项目所需资源进行适时、适量的分配,以达到资源的优化配置,有效完成工程项目。项目管理是在现实条件下,针对具体项目进行管理。在多数情况下,项目都不可能在最好的条件下进行,这就要求项目负责人。在项目的管理中一般要考虑3个目标:质量、效率和经济。

(四) 项目管理的历史

在冷战的斯普托尼克(苏联的第一颗人造卫星)危机之前,项目管理还没有被当作一个独立的概念。在危机之后,美国国防部需要加速军事项目的进展以及发明完成这个目标的新工具(模型)。在20世纪50年代,美国发明了计划评审法(PERT),用于北极星导弹潜艇项目;杜邦公司发明了一个类似的模型,称为关键路线法(CPM)。PERT后来被工作分解结构(WBS)所扩展。军事任务的过程流和结构很快传播到私人企业中。

随着时间的推移,更多的指导方法被发明出来,这些方法可以用于形式上精确地说明项目是如何被管理的。这些方法包括项目管理知识体系(PMBOK)、个体软件过程(PSP)、团队软件过程(TSP)、IBM全球项目管理方法(WWPMM)、PRINCE2。上述技术试图把开发小组的活动标准化,使其更容易地预测、管理和跟踪项目。

项目管理的批判性研究发现,许多基于PERT的模型不适合今天的多项目公司环境。这些模型大多数适合于大规模、一次性、非常规的项目中。而当代管理中所有的活动都用项目术语表达。所以,为那些持续几个星期的"项目"(更准确地说是任务)使用复杂的模型在许多情形下会导致不必要的代价和低可操作性。因此,针对后者项目的识别可以不同的轻量级模型,如软件开发的极限编程和SCRUM技术,为其他类型项目而进行的极限编程方法的一般化被称为极限项目管理。

(五)项目管理的内容

根据美国项目管理学会(Project Management Institute,PMI)颁发的项目管理知识体系,项目管理的内容可以分为以下9个部分。

1. 项目整体管理

项目整体管理描述了用以保证各种项目要素能够相互协调所需要的各个过程,由项目计划制订、项目计划实施和综合变更控制构成。

2. 项目范围管理

项目范围管理描述了用以保证项目包含且只包含所有需要完成的工作,以便顺利完成项目所需要的各个过程,由启动、范围计划编制、范围定义、范围核实和范围变更控制构成。它是为达到项目目标对项目的工作内容范围保持控制所需要的一系列过程。

3. 项目时间管理

项目时间管理描述了用以保证能够按时完成项目所需的各个过程,是为确保项目各部分工作按时完成所需要的一系列过程,由活动定义、活动排序、活动历时估算、进度计划编制和进度计划控制构成。

4. 项目成本管理

项目成本管理描述了用以保证在批准预算内完成项目所需的各个过程,是为确保完成项目的总费用不超过批准的预算所需要的一系列过程,由资源计划编制、成本估算、成本预算和成本控制构成。

5. 项目质量管理

项目质量管理描述了用以保证项目满足其所执行的标准的要求而所需要的各个过程,是为确保项目达到其质量目标所需要实施的一系列过程,由质量计划编制、质量保证和质量控制构成。

6. 项目人力资源管理

项目人力资源管理描述了用以保证参加项目的人员能够被最有效使用而所需要的各个过程,是为了保证所有项目人员的能力和积极性得到最有效利用而采取的一系列步骤,由组织的计划编制、人员获取和队伍组建构成。

7. 项目沟通管理

项目沟通管理描述了用以保证项目信息能够被及时正确地产生、搜集、发布、存储和最终处理而所需的各个过程,是为确保项目信息合理搜集和传输所需要实施的一系列措施,由沟通计划编制、信息发送、绩效报告和管理收尾构成。

8. 项目风险管理

项目风险管理描述了有关识别、分析和应对项目风险的各个过程,涉及项目可能遇到的各种不确定因素,为了将它们的有利方面尽量扩大并加以利用,而将其不利方面带来的后果降到最低限度,需要采取一系列风险措施,由风险管理计划、风险识别、定性风险分析、定量风险分析、风险应对计划编制和风险监控构成。

9. 项目采购管理

项目采购管理描述了用以从执行机构以外获得物资和服务所需要的各个过程,由采购计划编制、询价计划编制、询价、供方选择、合同管理和合同收尾构成。

(六) 项目管理三要素

在项目管理中,最重要的是质量、进度与成本三要素。

① 质量管理是项目成功的前提与保证,质量管理包含质量计划、质量保证与质量控制。

② 进度管理是保证项目能够按期完成所需的时间。在一个大的计划指导下,各参与建设的单位编制自己的分解计划,才能保证工程顺利进行。

③ 成本管理是保证项目在批准的预算范围内完成项目的过程,包括资源计划的编制、成本估算、成本预算与成本控制。

(七) 项目管理的形式

① 项目的管理需要通过专门机构进行。项目的规模庞大、工作复杂、时间紧迫;项目的不确定因素多,有很多新技术、新情况和新问题需要不断研究解决;而且,项目实施中涉及部门和单位较多,需要相互配合、协同攻关。因而,应单独设置专门机构,配备一定的专职人员,对项目进行专门管理。

② 设置项目专职管理人员,对项目进行专职管理。有些项目的规模较小,工作简单,时间充裕,项目所受干扰因素少,涉及的单位和部门也不多,但前景不确定,同样需要加强组织协调。对于该类项目,可只委派专职人员进行协调管理,协助企业的相关人员对各有关部门和单位分管的任务进行联系、督促和检查,必要时,也可以为专职人员配备助手。

③ 设置项目主管,对项目进行临时授权管理。有些项目的规模、复杂程度、涉及面和协调性介于上述两种情况之间,对于这类项目,无须设置专门机构及项目专职人员,可以把第一种形式的设置专门机构由指定主管部门来代替,可以把第二种形式的设置专职管理人员由项目主管人员来代替,并临时授予其相应权力,主管部门或主管人员在充分发挥原有职能作用或岗位职责的同时,全权负责项目的计划、组织与控制。

④ 设置矩阵结构的组织形式,对项目进行综合管理。所谓"矩阵",是借用数学中的矩阵概念把多个单元按横行纵列组合成矩形。矩阵结构由纵横两套管理系统组成:一套是纵向的部门职能系统,另一套是横向项目系统。将横向项目系统在运行中与纵向部门职能系统两者交叉重叠起来,就组成了一个矩阵,如图 5.18 所示。

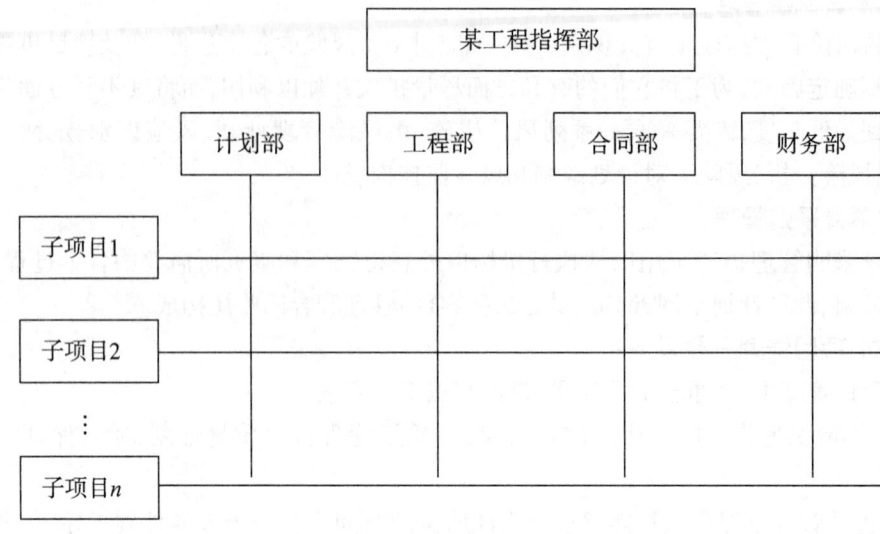

图 5.18 矩阵组织结构

在矩阵组织结构中的每一个成员要受到两个方面的领导,即一方面在日常工作中接受本部门的垂直领导,另一方面在执行项目时接受项目主管部门和项目主管的领导,一旦该项目完成,就不再接受项目主管部门和项目主管的领导。矩阵组织结构形式使一个职工在一定的时间内同时从属于几个不同的领导部门,因此它具有双重性和多重性。同时它又把原来垂直领导系统中的不同专业人员集中起来共同完成某一项目,一方面增强了力量,另一方面也有利于调动其积极性,确保项目的完成。矩阵组织结构形式的优点是:加强了各职能部门的横向业务联系,便于相互协调,具有较大的适应性;便于集中各种专门人员的知识和技能,迅速完成某一项目,提高了管理的有效性。

(八) 项目管理的过程

项目管理可分为5个过程组,每个过程组的主要目标如下:

① 启动过程组:明确并核准项目或项目阶段。

② 规划过程组:确定和细化目标,并为实现项目目标和完成项目要解决的问题规划必要的行动路线。

③ 执行过程组:通过协调人与资源来实施项目管理计划。

④ 监控过程组:定期测量并监控绩效情况,发现偏离项目管理计划之处,以采取纠正措施来实现项目目标。

⑤ 收尾过程组:正式验收产品、服务或成果,并有条不紊地结束项目或项目阶段。项目管理的过程组包括以各自的依据和成果相互联系的项目管理子过程。也就是说,一个过程的结果或成果变成了另一个过程的依据。

(九) 项目管理的方法

项目管理的方法按管理目标划分,有进度管理、质量管理、成本管理、安全管理、现场管理5种。按管理的量性分类,有定性、定量和综合管理3种。按管理的专业性质分类,有行政管理、经济管理、技术管理和法律管理方法等。

项目管理方法的应用,必须有合理的应用步骤。

① 研究管理任务,明确其专业要求和管理方法应用目的。

② 调查进行该项管理所处的环境,以便对选择管理方法提供决策依据。

③ 选择适用、可行的管理方法。选择的方法应专业对路,能实现任务目标,且条件允许。

④ 对所选方法在应用中可能遇到的问题进行分析,找出关键所在,制订保证措施。

⑤ 在实施选用方法的过程中加强动态管理,解决矛盾,使之产生实效。

⑥ 在应用过程结束后,进行总结,以提高管理方法的应用水平。

二、网络计划方法

网络计划方法是指用于工程项目的计划与控制的一项管理方法。它是 20 世纪 50 年代末发展起来的,依其起源有关键路线法(Critical Path Method,CPM)与计划评审法(Program/Project Evaluation and Review Technique,PERT)之分。1956 年,美国杜邦公司在制订企业不同业务部门的系统规划时,制订了第一套网络计划。这种计划借助于网络表示各项工作与所需的时间,以及各项工作的相互关系,通过网络分析研究工程费用与工期的相互关系,并找出在编制计划及计划执行过程中的关键路线。这种方法称为关键路线法。1958 年美国海军武器部在制订研制北极星导弹计划时,同样应用了网络分析方法与网络计划,但它注重对各项工作安排的评价和审查,这种计划称为计划评审法。鉴于这两种方法的差别,CPM 主要应用于以往在类似工程中已取得一定经验的承包工程,PERT 更多地应用于研究与开发项目。

(一) 网络计划技术的基本内容

网络计划技术包括以下基本内容:

1. 网络图

网络图是指网络计划技术的图解模型,反映整个工程任务的分解与合成。分解,是指对工程任务的划分;合成,是指解决各项工作的协作与配合。分解与合成是解决各项工作之间按逻辑关系的有机组成。绘制网络图是网络计划技术的基础工作。

2. 时间参数

在实现整个工程任务过程中,包括人、事、物的运动状态。这种运动状态都是通过转化为时间函数来反映的。反映人、事、物运动状态的时间参数包括:各项工作的作业时间、开工与完工的时间、工作之间的衔接时间、完成任务的机动时间及工程范围和总工期等。

3. 关键路线

通过计算网络图中的时间参数,求出工程工期并找出关键路线。在关键路线上的作业称为关键作业,这些作业完成得快慢直接影响整个计划的工期。在计划执行过程中关键作业是管理的重点,在时间和费用方面则要严格控制。

4. 网络优化

网络优化,是指根据关键路线法,利用时差不断改善网络计划的初始方案,在满足一定的约束条件下,寻求管理目标达到最优化的计划方案。网络优化是网络计划技术的主要内容之一,也是较之其他计划方法优越的主要方面。

(二) 应用网络计划技术的步骤

应用网络计划技术一般按照以下步骤进行：

1. 确定目标

确定目标，是指决定将网络计划技术应用于哪一个工程项目，并提出对工程项目和有关技术经济指标的具体要求。如在工期方面，成本费用要达到什么要求。依据企业现有的管理基础，掌握各方面的信息和情况，利用网络计划技术为实现工程项目寻求最合适的方案。

2. 分解工程项目，列出作业明细表

一个工程项目是由许多作业组成的，在绘制网络图之前就要将工程项目分解成各项作业。作业项目划分的粗细程度视工程内容以及不同单位要求而定，通常情况下，作业所包含的内容多、范围大，可进行粗分，反之则要细化。作业项目分得细，网络图的节点和箭线就多。对于上层领导机关，网络图可绘制得粗些，主要是通观全局、分析矛盾、掌握关键、协调工作、进行决策；对于基层单位，网络图就可绘制得细些，以便具体组织和指导工作。

在工程项目分解成作业的基础上，还要进行作业分析，以便明确先行作业（紧前作业）、平行作业和后续作业（紧后作业）——在该作业开始前，哪些作业必须先期完成，哪些作业可以同时平行进行，哪些作业必须后期完成；或者在该作业进行的过程中，哪些作业可以与之平行交叉地进行。

在划分作业项目后便可计算和确定作业时间。一般采用单点估计或三点估计法，然后一并填入明细表中。明细表的格式如表5.12所示。

表5.12 作业时间明细

作业名称	作业代号	作业时间	紧前作业	紧后作业

（1）单一时间估计法

单一时间估计法是对各种活动的时间，仅确定一个时间值。这种方法适用于有同类活动或类似活动时间做参考的情况。采用单一时间估计法做出的网络图也称为确定型网络图。

（2）三点时间估计法

三点时间估计法是对活动时间预估3个时间值，然后求出可能完成的平均值。这3个平均值是：

① 最乐观时间，即工作顺利情况下的时间为 A；

② 最可能的时间，即完成某道工序的最大可能时间 M；

③ 最悲观的时间，即工作进行不利的情况下所用的时间 B。

由此根据三点时间估计法的计算公式确定这项工作的持续时间：$(A+4\times M+B)\div 6$。

三点时间估计法常用于带探索性的工程项目。采用三点时间估计法做出的网络图也称为随机型网络图。

3. 绘制网络图,进行节点编号

根据作业时间明细表,可绘制网络图。网络图的绘制方法有顺推法和逆推法两种。

① 顺推法,即从始点时间开始根据每项作业的直接紧后作业,顺序依次绘出各项作业的箭线,直至终点事件为止。

② 逆推法,即从终点事件开始,根据每项作业的紧前作业逆箭头前进方向逐一绘出各项作业的箭线,直至始点事件为止。

同一项任务,用上述两种方法画出的网络图是相同的。一般习惯于按反工艺顺序安排计划的企业,如机器制造企业,采用逆推较方便,而建筑安装等企业,则大多采用顺推法。按照各项作业之间的关系绘制网络图后,要进行节点的编号。

4. 计算网络时间,确定关键路线

根据网络图和各项活动的作业时间,就可以计算出全部网络时间和时差,并确定关键路线。具体计算网络时间并不太难,但比较烦琐。在实际工作中影响计划的因素很多,要耗费很多的人力和时间。因此,只有采用电子计算机才能对计划进行局部或全部调整,这也为推广应用网络计划技术提出了新内容和新要求。

5. 进行网络计划方案的优化

找出关键路线,也就初步确定了完成整个计划任务所需要的工期,并看该工期是否符合合同或计划规定的时间要求,是否与计划期的劳动力、物资供应、成本费用等计划指标相适应,需要进一步综合平衡,通过优化,选取最优方案。然后正式绘制网络图,编制各种进度表,以及工程预算等计划文件。

6. 网络计划的贯彻执行

编制网络计划仅是计划工作的开始。计划工作不仅要正确地编制计划,更重要的是组织计划的实施。网络计划的贯彻执行,要发动群众讨论计划,加强生产管理工作,采取切实有效的措施,保证计划任务的完成。此外,也可以利用计算机对网络计划的执行进行监督、控制和调整,只要将网络计划及执行情况输入计算机,它就能自动运算、调整,并输出结果,以指导生产。

(三) 网络图的基本类型

网络图的基本类型有两种:一种是箭线式(又称双代号),一种是节点式(又称单代号)。目前采用较多的是箭线式。

1. 箭线式网络图的构成

箭线式网络图由活动、事项、路线及作业时间组成。

(1) 活动

将项目分解为许多相互独立的具体活动,在网络图中用箭线表示;每项活动都有相应的名称,一般将活动名称或代号标在箭线上方,将完成该项活动需要的时间标在箭线下方,如图5.19所示;既不需要时间也不需要消耗资源的活动称为虚活动,虚活动在实际工作中并不存在,而是为准确清晰地示意出各项活动之间的前后关系而引入的,一般用虚箭线表示。

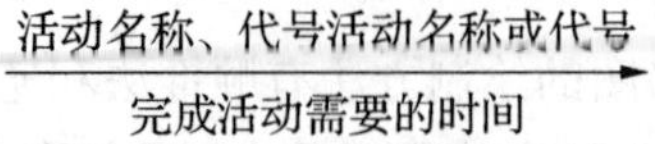

```
活动名称、代号活动名称或代号
─────────────────────→        ⓘ ─────→ ⓙ
    完成活动需要的时间
      图5.19  活动示意              图5.20  事项示意
```

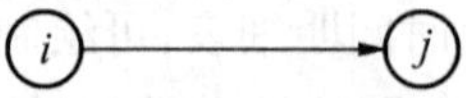

（2）事项

事项表示一项活动开始或结束的时刻。事项不占用时间，不消耗资源，在网络图中用圆圈表示；事项之间用箭线连接，交接点称为节点；网络图左边第一个节点，称为始点事项，右边最后一个节点称为终点事项；介于始点和终点的事项，称为中间事项，它既表示前一项活动的结束，又表示后一项活动的开始。数字编号 i、j 分别表示始点事项、终点事项，如图5.20所示。

（3）路线

从网络的始点事项顺着箭线方向，经过一系列头尾相接的箭线和节点，到达网络的终点事项有若干条路，每一条路都称为网络的路线，每一条路线上所要完成的活动需要消耗的时间之和，称为该路线的作业时间。

2. 绘制箭线式网络图的规则

① 在一个完整的网络图中，只能有一个始点节点和一个终点节点。始点节点表示项目的开始，终点节点表示项目的结束。

② 在网络图中，不允许出现循环路线，即箭线不能从一个节点出发，最后又回到同一个节点上，如图5.21所示。

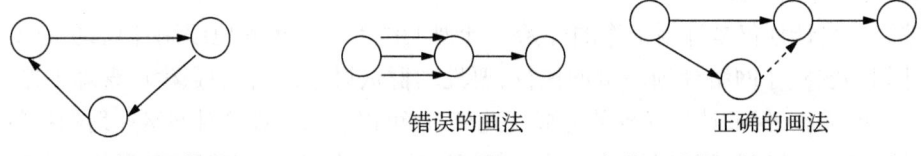

图5.21 闭环网络图   图5.22 平行作业网络图绘制

③ 在网络图中，如果相邻两个节点之间有几项活动需平行进行，除一项外，其余活动应增加节点，引用虚箭线相连，如图5.22所示。

④ 在网络图中，不允许出现没有紧前活动和紧后活动的中间活动，如果实际出现，必须引入虚箭线，将网络的始点与没有紧前活动的节点相连接；将没有紧后活动的节点与网络的终点相连接。

⑤ 在同一网络图中，每个节点的圆圈内都要编上数字号码，从数字1开始标号，以顺序逐次编号，且不能重复，在同一箭线的箭尾节点数字 i 应小于箭头节点数字 j。

3. 箭线式项目网络图的绘制

项目中活动之间的关系有以下几种。

① A 活动完成后，B 活动才能开始，B 活动完成后，C 活动才能开始，如图5.23所示。

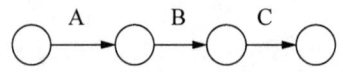

图5.23 直线型网络图绘制

② B 和 C 活动只有在 A 活动完成后,才能开始,如图 5.24 所示。

③ C 活动只有在 A 活动和 B 活动完成后,才能开始,如图 5.25 所示。

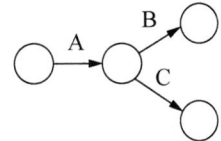

图 5.24　Y 型网络图绘制

④ C 和 D 活动只有在 A 和 B 活动完成后,才能开始,如图 5.26 所示。

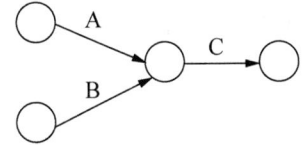

图 5.25　多紧前工序网络图绘制

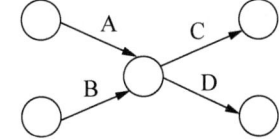

图 5.26　多紧前紧后工序网络图绘制

⑤ C 活动只有在 A 和 B 活动都完成后,才能开始,而 D 活动只要 B 活动完成后就可以开始,其中,A 和 B 活动是并行活动,如图 5.27 所示。

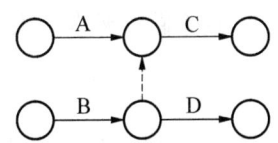

图 5.27　虚工序网络图绘制

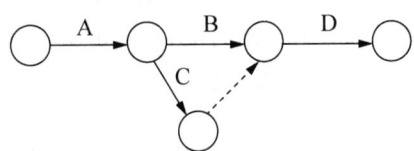

图 5.28　多情形下网络图绘制

⑥ B 和 C 活动只有在 A 活动完成后,才能开始,而 D 活动只有在 B 和 C 活动完成后才可以开始,其中,B 和 C 活动是并行活动,如图 5.28 所示。

(四) 网络事项的时间参数

事项的时间在时间刻度上是一个点,是时刻的概念。一个事项的时间分为最早开始时间和最迟必须开始时间。

1. 事项最早开始时间

事项最早开始时间是指从节点 i 最早可以开始的时刻。计算事件最早开始时间,必须从网络图的始点事项 i 开始,按节点编号顺箭线方向,逐个节点计算,直至网络的终点事项 j。网络图的始点事项最早开始时间为 0,即 $TE(1)=0$;其余事项最早开始时间按下式计算:

$$TE(j) = \max\{TE(i) + TE(i,j)\}$$

式中,$TE(j)$ 为 j 节点最早开始时间,即箭头事项最早开始时刻;$TE(i)$ 为 i 节点最早开始时间,即箭尾事项最早开始时刻;$TE(i,j)$ 为完成活动 (i,j) 所需消耗的时间。

2. 事项最迟必须开始时间

事项最迟必须开始时间也就是指节点 j 最迟必须结束的时刻。计算事件最迟必须开始时间,必须从网络图的终点事项开始,按节点编号逆箭线方向,逐个节点计算,直至网络的始点事项。由于网络图的终点事项后面没有活动,所以,网络图的终点事项最迟必须开始时间,也就是 j 节点的最早开始时间:$TL(j) = TE(j)$;其余事项最迟必须开始时间按下式计算：

$$TL(i) = \min\{TL(j) - TE(i,j)\}$$

式中，$TL(i)$ 为 i 节点最迟必须开始时间，即箭尾事项最迟开始时刻；$TL(j)$ 为 j 节点最迟必须开始时间，即箭头事项最迟开始时刻；$TE(i,j)$ 为完成活动 (i,j) 所需消耗的时间。

3. 事项时差

事项时差是指事项最迟必须开始时间与事项最早开始时间的差。时差越大，说明事项的机动时间越大；时差越小，说明事项的机动时间越小。因此，时差又称机动时间。事项时差计算公式为：

$$S(i) = TL(i) - TE(i)$$

式中，$TL(i)$ 为事项最迟开始时刻；$TE(i)$ 为事项最早开始时刻。

4. 关键路线

关键路线指从事项的始点节点到终点节点，顺序地将所有事项时差为 0 的节点连接起来的路线。时差为 0 的事项叫关键事项。在这个路线上，所有的活动在一定生产技术组织条件下，没有任何机动时间，它决定了项目的计划工期，这个路线延误一天工期，整个工期就延误一天，因此，关键路线是项目管理的重点。

例 5-7 某一项目任务，资料如表 5.13 所示，画出网络图，计算各节点最早开始时间和最迟必须开始时间，指出关键路线。

表 5.13 项目活动关系

活动名称	节点		编号活动	时间/天	紧后活动
	i	j			
A			12	4	C
B	1	3		5	D,E
C	2	4		5	G,F,J
D	3	4		8	G,F,J
E	3	5		5	H
F	4	5		7	H
G	4	7		5	I
J	4	6		3	I
H	5	8		4	—
I	7	8		5	—

解：

1）网络图如图 5.29 所示。

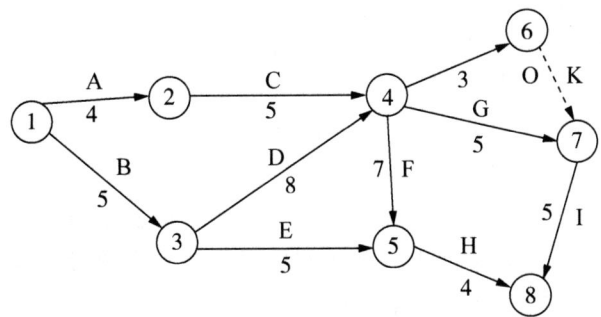

图 5.29 网络图

2) 各节点最早开始时间。

始点最早开始时间 $TE(1)=0$；其余节点按公式：$TE(j)=\max\{TE(i)+TE(i,j)\}$ 计算。

$TE(2)=TE(1)+TE(1,2)=0+4=4$

$TE(3)=TE(1)+TE(1,3)=0+5=5$

$TE(4)=\max\{TE(2)+TE(2,4),TE(3)+TE(3,4)\}=\max\{4+5,5+8\}=13$

$TE(5)=\max\{TE(3)+TE(3,5),TE(4)+TE(4,5)\}=\max\{5+5,13+7\}=20$

$TE(6)=TE(4)+TE(4,6)=13+3=16$

$TE(7)=\max\{TE(4)+TE(4,7),TE(6)+TE(6,7)\}=\max\{13+5,16+0\}=18$

$TE(8)=\max\{TE(5)+TE(5,8),TE(7)+TE(7,8)\}=\max\{20+4,19+5\}=24$

3) 各节点最迟必须开始时间。

终点节点最迟必须开始时间,就是终点节点最早开始时间：$TL(8)=TE(8)=24$；其余节点按公式：$TL(i)=\min\{TL(j)-TE(i,j)\}$ 计算。

$TL(7)=TL(8)-TE(7,8)=24-5=19$

$TL(6)=TL(7)-TE(6,7)=19-0=19$

$TL(5)=TL(8)-TE(5,8)=24-4=20$

$TL(4)=\min\{TL(5)-TE(4,5),TL(6)-TE(4,6),TL(7)-TE(4,7)\}$
$\quad\quad=\min\{20-7,19-3,19-5\}=13$

$TL(3)=\min\{TL(4)-TE(3,4),TL(5)-TE(3,5)\}=\min\{13-8,20-5\}=5$

$TL(2)=TL(4)-TE(2,4)=13-5=8$

$TL(1)=\min\{TL(2)-TE(2,4),TL(3)-TE(1,3)\}=\min\{8-4,5-5\}=0$

4) 关键路线。

要求出关键路线,首先要求出事项时差,计算公式为：$S(i)=TL(i)-TE(i)$。

节点 1：$S(1)=TL(1)-TE(1)=0-0=0$

节点 2：$S(2)=TL(2)-TE(2)=8-4=4$

节点 3：$S(3)=TL(3)-TE(3)=5-5=0$

节点 4：$S(4)=TL(4)-TE(4)=13-13=0$

节点 5：$S(5)=TL(5)-TE(5)=20-20=0$

节点 6：$S(6) = TL(6) - TE(6) = 19 - 16 = 3$

节点 7：$S(7) = TL(7) - TE(7) = 19 - 18 = 1$

节点 8：$S(8) = TL(8) - TE(8) = 24 - 24 = 0$

节点为 0 的点为关键节点，即 1—3—4—5—8 为关键节点，关键节点连接起来的路线为关键路线，关键路线为：B—D—F—H，一般用粗箭线绘出。

当适当减少非关键路线上的活动所需要资源的数量，而不影响项目的工期，那么，可以将减少的资源用在关键路线上，从而达到缩短项目工期，提高项目经济效益的目的。

5）为便于观察，将事项时间参数汇总，如表 5.14 所示。

表 5.14 事项时间参数

节点编号	节点最早开始时间 $TE(j)$	节点最迟结束时间 $TL(i)$	事项时差 $TL(i)-TE(i)$	关键事项
1	0	0	0	※
2	4	8	4	
3	5	5	0	※
4	13	13	0	※
5	20	20	0	※
6	16	19	3	
7	18	19	1	
8	24	24	0	※

说明：※是关键事项，1—3—4—5—8。

（五）网络活动的时间参数

所谓活动，是项目分解为许多相互独立的具体工作，完成每项活动都需要占用时间，活动的时间分为：活动最早开始时间；活动最早结束时间；活动最迟结束时间；活动最迟开始时间。活动时间参数可以通过事件时间参数计算。

1. 活动最早开始时间

活动最早开始时间等于该活动箭尾事项的最早开始时间，计算公式为：

$$TES(i,j) = TE(i)$$

式中，$TE(i)$ 为 (i,j) 活动的箭尾事项最早开始时间。

2. 活动最早结束时间

活动最早结束时间等于该活动箭尾事项最早开始时间与完成该活动所需时间的和，计算公式为：

$$TEF(i,j) = TE(i) + TE(i,j)$$

式中，$TE(i)$ 为活动 (i,j) 箭尾事项最早开始时间；$TE(i,j)$ 为完成活动 (i,j) 所需时间。

3. 活动最迟结束时间

活动最迟结束时间等于该活动箭头事项的最迟开始时间，计算公式为：

$$TLF(i,j) = TL(j)$$

式中，$TE(j)$为(i,j)活动的箭头事项最迟开始时间。

4. 活动最迟开始时间

活动最迟开始时间等于该活动箭头事项的最迟开始时间与完成该活动所需时间的差，计算公式为：

$$TLS(i,j) = TL(j) - TE(i,j)$$

式中，$TL(j)$为活动(i,j)箭头事项最迟开始时间；$TE(i,j)$为完成活动(i,j)所需时间。

5. 活动时差

活动时差是指在不影响整个项目工期的前提下，某一活动最迟开始（结束）的时间与最早开始（结束）的时间的差，是活动开始或结束可允许调整的时间范围。一般分为活动总时差和活动单时差。

(1) 活动总时差

活动总时差指在不影响整个项目工期和紧后活动最迟必须开始的时间前提下，完成该活动允许最迟开始（结束）和最早开始（结束）的时间调整范围，计算公式为：

$$TS(i,j) = TLS(i,j) - TES(i,j) = TLF(i,j) - TEF(i,j)$$

式中，$TLS(i,j)$为活动(i,j)最迟开始时间；$TES(i,j)$为活动(i,j)最早开始时间；$TLF(i,j)$为活动(i,j)最迟结束时间；$TEF(i,j)$为活动(i,j)最早结束时间。

总时差虽然是针对某一活动的，但由于它对整个项目工期都会产生影响，任何一个活动总时差超过可允许调整的范围都会使得整个项目工期顺延，因此，总时差是项目总体时间进度计划管理的重要内容之一。

(2) 活动单时差

活动单时差指在不影响紧后活动最早开始的时间前提下，完成该活动允许最迟开始和最早开始的时间调整范围，计算公式为：

$$S(i,j) = TE(j) - TE(i) - TE(i,j)$$

式中：$TE(j)$为活动(i,j)箭头事项最迟开始时间；$TE(i)$为活动(i,j)箭尾事项最早开始时间；$TE(i,j)$为活动(i,j)所需消耗的时间。

单时差只能在该活动中利用，节余的时差对紧后活动没有意义，但在项目综合管理中，特别是对资源的优化配置具有十分重要的作用。

例 5-8 接例 5-7，计算活动最早开始时间；活动最早结束时间；活动最迟结束时间；活动最迟开始时间及总时差、单时差和关键路线。

解：要计算活动时间参数，可利用例 5-7 中事项时间参数所计算的结果。

1) 活动最早开始时间。

活动最早开始时间等于该活动箭尾事项的最早开始时间，计算公式为：$TES(i,j) = TE(i)$。

A：$TES(1,2) = TE(1) = 0$

B：$TES(1,3) = TE(1) = 0$
C：$TES(2,4) = TE(2) = 4$
D：$TES(3,4) = TE(3) = 5$
E：$TES(3,5) = TE(3) = 5$
F：$TES(4,5) = TE(4) = 13$
G：$TES(4,7) = TE(4) = 13$
J：$TES(4,6) = TE(4) = 13$
H：$TES(5,8) = TE(5) = 20$
I：$TES(7,8) = TE(7) = 18$

2）活动最早结束时间。

活动最早结束时间等于该活动箭尾事项最早开始时间与完成该活动所需时间的和，计算公式为：$TEF(i,j) = TE(i) + TE(i,j)$。

A：$TEF(1,2) = TE(1) + TE(1,2) = 0+4 = 4$
B：$TEF(1,3) = TE(1) + TE(1,3) = 0+5 = 5$
C：$TEF(2,4) = TE(2) + TE(2,4) = 4+5 = 9$
D：$TEF(3,4) = TE(3) + TE(3,4) = 5+8 = 13$
E：$TEF(3,5) = TE(3) + TE(3,5) = 5+5 = 10$
F：$TEF(4,5) = TE(4) + TE(4,5) = 13+7 = 20$
G：$TEF(4,7) = TE(4) + TE(4,7) = 13+5 = 18$
J：$TEF(4,6) = TE(4) + TE(4,6) = 13+3 = 16$
H：$TEF(5,8) = TE(5) + TE(5,8) = 20+4 = 24$
K：$TEF(6,7) = TE(6) + TE(6,7) = 16+0 = 16$
I：$TEF(7,8) = TE(7) + TE(7,8) = 18+5 = 23$

3）活动最迟结束时间。

活动最迟结束时间等于该活动箭头事项的最迟开始时间，计算公式为：$TLF(i,j) = TL(j)$。

A：$TLF(1,2) = TL(2) = 8$
B：$TLF(1,3) = TL(3) = 5$
C：$TLF(2,4) = TL(4) = 13$
D：$TLF(3,4) = TL(4) = 13$
E：$TLF(3,5) = TL(5) = 20$
F：$TLF(4,5) = TL(5) = 20$
G：$TLF(4,7) = TL(7) = 19$
J：$TLF(4,6) = TL(6) = 19$
H：$TLF(5,8) = TL(8) = 24$
K：$TLF(6,7) = TL(7) = 19$
I：$TLF(7,8) = TL(8) = 24$

4) 活动最迟开始时间。

活动最迟开始时间等于该活动箭头事项最迟开始时间与完成该活动所需时间的差，计算公式为：$TLS(i,j)=TL(j)-TE(i,j)$。

A：$TLS(1,2)=TL(2)-TE(1,2)=8-4=4$
B：$TLS(1,3)=TL(3)-TE(1,3)=5-5=0$
C：$TLS(2,4)=TL(4)-TE(2,4)=13-5=8$
D：$TLS(3,4)=TL(4)-TE(3,4)=13-8=5$
E：$TLS(3,5)=TL(5)-TE(3,5)=20-5=15$
F：$TLS(4,5)=TL(5)-TE(4,5)=20-7=13$
G：$TLS(4,7)=TL(7)-TE(4,7)=19-5=14$
J：$TLS(4,6)=TL(6)-TE(4,6)=19-3=16$
H：$TLS(5,8)=TL(8)-TE(5,8)=24-4=20$
K：$TLS(6,7)=TL(7)-TE(6,7)=19-0=19$
I：$TLS(7,8)=TL(8)-TE(7,8)=24-5=19$

5) 活动总时差。

活动总时差是指在不影响整个项目工期和紧后活动最迟必须开始的时间前提下，完成该活动允许最迟开始(结束)和最早开始(结束)的时间调整范围。计算公式为：$TS(i,j)=TLS(i,j)-TES(i,j)=TLF(i,j)-TEF(i,j)$。

A：$TS(1,2)=TLS(1,2)-TES(1,2)=4-0=4$
B：$TS(1,3)=TLS(1,3)-TES(1,3)=0-0=0$
C：$TS(2,4)=TLS(2,4)-TES(2,4)=8-4=4$
D：$TS(3,4)=TLS(3,4)-TES(3,4)=5-5=0$
E：$TS(3,5)=TLS(3,5)-TES(3,5)=15-5=10$
F：$TS(4,5)=TLS(4,5)-TES(4,5)=13-13=0$
G：$TS(4,7)=TLS(4,7)-TES(4,7)=14-13=1$
J：$TS(4,6)=TLS(4,6)-TES(4,6)=16-13=3$
H：$TS(5,8)=TLS(5,8)-TES(5,8)=20-20=0$
K：$TS(6,7)=TLS(6,7)-TES(6,7)=19-16=3$
I：$TS(7,8)=TLS(7,8)-TES(7,8)=19-18=1$

6) 活动单时差。

活动单时差是指在不影响紧后活动最早开始的时间前提下，完成该活动允许最迟开始和最早开始的时间调整范围。计算公式为：$S(i,j)=TE(j)-TE(i)-TE(i,j)$。

A：$S(1,2)=TE(2)-TE(1)-TE(1,2)=4-0-4=0$
B：$S(1,3)=TE(3)-TE(1)-TE(1,3)=5-0-5=0$
C：$S(2,4)=TE(4)-TE(2)-TE(2,4)=13-4-5=4$
D：$S(3,4)=TE(4)-TE(3)-TE(3,4)=13-5-8=0$
E：$S(3,5)=TE(5)-TE(3)-TE(3,5)=20-5-5=10$
F：$S(4,5)=TE(5)-TE(4)-TE(4,5)=20-13-7=0$

G: $S(4,7) = TE(7) - TE(4) - TE(4,7) = 18 - 13 - 5 = 0$

J: $S(4,6) = TE(6) - TE(4) - TE(4,6) = 16 - 13 - 3 = 0$

H: $S(5,8) = TE(8) - TE(5) - TE(5,8) = 24 - 20 - 4 = 0$

K: $S(6,7) = TE(7) - TE(6) - TE(6,7) = 18 - 16 - 0 = 2$

I: $S(7,8) = TE(8) - TE(7) - TE(7,8) = 24 - 18 - 5 = 1$

7）关键路线：将活动总时差中为 0 的活动连接起来的路线，就是关键路线：B—D—F—H。

8）为便于观察，将活动时间参数汇总，如表 5.15 所示。

表 5.15 活动时间参数

活动名称	节点编号 i—j	活动时间 $TE(i,j)$	最早开始 $TES(i,j)=TE(i)$	最早结束 $TEF(i,j)=TE(i)+TE(i,j)$	最迟结束 $TLF(i,j)=TL(j)$	最迟开始 $TLS(i,j)=TL(j)-TE(i,j)$	总时差 $TS(i,j)=TLS(i,j)-TES(i,j)$	单时差 $S(i,j)=TE(j)-TE(i)-TE(i,j)$
A	1—2	4	0	4	8	4	4	0
B	1—3	5	0	5	5	0	0※	0
C	2—4	5	4	9	13	8	4	4
D	3—4	8	5	13	13	5	0※	0
E	3—5	5	5	10	20	15	10	10
F	4—5	7	13	20	20	13	0※	0
J	4—6	3	13	16	19	16	3	0
G	4—7	5	13	18	19	14	1	0
H	5—8	4	20	24	24	20	0※	0
K	6—7	0	16	16	18	18	2	2
I	7—8	5	18	23	24	19	1	1

说明：总时差有※的是关键活动。将关键活动连接起来的路线为关键路线：B—D—F—H。

 例 5-9 某机械厂计算机管理信息系统项目管理应用。

如表 5.16 所示为某机械厂开发计算机管理信息系统项目的活动清单。

要求：绘制网络图、计算节点时间参数并确定关键路线。

表 5.16 某机械厂管理信息系统开发活动清单

活动代号	活动描述	紧后活动	活动所需时间/周
A	系统分析和总体设计	B,C	3
B	输入/输出设计	D	4
C	模块 I 详细设计	E,F	6
D	输入/输出程序设计	G,I,K	8

（续表）

活动代号	活动描述	紧后活动	活动所需时间/周
E	模块Ⅰ程序设计	G,I,K	8
F	模块Ⅱ详细设计	H	5
G	输入/输出和模块Ⅰ测试	J	3
H	模块Ⅱ程序设计	I,K	6
I	模块Ⅱ测试	J	3
J	系统总调试	L	5
K	文档编写	无	8
L	系统测试	无	3

解：

1）绘制网络图。

根据活动清单中规定的活动之间的关系,将活动代号栏中所有的活动逐项地画在网络图中,如图5.30所示。

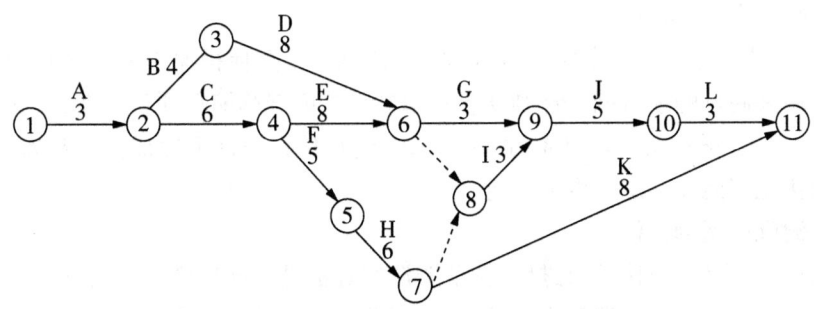

图5.30 某机械厂管理信息系统开发网络图

2）节点时间参数计算结果如表5.17所示。

表5.17 节点时间参数计算结果

事件 i	1	2	3	4	5	6	7	8	9	10	11
$ET(i)$	0	3	7	9	14	17	20	20	23	28	31
$LT(i)$	0	3	12	9	14	20	20	20	23	28	31
S	0	0	5	0	0	3	0	0	0	0	0

3）确定关键路线。

关键路线确定方法：① 利用路线长度确定(最长路线)；② 利用时差(时差为0的工序构成)确定。

根据以上数据,可得到关键路线：1—2—4—5—7—8—9—10—11。

三、网络计划的优化

由于时间、质量、费用3个因素存在一定程度上的相互作用,因此,要对资源配置的计划方案进行分析评价,应选择在符合项目总体目标要求的前提下费用成本最低、工期最短的计划方案。选择计划方案,就是利用时差来调节时间、资源、费用三者之间的不同配置方案。优化原则:向关键路线要时间,向非关键路线要资源。

(一)时间的优化

编制项目计划,确定项目完工时间,与项目的工作量和投入使用的资源配置有关,在编制项目时间计划时,是在考虑自然因素对项目时间不造成影响的前提下,兼顾资源和费用的约束条件,在正常的生产技术组织条件下确定的。当项目完工的工期要求较紧时,或项目在正常的生产技术组织条件下确定完成的时间内受外部因素影响较大时,只有通过调整生产技术组织和资源配置,加快项目完工工期。

项目工期由关键路线上的活动时间所决定,只有加快关键路线上的活动完工工期,才能缩短项目完工工期。加快关键路线上的活动完工工期的方法一般有:

① 利用时差,将非关键路线上的活动资源调到关键路线上;
② 调整工作班次,在关键路线上赶工,增加关键路线上的作业时间;
③ 增加新的活动资源。

采用以上方法缩短了关键路线上的活动时间后,就会使得原来非关键路线成为新的关键路线,原来制订的项目网络计划要重新编制。若要继续缩短项目工期,就又要在新的关键路线上赶工,增加新的活动资源。但是,无论在什么条件下完成活动都要消耗时间,因此,时间优化只能在一定程度上进行。

(二)时间—费用优化

项目管理内容中,衔接项目进度、调节资源配置都是在计划成本费用具体要求的前提下进行,要确定时间对成本费用产生的影响,就要分析延长和缩短项目时间所产生的直接费用和间接费用以及对总费用的影响,从而确定时间最短、总费用最低的时间—费用最优计划。

1. 活动的直接费用

活动的直接费用指直接用于并直接记入该活动成本的各项费用,如支付劳动者的工资、为完成该活动所购入或租赁的设备、工具、材料、能源等有关方面的费用。项目中所有活动的直接费用构成项目总直接费用。

影响活动的直接费用主要是活动完成的时间,而完成活动的时间长短又与投入使用的劳动数量、劳动设备和工具有密切关系。一般情况下,投入的劳动设备和工具越先进,或使用的原材料性能越好,活动的效率越高,时间越短,这样一来,就使得购买或租赁设备和工具的直接费用增大,支付原材料费用增加;同时又会相应减少劳动工资的支付和其他资源的占用费用。假设在正常生产组织条件下,活动完成的时间为 T_0,直接费用为 C_0;工期缩短后时间为 T_i,为缩短工期而投入新的设备、工具、原材料以及增加的各项直接费用为 C_1,减少的劳动工资的支付和其他资源的占用费用为 C_2;把这样的关系看成是线性关系,那么,缩短活动工期要具有实际意义,就要使下式成立:

$$(T_0-T_i)\times C_1 \leq (T_0-T_i)\times C_2$$

式中，$(T_0-T_i)\times C_1$ 为缩短活动工期所增加的直接费用；$(T_0-T_i)\times C_2$ 为缩短活动工期所节约的直接费用。

随活动工期缩短而增加的直接费用和随活动工期缩短而节约的直接费用如图5.31所示。图中，在理论上存在工期缩短增加的各项直接费用和节约的各项直接费用相交的点(T_i,C_j)为活动的时间—费用最优点。

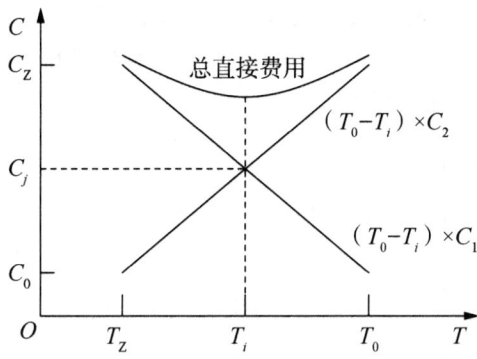

C 为直接费用；T 为活动工期；$T_0 \geq T_i \geq T_z$；$C_z \geq C_j \geq C_0$

图5.31 随活动工期缩短而增加或节约的直接费用

但是，实际生产活动中，购入或租赁设备的费用可能不是一点一点增加的，节约的费用也可能不是一点一点减少的，而可能是跳跃式增加或减少。同时，由于自身技术条件和自然因素的限制，活动的工期不可能无限缩短，无论采取什么措施提高活动效率，都要消耗时间，这个时间称为活动的极限时间T_z，在这个时间下所支付的直接费用为C_z。因此，活动工期缩短增加的各项直接费用和节约的各项直接费用之间的关系就不完全是线性关系。因此，要对活动的时间—费用优化，就要对缩短活动时间和费用的变化量进行比较，以投入新的活动资源小于或等于创造的经济效益为限，选择变化量最小的E_j：

$$\frac{C_z-C_0}{T_0-T_z}=\frac{C_j-C_0}{T_0-T_i}$$

式中，T_0 为活动正常的时间；T_z 为活动赶工的极限时间；C_0 为正常时间的直接费用；C_z 为活动赶工时间的极限费用。

2. 活动的间接费用

间接费用是指不直接用于某项活动或不宜直接分摊到某项活动，但根据项目完成时间的长短又会实际发生的各项费用，如项目管理人员的工资、办公费、资金利息等管理费用，项目提前或延期完工的奖金和罚款，项目提前或延期完工的资源占用费用的减少和增加等。间接费用与整个项目工期有关，一般情况下与项目的工期成正比，工期越长，间接费用越高。

3. 项目总费用

活动的直接费用和项目的间接费用组成了项目总费用。分析项目的总费用，与分析活动的直接费用的思路和方法基本一致,就是寻求总费用最低点所对应的时间。为了缩短项目的工期,减少间接费用的支出,就要在关键活动上赶工,但又会增加关键活动的直接费用。因此,在理论上,要使缩短项目工期具有实际意义,就要使下式成立:

$$(T_0-T_i) \times C_j \leqslant (T_0-T_i) \times C_f$$

式中,$(T_0-T_i) \times C_j$ 为缩短项目工期所增加的直接费用;$(T_0-T_i) \times C_f$ 为缩短项目工期所节约的间接费用。

随项目工期缩短而增加的直接费用和随项目工期缩短而节约的间接费用如图5.32所示。图中,在理论上存在项目工期缩短增加的直接费用和节约的间接费用相交的点(T_i, C_p)为项目的时间—费用最优点。

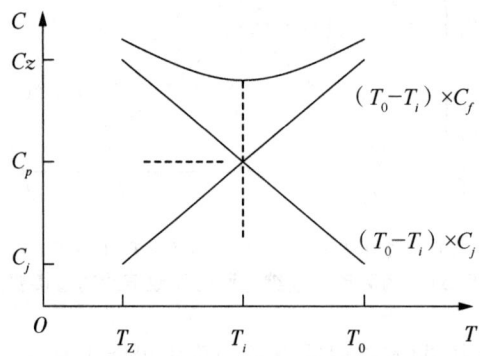

C 为费用;T 为项目工期;$T_0 \geqslant T_i \geqslant T_z$;$C_z \geqslant C_j \geqslant C_0$

图5.32 随项目工期缩短而增加或节约的直接费用和间接费用

但是,实际生产活动中,缩短项目工期增加的各项直接费用和节约的各项间接费用也是跳跃发生的。因此,要对项目的时间—费用优化,就要对缩短项目时间所增加的直接费用和节约的间接费用的变化量进行比较,以投入新的资源小于或等于创造的经济效益为限,选择变化量最小的时间—费用比率:

$$\frac{C_Z-C_j}{T_0-T_Z} = \frac{C_p-C_j}{T_0-T_i}$$

式中,T_0 为项目正常的时间;T_Z 为项目赶工的极限时间;C_j 为活动正常时间的直接费用;C_Z 为项目赶工时间的极限费用。

项目总费用也就是缩短活动时间(T_0-T_i)所引起直接费用(C_j-C_0)的变化量,加上缩短项目时间(T_0-T_i)所引起间接费用(C_p-C_j)的变化量。

$$C_总 = (C_j-C_0) + (C_p-C_j)$$

从图5.32可以看出,当:

间接费用(C_p-C_j)的变化量=直接费用(C_j-C_0)的变化量,时间—费用最优。
间接费用(C_p-C_j)的变化量>直接费用(C_j-C_0)的变化量,时间—费用还可继续优化。
间接费用(C_p-C_j)的变化量<直接费用(C_j-C_0)的变化量,时间—费用优化过度。

项目五 生产物流现场管理

一般地说,缩短事项时间所增加的费用,要小于缩短活动时间所增加的费用;缩短活动时间所增加的费用,要小于缩短项目时间所增加的费用。因此,在时间—费用优化时,首先优化事项,然后优化活动,最后优化项目,所增加的费用和缩短的时间是最优的。

4. 时间—资源优化

资源涉及的内容较广,如时间、资金、能源、设备、工具、原材料、劳动力等。这些资源有的是通用的,有些是专用的,通用资源的使用就存在机会成本和机会收益的问题,在同一时间内,使用在甲活动上就不能使用在乙活动;如果专用资源在两个并行活动中需要同时使用,也存在机会成本和机会收益的问题;如果专用资源在不同路线上的前后活动中需要使用,就存在设备利用率的问题。因此,资源在不同时间不同活动中配置,就会影响整个项目的完成工期,影响项目的经济效益。

在优化时间—资源时,要根据时间进度计划和质量标准与评价方法,确定人力、物力需求计划,确定计划时,要优先考虑以下几个方面:

① 将资源优先配置在关键路线上的关键活动上。

② 如果关键路线上的关键活动有几项并行活动,资源应优先配置在对项目完成影响较大的路线上。

③ 在不影响活动的紧前紧后关系时,将资源需要较少的活动安排在前,以减少资源的闲置占用费用和筹集费用。

④ 尽可能将专用资源的使用时间安排错开,并同时尽可能地将专用资源集中安排在一个时间段,以提高专用资源的使用效率,降低专用资源的租赁成本。

⑤ 当专用资源使用的时间无法错开时,应优先配置在对活动和项目影响较大的活动和路线上。

例 5-10 某物流企业网络计划技术的运用。

某码头装卸公司某日共有 4 项任务,分别为长风轮进入 1#泊位卸货并装货,和平轮占用 2#泊位、3#泊位装货后驶离,待卸船只胜利轮进入 2#泊位卸货及清扫船舱,港驳进入 3#泊位完成卸货等。具体装卸作业任务如表 5.18 所示。

表 5.18 需要完成的装卸作业任务

序号	泊位	轮船	船位	作业任务
1	1#泊位	长风轮	一舱	卸化肥 16 小时 9 人,装黄沙 4 小时 18 人
			二舱	卸化肥 20 小时 16 人,装黄沙 4 小时 18 人
2	2#泊位	和平轮	一舱	装大米 6 小时 24 人
			二舱	装大米 13 小时 18 人
	3#泊位		三舱	装大米 6 小时 21 人
3	2#泊位	胜利轮	一舱	卸小麦 5 小时 18 人,扫舱 1 小时 15 人
			二舱	卸小麦 10 小时 27 人,扫舱 1 小时 12 人
4	3#泊位	港驳	一舱	卸木材 5 小时 18 人,卸生铁 1 小时 12 人

如果你是装卸作业计划员,试确定:
① 整个任务完成工期;
② 应该如何安排作业才能使派工尽量均衡,且所需人数最少?

解:

1) 可以把整个装卸过程划分为 13 道不同工序,确定各工序逻辑顺序,如表 5.19 所示。

表 5.19 各工序逻辑顺序

作业号	作业名称	紧前工序	作业时间/小时	所需人数/人
A	长风轮一舱卸化肥	—	16	9
B	长风轮二舱卸化肥	—	20	12
C	长风轮一舱装黄沙	A	4	18
D	长风轮二舱装黄沙	B	4	18
E	和平轮一舱装大米	—	6	24
F	和平轮二舱装大米	—	13	18
G	和平轮三舱装大米	—	6	21
H	胜利轮一舱卸小麦	E,F,G	5	18
I	胜利轮二舱卸小麦	E,F,G	10	27
J	胜利轮一舱扫舱	H	1	15
K	胜利轮二舱扫舱	I	1	12
L	港驳一舱卸木材	E,F,G	5	18
M	港驳一舱卸生铁	L	1	12

2) 根据工序间逻辑关系及工序完成时间,绘制出该工程的网络图,如图 5.33 所示。

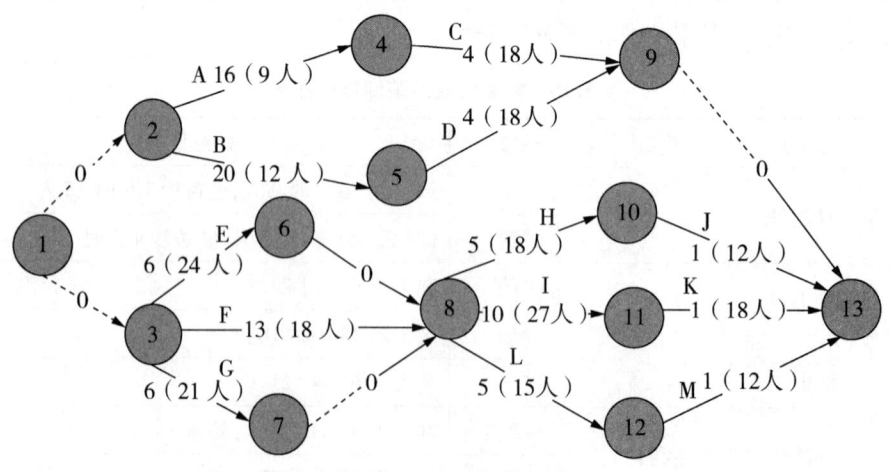

图 5.33 该工程的网络图

3) 分别计算各事项最早开工时间和最迟完成时间,如图 5.34 所示(运算过程省略)。

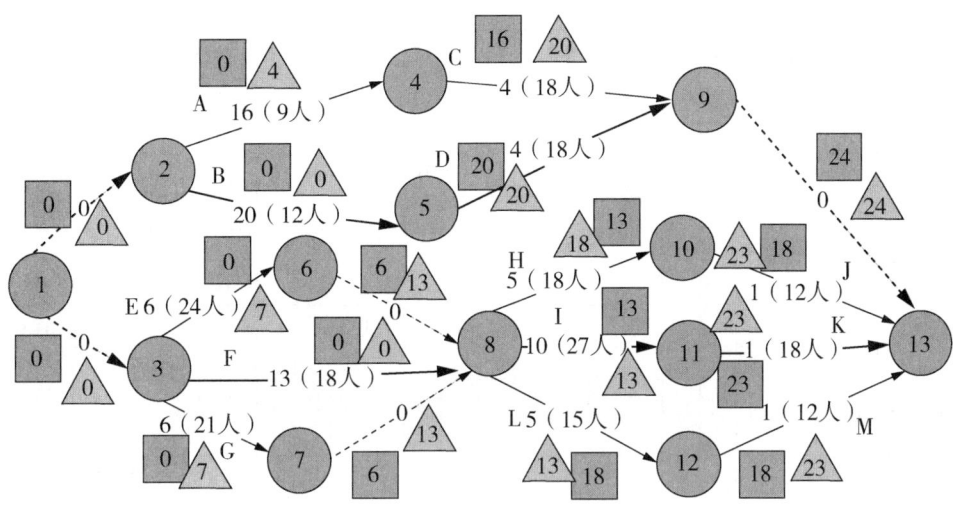

图 5.34　计算最早开工时间和最迟完成时间

4) 确定关键路线与完工期。

图中△与□数值相同的工序为关键工序,由关键工序所构成的路线就是关键路线。

案例中的关键路线是 1—2—5—9—13 以及 1—3—8—11—13,即长风轮二舱、和平轮二舱、胜利轮二舱就是重点舱,需要严格监控进度(图中用粗箭头表示)。整个任务完工期为 24 小时。

5) 项目优化具体措施。

缩短工程工期的措施。根据"向关键路线要时间"的优化原则,通过缩短关键路线的长度便可缩短整个工程(任务)的完工期,因此,案例中可以同步缩短 1—2—5—9—13 以及 1—3—8—11—13 两条关键路线的长度。

员工合理均衡使用的优化措施。采用横道图法对各工序进行平衡,以便在保证不推迟工程完工时间的前提下,合理安排各道工序的进度,使人员安排较均匀,且每小时(或工班)所需人数尽可能少。如果按各道工序的最早开工时间来安排工程进度(装卸作业进度)每小时需要的人数如表 5.20 所示。

表 5.20　调整前人员使用情况

工序	工时	总时差	工程进度/小时																					
			1	2	3	4	5	6	7	8	9	10	11	12	13	14	15	16	17	18	19	20	21	22	23	24
(2,4)	16	4	9	9	9	9	9	9	9	9	9	9	9	9	9	9	9	9								
(2,5)	20	0	12	12	12	12	12	12	12	12	12	12	12	12	12	12	12	12	12	12	12	12				
(3,6)	6	7	24	24	24	24	24	24																		

(续表)

工序	工时	总时差	1	2	3	4	5	6	7	8	9	10	11	12	13	14	15	16	17	18	19	20	21	22	23	24
												工程进度/小时														
(3,7)	6	7	21	21	21	21	21	21																		
(3,8)	13	0	18	18	18	18	18	18	18	18	18	18	18	18	18											
(4,9)	4	4														18	18	18	18							
(5,9)	4	0																					18	18	18	18
(8,10)	5	5														18	18	18	18							
(8,11)	10	0														27	27	27	27	27	27	27	27	27	27	
(8,12)	5	5														15	15	15	15	15						
(10,13)	1	5																			12					
(11,13)	1	0																								18
(12,13)	1	5																			12					
人数			84	84	84	84	84	84	39	39	39	39	39	39	39	81	81	81	90	90	81	57	45	45	45	36

说明：——表示非关键工序进度；══表示关键工序进度；……表示工序总时差的延续时间；工程进度上面的数值表示该道工序每小时所需的装卸工人的人数。

从表5.20以看出，如果按各工序最早可能时间安排工程进度，每小时装卸工人的需要量很不均匀，多时为90人，少时只要36人，因此造成人力的窝工。

优化措施：如果充分利用非关键工序（非重点舱）的总时差，将工序挪至合适时机开工，这样就能使人员调配的情况得到改善。

优化后效果：经过调整后的装卸作业进度及每小时所需的人数如表5.21所示。每小时最多只需要75人，人员安排比较均匀；同时，又不会拖延船舶在港作业时间。

表5.21 优化调整后人员使用情况

工序	工时	总时差	1	2	3	4	5	6	7	8	9	10	11	12	13	14	15	16	17	18	19	20	21	22	23	24
												工程进度/小时														
(2,4)	16	4	9	9	9	9	9	9	9	9	9	9	9	9	9	9	9	9								
(2,5)	20	0	12	12	12	12	12	12	12	12	12	12	12	12	12	12	12	12	12	12	12	12				

(续表)

工序	工时	总时差	1	2	3	4	5	6	7	8	9	10	11	12	13	14	15	16	17	18	19	20	21	22	23	24
									工程进度/小时																	
(3,6)	6	7							24	24	24	24	24	24												
(3,7)	6	7	21	21	21	21	21	21																		
(3,8)	13	0	18	18	18	18	18	18	18	18	18	18	18	18	18											
(4,9)	4	4														18	18	18	18							
(5,9)	4	0																		18	18	18	18				
(8,10)	5	5														18	18	18	18	18							
(8,11)	10	0														27	27	27	27	27	27	27	27	27	27		
(8,12)	5	5														15	15	15	15	15							
(10,13)	1	5																									12
(11,13)	1	0																									18
(12,13)	1	5																									12
人数			60	60	60	60	60	60	63	63	63	63	63	63	39	63	63	63	72	72	75	75	63	63	63	60

说明：——表示非关键工序进度；══表示关键工序进度；工程进度上面的数值表示该道工序每小时所需的装卸工人的人数。

小结：本项目主要讲授了缩短工程完工时间的措施和人力、设备及动力的合理安排，难点是横道图的应用。优化调整原则如下：

① 首先要保证各道关键工序的需要量。

② 利用非关键工序的总时差，调整各道非关键工序的开工时间和完工时间。

 **项目小结**

本项目主要介绍了生产调度（production scheduling），即生产调度的具体内容以及常用的方法和工具；现场管理（bottom-round management）与设备管理（equipment management），包括5S现场管理、目视管理（visual management）、安全管理（safety management）、设备管理的工作内容和设备的选择评价、使用维修更新以及全员设备管理（Total Productive Maintenance, TPM）；库存控制（inventory control）决策的目标与内容、库存

控制决策的影响因素。重点对库存成本的构成、经济订货批量(Economic Order Quantity, EOQ)模型以及4种常用的库存管理策略进行了阐述。

同时,本项目对项目管理进行了全面阐述。比较详细地讨论了网络图的画法,包括活动之间的关系、时间的估计、箭线型网络图的绘制规则以及虚活动的作用;网络计划参数的计算,包括工序时间参数(工序最早可能发生时间、工序最迟必须发生时间、时差)的计算和活动时间参数(活动最早开始时间、活动最迟开始时间、活动最早完成时间、活动最迟完成时间、单时差、活动的总时差、自由时差)的计算。确定型网络图的关键路线等。

素质测评领域

案例分析　ABC 分类法应用举例

一、基本知识

ABC 分类法基于"关键的少数和次要的多数"即现象 20/80 法则,它可以应用于物流管理所有领域。其应用难点在于:分类的角度及所占比例数的确定。通常有以下几种判断方法。

判断方法 1:

A 类物料:库存总资金占比 75%,品种数占比 20%

B 类物料:库存资金占比 15%、品种数占比 30%

C 类物料:库存资金占比 10%、品种数占比 50%

判断方法 2:

类别	占全部物料品种比重	占库存资金比重
A	5%-10%	70%-80%
B	15%-20%	15%-20%
C	70%-80%	5%-10%

ABC 分类法本质上不是公式而是管理理念。

二、具体任务

某公司的库存共有 5 000 种品种,为了提高管理效率,该公司确定存货中 A 类有 500 种,B 类有 1 750 种,C 类有 2 750 种。制定的库存管理策略是:每月(20 个工作日)清点一次 A 类库存;每季度清点一次 B 类库存;每半年清点一次 C 类库存。请问:该公司每天需要清点多少种库存?

实训项目一　某汽车厂项目管理调研

某汽车厂生产的 Z 型汽车是一款定制车型,该厂根据汽车制造工艺流程,进行生产任务分解,得出生产活动明细表如表 5.22 所示。

表 5.22 生产活动明细表

活动代号	内容描述	紧前活动	正常时间/天
A	开始	—	0
B	设计	A	8
C	订购特殊零件	B	0.1
D	制作框架	B	1
E	做门	B	1
F	安装车轴、车轮、油箱	D	1
G	生产车身	B	2
H	生产变速器和动力传动系统	B	3
I	将门装到车上	G,E	1
J	生产引擎	B	4
K	台上试验引擎	J	2
L	组装底盘	F,H,K	1
M	底盘道路试验	L	0.5
N	漆车身	I	2
O	安装线路	N	1
P	安装内部设施	N	1.5
Q	接受特殊零件	C	5
R	将车身和零件装到底盘上	M,O,P,Q	1
S	汽车道路测验	R	0.5
T	安装外表装饰	S	1
U	结束	T	0

一、实训目的
运用网络计划技术培养学生解决实际项目管理问题的能力。

二、实训要求
1. 为该厂汽车生产编制初始网络图。
2. 找出汽车生产的关键路线及汽车生产所需工期。
3. 如果要求提前两天完成汽车组装,下列活动改变是否会起作用?
(1)购买预先组装的变速器和动力传动系统。
(2)改进机器利用,将引擎生产时间减半。
(3)将特殊零件的运送时间提前 3 天。
4. 怎样借助非关键路线上的活动所需资源从而加快关键路线上的活动?

5. 理解网络图和甘特图两种不同的表达方式的异同,指出它们的优缺点。

三、实训岗位
汽车等制造行业生产调度员。

四、实训条件及环境要求
电脑、仿真软件等。

五、实训课时
2学时

实训项目二　某生产企业 ABC 分类法应用

参加某生产企业原材料仓库的管理活动,深入了解仓库原材料的品种、价格、入库量、出库量、库存量等,用 ABC 分类法对其进行分类,并对该原材料仓库的管理提出自己的看法。同时,选出几种原材料,确定合适的库存控制方法。

一、实训目的
让学生学会运用 ABC 分类管理方法对物品进行分类,会选用合适的库存控制方法。

二、实训要求
要求学生通过建立 3~5 人的小组,深入调查,了解所调查的原材料仓库是如何控制库存的,依据所学的知识提出自己的看法;ABC 分类法结果用表格的形式给出;能通过原材料的价格、出库量等信息,选用合适的库存控制方法。

三、成果与考核
主要依据小组的实训报告以及小组成员参与度进行成绩评定。

练习与思考

一、判断题

1. 项目包括一系列重复进行的例行活动。　　　　　　　　　　　　　　　　（　　）
2. 甘特图揭示了活动之间的先后顺序关系。　　　　　　　　　　　　　　　（　　）
3. 在网络图中,关键路线是时间最短的路线。　　　　　　　　　　　　　　（　　）
4. 箭线型网络图应该有也只能有一个起始节点和一个终止节点。　　　　　　（　　）
5. 如果库存物资是由本厂自行生产的,则生产中发生的设备调整成本也是库存控制决策应考虑的重要内容。　　　　　　　　　　　　　　　　　　　　　　　　（　　）
6. 缺货成本包括因为赶工而追加的生产与采购费用。　　　　　　　　　　　（　　）
7. 在库存管理中,如果服务水平为 90%,则相应地,缺货概率为 10%。　　（　　）
8. "5S"活动的"5s"指的是日语里的整理、整顿、清洁、清扫、素养。　　（　　）
9. 定置实施必须做到:有图必有物,有物必有区,有区必挂牌,有牌必分类。（　　）
10. 定置管理是对生产现场中的人、物、场所三者之间的关系进行科学的分析研究,使之达到最佳结合状态的一门科学管理方法。　　　　　　　　　　　　　　　（　　）
11. 整顿就是将必需物品与非必需品区分开,必需品摆在指定位置挂牌明示,实行目标管理,不要的东西则坚决处理掉,在岗位上不要放置必需以外的物品。　　　（　　）

12. 精益生产方式是美国麻省理工学院在20世纪80年代多个国家汽车制造企业研究后写出的研究报告《改变世界的机器》一书第一次提出来的。（　　）

13. 设备的有形磨损是指设备在使用或闲置过程中，因同类设备重置价值降低或新技术的出现而引起设备价值的损失。（　　）

14. 物料消耗定额是指在一定的生产技术和组织条件下，制造单位或完成单位生产任务所必须消耗的物料数量标准。（　　）

15. 单位产品物料消耗的高低是反映企业生产技术和经营管理水平的主要标志。（　　）

二、选择题（有一个或多个正确答案）

1. 某种物资一年需购进3 600件，单价25元/件，年储存费率为16%，每次订购费用50元，则该种物资的经济订购批量为(　　)。
   A. 300件　　　B. 534件　　　C. 750件　　　D. 1 039件

2. 某种物资年采购总量10 800件，经济订购批量(EOQ)为660件，保险储备天数为5天，采用库存定量控制法，则最高储备量为(　　)。
   A. 510件　　　B. 550件　　　C. 770件　　　D. 810件

3. 定期订购的特征是(　　)。
   A. 订购批量固定　　　　　　B. 订购批量不定
   C. 订购周期固定　　　　　　D. 订购周期不定

4. 定期库存控制法主要适用于(　　)。
   A. 稳定性消耗的物资　　　　B. 缺货损失大的物资
   C. 非稳定性的独立需求物品　D. 单价较低的物资

5. 企业某种物资年采购总量3 600件，每价每件200元，订购费用每次400元；该企业仓库年平均物资储存额500万元，年总储存货用80万元。则该种物资的经济订购批量EOQ为(　　)。
   A. 100件　　　B. 150件　　　C. 240件　　　D. 300件

6. 某种物资每月需要900件，采用库存定量控制方法，EOQ为400件，最高储备量550件，备运时间6天，则订购点为(　　)。
   A. 35件　　　B. 150件　　　C. 180件　　　D. 330件

7. 某种物资每月订购一次，平均日需要量为60件，保险储备量为400件，备运时间为7天，提出订购时盘点库存量800件，原订购下月到货的远期合同有500件，则这种物资下月的订购量为(　　)。
   A. 1 120件　　B. 1 320件　　C. 2 320件　　D. 2 920件

8. 某种物资每月需要900件，采用库存定量控制方法，EOQ为400件，最高储备量为550件，备运时间6天，则订货点为(　　)。
   A. 35件　　　B. 150件　　　C. 180件　　　D. 330件

9. 库存状态信息包括(　　)等。
   A. 当前库存量　　　　　　　B. 计划入库量

C. 安全库存量 D. 提前期

10. （　　）是对库存物品的清查，是对每一种库存物料进行清点数量、检查质量及登记盘点表的库存管理活动。

A. 库存清理　　B. 库存盘点　　C. 库存控制　　D. 库存计划

11. 库存控制工作的难点主要在于（　　）。

A. 确定采购时间

B. 确定采购数量

C. 确定库存控制的方式

D. 在充分发挥库存功能的同时，尽可能地减低库存成本

12. 当采购的批量大小对价格影响不大时，在库存控制决策中可以不予考虑的成本项是（　　）。

A. 总库存成本　　B. 购置成本　　C. 缺货成本　　D. 保管成本

13. 项目管理主要是控制（　　）。

A. 质量　　B. 进度　　C. 成本　　D. 以上都是

14. 关键路线是（　　）。

A. 活动最多的路线

B. 节点最多的路线

C. 时间最长的路线

D. 将事件时差为零的节点连接起来的路线

15. 时间时差是（　　）。

A. 最悲观时间和最乐观时间之差　　B. 结束时间和开始时间之差

C. 事件最迟时间和最早时间之差　　D. 以上都是

E. 以上都不是

16. 以下哪一条是项目的特点？（　　）

A. 一次性　　B. 重复

C. 产出是标准的　　D. 重复性工作多

17. 活动的最早可能完成时间是（　　）。

A. 该活动箭头事件的最早可能发生时间

B. 该活动箭尾事件的最早可能发生时间

C. 该活动箭头事件的最迟必须发生时间

D. 该活动箭尾事件的最早可能发生时间加上活动所需时间

18. 以下属于生产调度方法的有（　　）。

A. 甘特图　　B. 准时控制

C. 推式控制方法　　D. 5S 管理

三、计算题

1. 根据表 5.23 的资料，试采用 ABC 分类法进行物资分类管理控制。

表 5.23 各项物资的年均资金占用量表

物资编号	年均资金占用量/千元
01	95 000
02	13 000
03	15 000
04	500
05	800
06	225
07	1 500
08	75 000
09	25 000
10	425
合计	233 450

2. 某公司对产品 W 的需求如表 5.24 所示,已知订货成本为 80 元/次,保管成本为 6 元/(单位·月),试用经济订货批量法确定全年订货计划,使总库存成本最小。

表 5.24 产品 W 的需求情况表

月份	1	2	3	4	5	6	7	8	9	10	11	12	总计
月需求	35	87	37	155	179	154	113	77	149	185	263	66	1500

3. 某企业年需要物资量为 14 400 件,该物资的单价为 0.4 元,保管费率为 25%,每次的订货成本为 20 元,一年工作 52 周,订货提前期为 1 周。

试求:

(1) 经济订货批量为多少?

(2) 一年应该订几次货?

(3) 全年的库存总成本是多少?

(4) 订货点的库存储备量是多少?

4. 已知对某种物料的日需求量为 200 件/天,如全年按 360 天计算,年需要量为 72 000件/年,订货费用为 100 元/次,库存管理成本为 0.5 元/(件·年),订货提前期为 7 天,保险库存量为 300 件,求经济订货间隔期与库存控制系统的最大库存量。

5. 某工程项目各活动的先后关系如表 5.25 所示,试绘制网络图。

表 5.25 某工程项目活动的先后关系表

活动代号	紧后活动
A	B,F,C
D,H,E	K

(续表)

活动代号	紧后活动
B	L
F	L,G
C	E
L	D
G	H,E

6. 要建一无线电发射实验基地，工程的主要活动及其所需时间如下：
(1)清理场地1天；(2)基础工程8天；(3)建造房屋6天；(4)建发射塔10天；(5)安电缆5天；(6)安装发射设备3天；(7)调试1天。

施工顺序如下：清理现场后，基础工程与安装电缆同时开始，基础工程完工后，建房与建发射塔同时进行，安装设备应在建房与装电缆完成之后开始，最后进行调试。

试问：整个建塔工程需要多少天？哪些工序处在关键路线上？

7. 用表5.26给定的数据，分别计算网络计划各工序的最早开始时间、最迟开始时间、并确定关键路线及总工期。

表5.26 工序编号和时间表(1)

工序编号	工序时间/天	工序编号	工序时间/天
①→②	3	③→④	0
①→③	5	③→⑤	7
①→④	6	③→⑥	6
②→③	2	④→⑥	8
②→⑤	4	⑤→⑥	3

8. 根据表5.27的资料绘制网络图，标出其关键路线及计算总工期。

表5.27 工序代号及时间表

工序代号	A	B	C	D	E	F	G	H
紧前工序	/	A	B	B	B	C,D	C,E	F,G
工序时间/天	1	3	1	6	2	4	2	4

9. 试计算网络计划中各工序的最早开始时间、最早完成时间、最迟开始时间、最迟完成时间，并确定关键路线及总工期。

表 5.28　工序编号和时间表（2）

工序编号	工序时间/天	工序编号	工序时间/天
①→②	5	②→⑤	14
①→③	10	③→④	6
①→④	12	③→⑥	13
②→④	0	④→⑤	7
④→⑦	11	⑥→⑧	5
⑤→⑦	17	⑦→⑧	13
⑤→⑨	9	⑦→⑨	8
⑥→⑦	0	⑧→⑩	14
④→⑥	8	⑨→⑩	6

10. 某项计划工程，其所含各项作业所需时间及人数如表 5.29 所示：

表 5.29　某项计划工程所需时间及人数表

作业名称	结点编号	作业时间	所需人数
A	①→⑥	4	9
B	①→④	2	3
C	①→②	2	6
D	①→③	2	4
E	④→⑤	3	8
F	②→③	2	7
G	③→⑤	3	2
H	⑤→⑥	4	1

试完成以下任务：（1）计算任务完工期；（2）使得在人员使用上尽量均衡。

参考文献

[1] 原宇,邵雷.生产物流管理[M].北京:人民交通出版社,2013.
[2] 陈荣秋,马士华.生产与运作管理[M].北京:高等教育出版社,2003.
[3] 计国君.生产物流运作及模型[M].北京:中国财富出版社,2013.
[4] 王建华,黄贤风.生产物流系统建模与仿真[M].北京:电子工业出版社,2013.
[5] 王亚超.生产物流系统建模与仿真:Witness 系统及应用[M].北京:科学出版社,2012.
[6] 唐永洪.从至表法在生产物流系统空间布置优化应用实证研究[J].物流科技,2017(2):19-20.
[7] 唐永洪.基于总搬运量最小的库位分配优化问题研究[J].物流科技,2017(3):22-25.
[8] 程国平.生产运作管理[M].北京:人民邮电出版社,2012.
[9] 朱岩,吴美丽等.生产运作管理实验教程[M].北京:清华大学出版社,2011.
[10] 陈荣秋.生产运作管理[M].北京:首都经济贸易大学出版社,2013.
[11] 于淑娟,王生云等.生产运作管理[M].北京:中国水利水电出版社,2011.
[12] 唐永洪.建筑陶瓷行业原料集中配送策略研究[J].物流技术,2014(10):122-126.
[13] 胡子瑜等.生产运作管理[M].长沙:湖南师范大学出版社,2013.
[14] 马士华,林勇.供应链管理[M].北京:机械工业出版社,2010.
[15] 鲍尔索克斯.供应链物流管理[M].北京:机械工业出版社,2015.
[16] 陈孟建,吴龙,刘晓刚等.企业资源计划(ERP)原理及应用[M].北京:电子工业出版社,2014.